新工业革命背景下后发企业价值网络重构、结构跃迁与升级路径

本书获得国家社会科学基金青年项目（17CGL004）"新工业革命背景下后发企业价值网络重构、结构跃迁与升级路径研究"资助

魏旭光　康　凯◎著

中国财经出版传媒集团

经济科学出版社

Economic Science Press

图书在版编目（CIP）数据

新工业革命背景下后发企业价值网络重构、结构跃迁
与升级路径／魏旭光，康凯著 . -- 北京：经济科学出
版社，2023.3
ISBN 978 - 7 - 5218 - 4235 - 7

Ⅰ . ①新…　Ⅱ . ①魏…　②康…　Ⅲ . ①企业—价值论
—研究—中国　Ⅳ . ①F279. 23

中国版本图书馆 CIP 数据核字（2022）第 208758 号

责任编辑：朱明静
责任校对：易　超
责任印制：邱　天

新工业革命背景下后发企业价值网络重构、结构跃迁与升级路径
魏旭光　康　凯　著
经济科学出版社出版、发行　新华书店经销
社址：北京市海淀区阜成路甲 28 号　邮编：100142
总编部电话：010 - 88191217　发行部电话：010 - 88191522
网址：www. esp. com. cn
电子邮箱：esp@ esp. com. cn
天猫网店：经济科学出版社旗舰店
网址：http://jjkxcbs. tmall. com
北京季蜂印刷有限公司印装
710 × 1000　16 开　15. 75 印张　290000 字
2023 年 4 月第 1 版　2023 年 4 月第 1 次印刷
ISBN 978 - 7 - 5218 - 4235 - 7　定价：68. 00 元
（图书出现印装问题，本社负责调换。电话：010 - 88191510）
（版权所有　侵权必究　打击盗版　举报热线：010 - 88191661
QQ：2242791300　营销中心电话：010 - 88191537
电子邮箱：dbts@ esp. com. cn）

前　言

全球产业竞争格局正在发生重大调整，发达国家纷纷实施"再工业化"战略，修正实体经济产业空心化问题，加速推进全球价值网络新格局。与此同时，中国传统制造经历了从成本领先优势获益的过程，积累了一定知识和能力，开始面临全球化背景下领先企业全方位的激烈竞争。以中国为代表的发展中国家后发企业开始尝试在全球价值链地理和组织重构过程中发挥作用并据此实现突破。李克强总理指出，"互联网＋双创＋中国制造2025，彼此结合起来进行工业创新，将会催生一场'新工业革命'"。新一代信息技术与制造业深度融合，正在引发影响深远的产业变革。新工业革命带来的资源配置和生产组织方式的变革，为后发企业价值网络体系重塑提供了新驱动。因此，系统解析价值网络重构要素，分析价值网络重构过程，明确价值网络结构演化机理，归纳后发企业结构跃迁路径，可为资源配置信息化和生产组织网络化背景下我国后发企业挣脱"双向挤压"实现升级提供理论依据。

本书首先从节点、关系和结构三维层面系统解析后发企业价值网络重构关键要素，进而通过实证研究分析重构要素作用于价值网络知识重构、关系重构和结构重构的重构机理；其次，对应价值网络重构实现的知识、关系和结构维度，构建模型并仿真价值网络知识结构、组织结构和空间结构演化过程，进而结合典型后发企业价值网络结构跃迁的纵向案例研究，分析基于结构演化的后发企业结构跃迁轨迹；最后，在后发企业价值网络重构要素模型、后发企业价值网络重构机理和后发企业价值网络跃迁轨迹的基础上，归纳后发企业价值网络升级路径。研究发现，后发企业价值网络重构要素模型是包含基础要素和支撑要素的多前因多维度的匹配模型；后发企业价值网络重构机理是包含变量间直接作用、中介作用、调节作用、有调节的中介作用和有中介的调节作用的直接与间接效应相结合的三维重构机理；后发企业的价值网络结构跃迁是伴随知识结构、组织结构和空间结构演化，以知识维的技术创新能力提升为内在驱动，通过组织维的组织关系的调整和空间维的空间结构的改变，实现在价值网络中"位""势"提升的过程；后发企业价值网络升级路径是包含基于网络重构的后发企业本位升级和基于结构跃迁的后发企业本网升级的双重结构变革路径。

本书将价值网络升级的研究视角从关注整体层面的结构特征转向聚焦微观层面的个体跃迁，推动了价值网络升级的微观组织分析和量化分析，促进了全球价值链治理理论的研究进展。同时，研究结果为长期处于价值链低端环节亟待升级且面临更加复杂多变的全球竞争的后发企业提供实践指导，为我国后发企业把握发展机遇，有的放矢地参与全球生产互动，实现国际化成长和价值网络升级，提供策略支持。

本书在写作过程中，参考了很多理论观点，引用了大量实际案例，在这里对这些资料的作者所做的前期工作致以敬意。此外，本书在出版过程中得到了经济科学出版社的大力帮助和支持，在此表示衷心的感谢。由于时间有限，难免有不妥之处，敬请读者批评指正。

魏旭光

2023 年 1 月

目　录

第一章　新工业革命背景下后发企业价值网络重构、跃迁与升级概述

第一节　研究趋势

再工业化是西方学者为了改善工业产业地位而提出的全球竞争战略，伴随对工业产业的重视，全球产业分工格局发生重要变化。原有的以贸易为纽带的国际分工方式开始逐渐被以生产为基础的新型分工方式所取代（邱斌等，2007）。跨国公司通过实施"归核化"战略与内部垂直反整合的模块化解构所形成的全球价值链（Arndt & Kierzkowski，2001），为发展中国家制造企业嵌入价值链提供了机会和方式，同时也为其向高价值环节攀升设置了层层困难。

国际金融危机后全球产业竞争格局正在发生重大调整，发达国家纷纷实施"再工业化"战略，修正实体经济产业空心化问题（李玉梅等，2016），加速推进全球价值网络新格局。与此同时，中国传统制造经历了从成本领先优势的获益过程，积累了一定知识和能力，开始面临全球化背景下领先企业全方位的激烈竞争（刘洋等，2013）。以中国为代表的发展中国家制造企业开始尝试在全球价值链地理和组织重构过程中发挥作用（Azmeh & Nadvi，2014），并据此实现突破。

李克强总理指出，"互联网＋双创＋中国制造2025，彼此结合起来进行工业创新，将会催生一场'新工业革命'"。[①] 新一代信息技术与制造业深度融合，正在引发影响深远的产业变革。新工业革命带来的资源配置和生产组织方式的

[①] 李克强：互联网＋双创＋中国制造2025将会催生一场"新工业革命"[J]. 中华人民共和国国家互联网信息办公室网站，http://www.cac.gov.cn/2015-10/15/c_1116834218.htm，2015-10-15.

变革，为后发企业价值网络体系重塑提供新驱动。因此，系统解析价值网络重构要素，分析价值网络重构过程，明确价值网络结构演化机理，归纳后发企业结构跃迁路径，可为资源配置信息化和生产组织网络化背景下中国制造后发企业挣脱"双向挤压"实现升级提供理论依据。

伴随价值链理论构建、解析和发展，全球价值链为企业升级研究既提供了理论基础，又搭建了分析平台。结合资源配置信息化和生产组织网络化的新工业革命背景以及涌现的"低端锁定""双向挤压"现象，现有理论存在解释力不足的问题。因此，有必要将全球价值链理论与资源基础理论和网络组织理论相结合，探讨新工业革命契机下，后发企业价值网络重构过程，明确结构演化机理，归纳结构跃迁轨迹，提出价值网络结构升级路径，满足后发企业参与全球竞争的管理实践需要。

第二节　问题聚焦

本书聚焦后发企业价值网络的结构升级，体现了对升级研究的视角转换和结构聚焦，将研究从关注整体层面的结构特征转向关注微观层面的个体跃迁，从重构要素识别出发，挖掘价值网络重构机理，归纳企业价值网络跃迁规律，为嵌入价值网络的后发企业升级路径选择提供新思路。研究结果是对全球价值链治理理论的有益探索，同时推动了价值网络升级的微观组织分析和量化分析。

新工业革命背景下资源配置和生产组织方式的变革为我国后发企业带来新机遇。后发企业通过对重构要素的匹配驱动价值网络重构，在价值网络不同维度演化过程中实现结构跃迁。对跃迁规律的总结和归纳，可为长期处于价值链低端环节亟待升级且面临更加激烈全球竞争的后发企业提供实践指导。研究结果为我国后发企业把握发展机遇，有的放矢地参与全球生产互动，实现国际化成长和价值网络升级，提供策略支持。

伴随价值网络中要素性资源及其配置方式的变革，研发、制造和销售等活动发生变化，企业空间组织和位置随之改变（Alcácer & Delgado，2016）。在网络中占据强势地位的企业具有明显的外部资源导向（Hallikas et al.，2008），企业价值网络的结构要素与能力要素、市场关系要素共同构成企业发展和价值提升的资源基础（王树祥等，2014）。本书以重构要素的识别为出发点，解析后发企业价值网络重构机理，追踪后发企业价值网络结构跃迁轨迹，归纳后发企业价值网络升级路径。

1. 后发企业价值网络重构要素模型构建

基于扎根理论的探索性案例分析，解析后发企业价值网络重构要素，进而基于定性比较分析方法分析后发企业价值网络重构的前因构型。区分价值网络的结构视角和内容视角，匹配定性比较分析方法。整合基于扎根理论形成的后发企业价值网络重构要素编码数据结构、结构视角下后发企业价值网络重构的前因构型和内容视角下后发企业价值网络重构前因构型，构建后发企业价值网络重构驱动要素模型。

2. 后发企业价值网络重构机理解析

基于后发企业价值网络重构驱动要素模型，结合已有研究的研究成果，推演研究假设，形成后发企业价值网络重构理论模型。对模型中涉及的变量的测度量表进行筛选，基于选择量表设计问卷。发放问卷，并进行回收，通过对回收问卷数据的效度和信度检验，结构方程模型检验和多元回归分析，检验变量间的直接影响、中介作用和调节作用、有调节的中介作用和有中介的调节作用，递进式解析后发企业价值网络重构机理。

3. 后发企业价值网络结构跃迁研究

将价值网络结构解析为知识结构、组织结构和空间结构三个维度，分别仿真知识结构演化、组织结构演化和空间结构演化过程，归纳演化规律。选取后发企业实现价值网络结构跃迁的典型案例，在对案例企业价值网络结构演化阶段划分的基础上，对后发企业结构跃迁进行知识、组织和空间三维解析，进而勾勒后发企业价值网络结构跃迁过程，总结跃迁轨迹。

4. 后发企业价值网络升级路径归纳

在构建后发企业价值网络重构模型、解析后发企业价值网络重构机理、分析后发企业价值网络结构跃迁轨迹的基础上，归纳基于网络重构的后发企业本位升级路径和基于结构跃迁的后发企业本网升级路径。

第三节　方法选择

研究方法选取得合适与否，直接决定了研究结果的可信性。方法正确才能保证结论合理，方法科学决定了结论科学。研究方法的选择为本书研究的开展和实现提供了支撑。为开展新工业革命背景下后发企业价值网络重构、结构跃迁与升级路径研究，本书使用的研究方法包括理论研究、实证研究、仿真研究和案例研究。

1. 理论研究

理论研究是展开后续一系列研究的基础，通过理论研究梳理研究思路，将顺研究逻辑。将理论研究析出的各种变量按照逻辑关系予以归纳，形成研究框架，提炼研究问题。在已有理论基础支撑下，本书初步形成"重构要素识别—重构路径解析—结构跃迁分析—升级路径归纳"的研究逻辑。采用半结构化访谈方法收集资料，基于扎根理论的三级编码对资料进行分析，析出网络能力、关系强度、网络密度、网络中心性、知识重构、关系重构和结构重构等构念。基于构念搭建研究框架，结合定性比较分析结果，将研究问题归纳为后发企业价值网络重构、结构跃迁与升级路径研究。

2. 实证研究

由于后发企业价值网络重构、结构跃迁与升级路径研究的概念模型中涉及的研究变量间关系较复杂，有必要在明确理论框架的基础上，实证检验构念间影响作用。按照"重构要素"对"价值网络重构"直接影响、"重构要素"对"资源获取"直接影响、"资源获取"对"价值网络重构"直接影响、"重构要素"通过影响"资源获取"进而影响"价值网络重构"，"重构要素"在"信息共享"的作用下通过影响"资源获取"进而影响"价值网络重构"，逐层深入的研究思路，分析后发企业价值网络知识、关系和结构重构机理。具体思路如下：首先，结合已有研究将扎根研究析出的构念转化为变量，筛选量表并形成调查问卷；其次，对问卷回收数据进行信效度分析，检验研究数据可靠性，以及题项在表达研究变量或者维度的概念信息时的有效性；最后，应用 AMOS 和 SPSS，逐层解析变量间直接和间接影响，同时检验变量的中介和调节作用，解析后发企业价值网络重构机理。

3. 仿真研究

在理论研究搭建的研究逻辑基础上，仿真价值网络的演化过程。基于 BA、BBV、NW 等经典复杂网络模型，结合研究内容进行包括连接规则和退出规则的规则改进和算法改进，仿真价值网络知识结构演化、组织结构演化和空间结构演化过程，归纳价值网络结构演化规律。

4. 案例研究

案例研究方法可以用来对现实现象进行分析和总结以及探索新事物和新理论。典型案例分析可以对研究问题的过程给予清晰透明化,纵向案例分析能在一定程度上提供内在深入性的研究结论。本书通过对比亚迪、华为和海尔的纵向案例分析,对其价值网络结构跃迁进行三维解析,从而归纳后发企业价值网络跃迁轨迹。

第四节 研究框架

在理论基础和文献综述基础上,本书采用基于扎根理论的探索性案例分析,形成了价值网络重构要素编码数据结构,初步识别新工业革命背景下价值网络重构要素及其构成。进而采用定性比较分析方法解析价值网络重构要素前因构型,形成后发企业价值网络重构驱动要素模型。为解析后发企业价值网络重构机理,构建后发企业价值网络重构理论模型,并提出研究假设,在量表选取基础上设计调查问卷,通过问卷星平台,向后发制造企业发放调查问卷。回收有效问卷并进行数据分析,在信效度检验基础上使用 SPSS 和 AMOS 检验变量直接影响作用、中介作用、调节作用、有调节的中介作用和有中介的调节作用,深化重构要素作用于价值网络知识、关系和结构重构的内在机理。在明确价值网络重构三维度的基础上,通过构建价值网络结构演化模型,使用 Matlab 仿真价值网络知识结构、组织结构和空间结构演化过程,并使用可视化工具分析价值网络的结构演化,归纳价值网络演化规律,结合典型后发企业案例的纵向分析,在价值网络结构整体演化分析基础上,追踪后发企业价值网络结构跃迁轨迹,归纳价值网络升级路径。研究框架如图 1.1 所示。

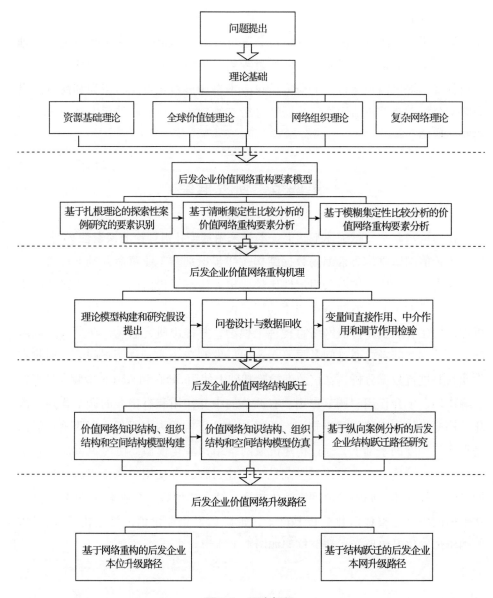

图 1.1　研究框架

资料来源：笔者绘制。

第二章　后发企业价值网络重构、
跃迁与升级理论基础

第一节　资源基础理论

区别于新古典企业理论同质性假设，现代企业理论关注企业差异性。对企业差异性的不断认识，催生了资源基础理论。潘罗斯（Penrose）在《企业成长理论》中最早提及"组织不均衡成长理论"，提出企业资源位置的概念，关注了企业成长过程中存在的不均衡性。在此基础上，沃纳菲尔特（Wernefelt）提出了资源基础理论，将企业视为各种难以复制的资源集合，认为企业是由一系列资源组成的资源组合有机体。由于资源之间存在的差异性，企业成长呈现不均衡特征，企业拥有的难以复制和模仿的资源是企业取得竞争优势的来源和基础。此后，学者们开始聚焦企业内部资源，并基于内部资源差异解释企业竞争力，逐渐完善理论体系（Rumelt，1984；Barney，1986；Dierickx & Cool，1989；Grant，1991），最终形成了以资源价值属性、资源稀缺属性、不可完全模仿属性和可组织属性为核心的资源基础理论。

伴随学者对能力差异的进一步探究，知识作为特殊资源的异质性逐渐被聚焦。支撑企业核心能力表现的是企业所掌握的知识，尤其是组织内部的隐性知识。资源基础理论的知识观认为，企业的竞争优势差异源于企业所掌握的知识的异质性，其具体的影响过程可描述为企业拥有的异质性知识反映为企业能力水平，最终表现为企业不同的竞争力和发展水平。科格特和赞德（Kogut & Zander，1992，1996）、斯彭德（Spender，1996）等学者研究认为企业是一个知识的集合体，企业内部的各个层级和组织拥有的知识，孕育了企业的长期竞争优势。

基于基础能力观，蒂斯（Teece，1997）在能力的动态性的基础上进一步深入研究，逐渐形成了动态能力观。动态能力是指企业不断进行资源和能力的获取、建立、整合以及灵活配置的能力，从而来适应快速且激烈变化的外部社会环境。动态能力观强调企业对能力和资源进行调整和配置的动态能力存在差异，在应对外部环境的变化过程中显现不同，从而表现出与其他企业差异化的竞争优势。林（Lin，2014）提出企业通过对组织内部的资源和能力进行调整与配置，应对外部环境的变动，对企业的资源和能力的动态性进一步关注，并且突出了外部环境对于企业动态影响的作用。

由于网络中主体的多样性和动态性，相较于企业而言，网络中节点企业间关系以及整个网络的资源配置，是网络之间竞争优势的根本来源（Gulati，1998，1999；Anand，2000；Ahuja，2000；Kogut，2000；Lavie，2007）。网络作为一个整体系统，由企业和企业间关系共同构成，企业可以抽象成网络中的节点，企业间关系可以抽象为边，共同形成网络。网络资源观认为异质性资源的差异还源于企业所嵌入的网络差异。

综上所述，资源基础理论对资源差异的关注经历了从内部到外部、从静态到动态、从个体到网络的认识过程。同时，也将竞争优势的资源来源范围不断拓展，对于后发企业而言，其实现价值网络的重构与结构跃迁过程，伴随着来源于内部与外部、静态和动态、个体到网络的差异性资源的支撑。

第二节　全球价值链理论

价值链概念的提出，可以追溯至 20 世纪 80 年代波特（Porter）在其著作《竞争优势》中对价值链的解析，认为企业价值创造的过程可以分解为一系列价值增值活动，这些价值增值活动环节构成了价值链。自此以后，学者们开始逐渐关注价值链的研究，对价值链的认识，也从企业在设计、生产、销售、配送、交付等过程中形成的一条可以创造价值的内部链条开始逐渐向企业外部进行扩展。开始聚焦产业层面的价值链，并尝试在全球范围内，研究价值链的空间分布。

杰罗菲（Gereffi，1999）在对全球价值链持续关注的基础上，聚焦了企业从生产领域转移到销售和品牌领域的趋势，即在"微笑曲线"上从中间向两端提升的过程。汉弗莱和施米茨（Humphrey & Schmitz，2000）进一步从全球价值链低端视角提出了低价值环节的企业如何实现在价值链中影响力和控制力的提升，并实现升级。全球价值链升级有四种类型，分别为以产品更新和竞争力提升为核心的产品升级、以生产系统和生产效率改进为核心的工艺升级、以功能更新和替代为核心的功能升级以及以价值链转换和替代为核心的价值链升级。这四种升级一般遵循"工艺升级—产品升级—功能升级—价值链升级"的演进过程（Gereffi，1999；Lee & Chen，2000）。此后学者基于价值链特征差异，进一步区分了价值创造集中于生产环节的全球价值链类型，由于其主要的价值创造都集中于生产阶段，从生产到运营流通过程，边际价值效用递减。此类全球价值链升级路径一般为"功能升级—产品升级—工艺升级—价值链升级"（张辉，2006）。庞特和吉本（Ponte & Gibbon，2005）则研究认为企业在全球价值链上升级的本质是为了更多的利润。企业升级可以通过效用曲线向产业链高端发展来实现升级，也可以改变与企业本体处于同一价值链的其他参与企业的相对力量来获取市场优势，从而现实价值链的升级。从这个角度来看，价值链升级并不只是能力的获取，同时也包括价值链上各种关系发生改变（Humphrey，2002）。

此后，学者们在已有研究基础上，对全球价值链升级的研究进一步深化。梅丽霞（2005）认为全球价值链的背景下升级的基本内涵包含五方面内容：技术升级、创新升级、外联关联升级、社会资本升级与区域创新系统升级。刘林青和谭力文（2006）将地理空间因素纳入升级范畴，认为全球价值链升级包括工艺升级、产品升级、功能升级、地理扩展和价值链升级。黄锦华（2010）认为全球价值链的升级表现为企业打破原来主导企业建立的壁垒，建立新的更利于自身的壁垒体系，从而改变价值链上彼此之间的关系。郝凤霞和张璘（2016）从低端锁定出发，提出自主研发、并购等途径是向"微笑曲线"的高处攀升实现产业升级的本土后发企业的操作性方法。潘秋晨（2019）聚焦装备制造业，研究发现技术水平越高的行业越依赖于由中间品效应产生的 GVC 中低端嵌入路径实现转型升级，技术水平越低的行业则越依赖于由竞争效应产生的 GVC 高端嵌入路径完成转型升级。陈伟宏等（2021）认为在嵌入全球价值链的过程中，有效利用不同服务内容投入、促进要素资源重组对劳动生产率的提升更为重要，要素投入内容重点和方式发生改变是实现升级效果的关键。张艳萍等（2021）研究认为数字经济会改变全球价值链各环节的空间布局与价值分配，在劳动密集型产业中对升级的影响更加明显。

综上所述，全球价值链理论伴随全球化分工而产生，在不断完善理论内在机制的过程中，聚焦基于利润获取和关系调整的全球价值链升级。后发企业通过关系调整在价值网络中的结构变革的最终目的即是实现全球价值链升级。

第三节　网络组织理论

理查森（Richardson，1972）在解析企业边界过程中研究发现，由于分工的出现，企业在生产和服务中的某些环节进行活动。作为价值链活动环节的组成部分，企业与企业之间具有互补性，也就需要企业间多样化协调。虽然科层制在某种程度上可以弥补市场失灵、降低交易成本，但无法解决企业间协调问题。网络组织作为介于市场和科层之间的组织模式成为组织理论学者关注的焦点。此后，国内外学者纷纷围绕网络组织开展研究。鲍威尔（Powell，1990）将网络组织定义为一种关系型的网络，属于市场与企业以外的新的组织模式。贝克（Baker，1992）提出网络组织是一种社会网络，其渗透了组织边界，消除了部门和群体之间的限制，从而形成了不同的网络组织关系。

李新春（1998）在解析企业战略网络过程中提出网络组织是组织间的合作关系，认为这种组织行为的实质是企业之间的分工与协作，是为了发挥各自的优势。李维安等（2000）提出网络组织是一个由具有节点活性的网络构成的有机组织，它既有明确的目标又有灵活的机制，并且组织内部强调协作、共享和优势互补。孙国强（2001）认为网络组织由网络目标、网络节点、经济连接、运行机制和网络协议构成，提出由于网络组织模式具有多样化特征，所以需要关注组织内部企业间的经济联系，从而完善网络组织模式。林润辉（2004）在研究企业成长性问题时发现，网络组织是超越单个节点的大型组织，其组成要素会随着网络运作、发展和网络整体利益而进行动态调整。

综上所述，网络组织概念自提出开始，其概念构成不断完善，在学者们的研究推动下逐渐丰富且具有系统性。

第四节　复杂网络理论

复杂网络理论起源于18世纪初，由应用数学领域的图论和拓扑学发展而来，其具体的发展可以划分为三个阶段：规划网络阶段、随机网络阶段和复杂网络阶段。

18世纪欧拉提出"哥尼斯堡七桥问题"，其通过将此问题进行转换，用边和点分别代表桥梁和陆地，形成了最初的网络，同时也创新性地形成了图论理论。而后，很长一段时间图论理论都没有获得实质性发展，直到厄多斯和瑞尼（Erdos & Renyi）于 20 世纪 60 年代提出随机图论和随机图模型（即 ER 模型）。为了进一步研究复杂网络特征，部分学者开始统计分析显示社会网络，其中最著名的为米尔格拉姆（Milgram）的"六度分离"实验，而后 Bacon 游戏和 Email 传递实验等实验都验证了米尔格拉姆的推断。1998 年，瓦特和斯托加茨（Watts & Strogatz）正式提出了小世界网络的特征，而后 1999 年巴拉巴西和艾伯特（Barabási & Albert）提出了无标度网络的性质，同时建立了相应的模型，以详细地解释该特征与性质背后的运行与产生机理。

复杂网络基本模型包括规则网络、随机网络、小世界网络和无标度网络。

规则网络是指在拓扑结构上具有一定规律的网络，具有显著的平移对称特点。全局耦合网络、最近邻耦合网络和星形耦合网络是比较常见的三种规则网络。厄多斯和瑞尼给出了随机网络的基本模型，也就是 ER 随机图模型。随机网络中节点的度分布是一种泊松分布，这种网络不存在中心节点，也不具备较高的簇系数。瓦特和斯托加茨（1998）提出了基于边重连的小世界网络模型，简称 WS 模型。WS 模型的构造主要分为两个步骤：第一步是构造具有 n 个节点的稀疏型最近邻耦合网络，此时构造的网络模型具有高聚类特性；第二步是将网络中的每一条边都以概率 p 断开再重新连接到另一个随机挑选的节点上，在此过程中规定任意两个不同的节点之间至多只能有一条边，并且每个节点不能有边与自身相连。ER 随机网络模型的节点度分布服从泊松分布规律，因此随机网络具有同构性，其平均度即为网络的特征标度。巴拉巴西和艾伯特（1999）提出了无标度网络模型，即著名的 BA 无标度网络模型，该模型主要基于增长性和优先连接性两个基本假设。

综上所述，早期的规则网络和随机网络在刻画现实网络时存在着较多不足，以小世界网络和无标度网络为代表的复杂网络研究关注了真实网络的主要性质，如平均距离小、聚类系数大、节点度分布服从幂律分布等，是在研究复杂网络及其动力学中使用最为普遍的复杂网络模型。

第三章　后发企业价值网络重构要素模型构建

第一节　基于扎根理论的价值网络重构要素梳理

一、扎根理论

扎根理论最早由格拉泽和施特劳斯（Glaser & Strauss）提出，其核心内容是围绕经验资料的收集和分析，从中提取有效信息并连接形成逻辑线索进而构建理论。伴随扎根理论的发展，其逐渐演化为三种研究方向。扎根理论提出之初，就重视经验数据的收集，希望能够在理论研究和经验研究之间架起新的通路。扎根理论在发展过程中随着时间演进和研究认识程度的不断加深，逐渐演化为三种不同方向。其一是早期的扎根理论强调理论的原生性，即对资料进行编码，然后通过理论抽样和分析比较方法得到结论；其二是在早期扎根理论基础上施特劳斯和科尔宾（Strauss & Corbin）对扎根理论的程序化归纳，在对每一份资料进行分析阅读的同时，就对数据进行分解、比较、重整和提炼；其三是查默兹（Charmaz）提出的建构型扎根理论，强调在资料阅读和分析过程中不断互动和提问，重复多次从资料中寻找理论构建的证据。扎根理论认为，当前得到的每一个理论都会引导研究者的研究方向，并限定下一步研究。因而研究者需要首先根据所获资料构建假设，凭借资料和假设之间的多次比对构建理论，基于这些理论对资料进行编码寻找它们之间的理论逻辑（陈向明，2000）。

扎根理论方法在应用的过程中，首要工作是确定资料及其来源。依据案例研究中所选用案例数量的差异，可以把案例研究划分为单一案例和多案例研究（Eisenhardt，1989；Meredith，1998）。单一案例研究在研究纵深维度上具有优势，但在提炼构念和形成完整的理论框架和假设方面存在支撑不足的缺陷。而多案例研究可以挖掘出不同案例之间的异同，并在多个案例之中寻找逻辑相同点，整理出具有广泛适用性的理论模型，构建较为完整的理论体系（陈国权和李赞斌，2002）。本书尝试在新工业革命背景下解析价值网络重构关键要素，据此展开后发企业价值网络重构和跃迁研究。而已有研究对后发企业价值网络重构关键要素的研究尚不清晰，需要系统性研究。而且，已有研究虽对后发企业价值网络重构的资源基础有所涉及，对重构实现的因素构成仍存研究空间。因此本书选择扎根理论研究方法总结和建立理论体系。同时，多案例研究的模式能够统筹探索过程中的信息充分性和结论普适性，拓宽理论适用范围。因此本书选取基于扎根理论的探索性多案例方法来建构理论框架，梳理后发企业价值网络的重构要素，探求重构机理。

二、数据收集

本书聚焦后发企业价值网络重构基础上的结构跃迁和升级路径，资源基础是后发企业实现价值网络重构的核心驱动。采用扎根理论的方法，通过多案例探索性研究，识别后发企业实现价值网络重构的资源要素。

结合已有后发企业概念界定和本书关注的焦点，对于案例的选择遵循如下条件：（1）企业所处的行业存在激烈竞争；（2）企业在进入行业初期行业内存在领先企业；（3）企业最初嵌入全球价值网络的低端制造环节；（4）企业的长期战略目标是追赶和超越领先企业；（5）企业初步实现了价值网络结构变化。

首先，明确样本选择依据后，进一步需要确定的是资料及其来源，本书数据收集主要包括两种途径，一是与后发企业管理人员进行深度访谈所得一手资料，二是借助各种平台媒介既有资料整理归纳形成的二手资料。研究核心资料来源于访谈得到的一手资料，按照殷（Yin，2003）提出的收集原则，提高一手资料的完备性。首先，运用多维度的证据来源收集数据，以提高研究效度。除对样本企业访谈对象进行访谈获取资料外，访谈之余在资料整理过程中辅之以其他方式补充和核实资料，如通过电话调查、邮件调查等方法获得补充性资料，借助网络平台获取网络资料以及积极争取企业内部非公开资料，从而使其与获得的一手访谈资料形成对应和印证。

其次，搭建案例研究资料数据库并对资料进行全面的记载和梳理，以增加研究信度。本书研究过程中着重对案例资料进行闭环控制下的全过程整理。针对每个样本企业建立独立资料库和对比资料库。在访谈开始之前通过网络等公开资料对案例企业进行前期了解，整理公开信息构建独立资料库；在征求对方同意的前提下对访谈全过程录音，访谈结束后，随即对录音内容进行文字转化并且进行整理分析，丰富独立资料库，同时与其他样本企业资料相对比，构建对比资料库。

本书选取扎根理论资料直接来源的个案样本总共包括 11 家企业。在以上规则指导下，开展研究。鉴于扎根理论方法的使用特点，数据收集的过程和分析过程是同时进行的。在对资料分析基础上，为了保证研究结果的可靠性，不断增加样本企业，进行数据收集和分析直至研究结果达到饱和，基本情况如表 3.1 所示。

表 3.1   访谈资料基本情况

序号	样本企业	受访者职位	访谈时间
1	YFJT	总经理	2019.3
2	TJDQHC	总经理	2019.3
3	GYZBZZ	总经理	2019.5
4	MDXL	经理	2019.5
5	ZMJJT	副总经理	2019.6
6	JCGD	销售部部长	2019.8
7	QRQC	副总经理	2019.10
8	CAQC	战略规划部总监	2020.6
9	CGFM	副总经理	2020.6
10	JDGT	副总裁	2020.7
11	CCQC	人力资源部总监	2020.7

资料来源：笔者根据访谈材料整理。

编码和备忘录是扎根理论中的两个核心步骤，备忘录的作用在于将不同的人物、故事、概念和范畴联系起来并探讨它们之间的逻辑关系（孙晓娥，2011）。在剖析后发企业价值网络重构的过程中，本书研究过程中涉及的备忘录总结如表 3.2 所示。

表 3.2   备忘录

编码	备忘录类型（数目）	目的和来源
Min（i）	访谈备忘录（15）	记录有关访谈对象、过程和内容的信息和思考
Mcn（i）	编码备忘录（12）	描述当前节点，并记录研究者在阅读节点内容时产生的分析型思考
Mth（i）	理论备忘录（4）	对概念、范畴及它们之间关系的思考和归纳
Mcm（i）	会议及交流备忘录（5）	记录研究过程中研究者参与的会议、讨论和非正式交流的主要内容
Mnw（i）	新闻资料备忘录（21）	来源于报纸、网站等公共媒介物中与研究主题有关的新闻文章摘录
Mar（i）	档案材料备忘录（4）	整理并记录政府部门所提供的统计数据、文件和其他档案材料

资料来源：笔者根据访谈材料整理。

三、扎根分析

（一）开放式登录

开放式登录是指对访谈资料的词句和片段进行概念化、抽象化的标示。它既可以是访谈对象所使用的生动、鲜明的词语，也可以是研究人员从资料阅读中所抽象出的名词和概念（孙晓娥，2011）。一级编码过程中要求研究者最大可能摒弃个人"看法"和研究"偏见"，遵循资料本身状态进行登录（陈向明，1999）。

开放式登录是对资料进行的基础性分析，将所观察到的现象进行命名或分类的初级工作，是扎根理论研究方法后续分析的重要基础步骤。也就是说，开放式登录将用于扎根分析的资料细化为多个单位个体，对比其异同，对资料中所反映的现象进行命名，提出问题。这一环节可以使研究者对自身提出的或已有研究中涉及的假设进行更有针对性的分析探索，直至输出新的发现。开放式登录的具体过程可以概括为：定义现象—发掘范畴—为范畴命名—发掘范畴的性质和面向—各种不同的开放性译码—写译码笔记。开放式登录的具体步骤如下：首先对研究选取的 11 个样本企业获取的访谈记录进行仔细阅读并进行开放式登录即一级编码。每访谈完一个样本，立即对访谈数据进行分析处理。对访谈数据形成的文本进行逐字逐句仔细研读，并对访谈数据设置标签，深层次剖析访谈记录文本，初步将受访者原话总结并命名为 64 个本土概念，梳理整合本土概念，筛选重复性概念最终形成 45 个初始范畴。开放式登录结果如表 3.3 所示。

表 3. 3   **开放式登录结果**

访谈记录	本土概念	初始范畴
我们的客户除了有业务人员与其对接，我们还配备了专门协调员，要求协调员定期与客户沟通，反馈存在问题（CCQC，人力资源部总监）	协调员	协调
合作对象很重要，公司已与重要供应商建立了长期稳定的合作关系，并且计划长期保持……我们维系已有客户的同时，也在尝试开发新客户，但目前主要业务还是以已有客户为主（TJDQHC，总经理）	长期合作关系	持续关系维系
我们会与所有合作方定期进行会议沟通，有统一的会议纪要，作为前期工作的总结和后续工作的依据	定期沟通	沟通
我们之间的联系非常频繁，方式也有很多，很多时候甚至是几方共同坐下来讨论，这对其他企业而言可能是很困难的（CGFM，副总经理）	多方互动频繁	互动频繁
可以说，我们在当前的供应链中是处于相对重要的位置的，我们对于零部件供应商的选择有一套质量保障体系……，当然我们也会主动和他们保持广泛联系（CAQC，战略规划部总监）	重要位置	网络重要组成
企业在发展过程中每阶段都有不同的合作伙伴，每个伙伴都有自身优势，在合作或业务往来过程中，我们学习和获取了一些自身原来比较欠缺的内容，例如我们成立之初，也尝试模仿合作企业中标杆企业的管理模式，改善我们的管理（YFJT，总经理）	学习管理模式	获取管理模式
为了实现持续发展，人才招聘和引进，一直是我们的工作重点，近期我们招聘的重点在于扩充研发、营销方面的专业人才和有经验的一线操作人员（CCQC，人力资源部总监）	人才引进	人力资本
这些关键消息外围的一些企业很难获得，等知道的时候已经错过了最佳时期，或者有些根本就不知道……这主要看你平时联系的企业的面广不广（ZMJJT，副总经理）	联系面广	广泛联系
后面采用了上下分体模具成型工艺，使外观看起来更加浑然一体。焊装引入了全新的自动化焊接工艺，焊接品质得到更好的保证，销量就逐渐提高了（JCGD，销售部部长）	全新工艺	新技术
……	……	……

资料来源：笔者根据访谈材料整理。

（二）关联式登录

关联式登录对开放式登录得到的所有概念进行整合归纳，尝试解析概念之间的逻辑，同时对从属于同一范围同一类型的概念进行区分和整合，通过对概念解析和反复对比，形成更高一层次的范畴，依据分析结果归纳范畴的性质和维度（孙晓娥，2011）。这些概念和类属之间的联系包括因果关系、时间先后关系、语义关系、情境关系、相似关系、差异关系、对等关系、类型关系、结构关系、功能关系、过程关系、策略关系等（陈向明，1999）。

关联式登录的核心内容是在典范模式的指导下将副范畴整合成一条逻辑线。典范模型包括如下核心要素：（A）因果条件（多数）—（B）现象—（C）脉络—（D）中介条件（多数）—（E）行动或互动策略（多数）—（F）结果（多数）。运用这个典范模型，审视分析收集的一手和二手资料，将前一阶段形成的副范畴进行逻辑梳理。按照典范模式给出的逻辑脉络，将副范畴纳入不同的主范畴中进行分析。其中，因果条件是对现象产生的条件解析。现象在典范模式中发挥核心功能，现象表现为在因果条件影响下的一组行为或行动。脉络是现象发生的一组特殊条件组合，反映逻辑关系。中介条件是一种结构性条件，可以在特定的脉络中发挥作用，这种作用可以是两个方向的，即正向或负向。行动/互动是以现象为核心，围绕现象在其可见、特殊的一组条件下所采取的管理、处理及执行的策略。结果是围绕现象采取行动的结果。

首先对初始范畴进行整合，分析明确其副范畴，进而利用典范模式寻找副范畴之间关系形成逻辑线。例如依据开放式登录形成的初始范畴和对初始范畴整合后的如下五个副范畴：重要组成部分、与网络中企业联系频繁、与网络中企业联系广泛、在网络中很活跃、对网络体系至关重要，基于典范模式整合逻辑轴线。全球价值网络中某些企业在网络中的作用越发重要（条件/背景），表现为其在网络中很活跃（现象），与网络中企业联系频繁且广泛（行动/互动），从而成为对于全球价值网络体系至关重要的节点企业（结果）。基于此逻辑轴线将重要组成部分、与网络中企业联系频繁、与网络中企业联系广泛、在网络中很活跃、对网络体系至关重要五个副范畴归入网络中心性。按照以上步骤将确定形成的 42 个副范畴，归类为 10 个主范畴，具体情况如表 3.4 所示。

表 3.4   关联式登录结果

副范畴（编码频次）	主范畴
协调（15）、关系技巧（6）、伙伴知识（13）、沟通（15）	网络能力
持续合作关系维系（16）、合作关系紧密（9）、合作关系良好（7）、信任（13）	关系强度
网络中企业关系密切（11）、网络中企业互动频繁（6）、网络中企业经常讨论（5）、网络中企业通信频繁（6）	网络密度
网络中重要组成部分（5）、在网络中很活跃（7）、网络中企业联系较多（9）、网络中企业联系广泛（11）、对网络体系至关重要（10）	网络中心性
愿意告知机会和风险（7）、愿意告知未来可能的调整（6）、愿意分享市场信息（5）、愿意沟通技术改革方向（9）	信息共享
获取资源质量更高（7）、获取资源成本较低（9）、获取资源速度更快（4）、获取资源途径灵活（4）	资源获取能力
先进技术（15）、财政资源（9）、管理专业知识（7）、人力资本（9）、关键信息（8）	资源获取结果
新产品包含新技术（14）、新产品包含新功能（11）、新市场机会（8）、开拓新领域（6）、形成新创新理念（5）	知识重构
共同调整应对环境变化（6）、提供新关联方式（5）、形成关系解除程序（3）、构建新需求关系（5）	关系重构
企业替代者难以找到（8）、合作企业属于不同圈层（6）、合作企业具有替代者（9）	结构重构

资料来源：笔者根据访谈材料整理。

（三）核心式登录

核心式登录的关键是针对主范畴进行分析，解析主范畴之间的关系，同时确定哪些主范畴是核心范畴，哪些主范畴是次要范畴，从而形成建立在范畴关系基础之上的扎根理论（孙晓娥，2011）。深入研讨上一阶段关联式登录得到的主范畴，找到核心范畴，探索其与其他范畴之间的逻辑关联，同时在梳理逻辑关系过程中将部分未发展完善的范畴进行补充。具体而言，此阶段对前一阶段关联式登录得到的主范畴进行逐一分析。网络能力是指嵌入全球价值网络中的企业对具有异质性的网络资源配置发挥竞争作用的能力，网络能力主范畴的四个副范畴包括协调、关系技巧、伙伴知识和沟通。关系强度反映企业在价值网络中与合作企业间关系的强弱水平。关联式登录获得的包括持续合作关系维系、合作关系紧密、合作关系良好、信任在内的四个副范畴从属于关系强度主范畴。网络密度反映价值网络中节点间关系的密集程度，关联式登录获得的包括网络中企业关系密切、网络中企业互动频繁、网络中企业经常讨论、网络中企业通信频繁在内的四个副范畴从属于网络密度主范畴。网络中心性是判定网络中节点重要性的指标，关联式登录获得的包括网络中重要组成部分、在网络中很活跃、网络中企业联系较多、网络中企业联系广泛、对网络体系至关重要在内的五个副范畴从属于网络中心性的主范畴。网络密度和网络中心性两个主范畴，从网络整体视角表征后发企业嵌入的价值网络的结构属性，进一步将其归纳为网络结构这一核心范畴的两个维度。信息共享是指信息和信息产品在价值网络中的交流与共用，关联式登录获得的包括愿意告知机会和风险、愿意告知未来可能的调整、愿意分享市场信息、愿意沟通技术改革方向四个副范畴从属于信息共享主范畴。

资源的获取主要是指企业通过某种方式获得所需的、必要的以及关键的资源，这也是企业内部与价值网络中资源整合的创造性过程。关联式登录获得的包括获取资源质量更高、获取资源成本较低、获取资源速度更快、获取资源途径灵活的四个副范畴共同关注资源获取的竞争能力表现，将其归纳为资源获取能力主范畴。关联式登录获得的包括先进技术、财政资源、管理专业知识、人力资本、关键信息五个副范畴共同反映资源获取的资源结果表现，将其归纳为资源获取结果主范畴。资源获取能力和资源获取结果两个主范畴共同构成资源获取核心范畴，是资源获取范畴的两个维度。

知识重构是指后发企业通过不断融合新知识改造旧知识体系，通过知识资源重新配置，使用新技术生产新产品，识别新机会，拓展新领域。关联式登录获得的包括新产品包含新技术、新产品包含新功能、新市场机会、开拓新领域、形成新创新理念的五个副范畴从属于知识重构主范畴。关系重构是指后发企业与其合作企业间的关系变革既包括关系调整、关系解除，又包括关系关联、关系构建，关联式登录获得的新产品包含共同调整应对环境变化、提供新关联方式、形成关系解除程序、构建新需求关系的四个副范畴，从属于关系重构主范畴。结构重构是指后发企业在价值网络中实现的结构优化，关联式登录获得的包括企业替代者难以找到、合作企业属于不同圈层、合作企业具有替代者三个副范畴从属于结构重构主范畴。知识重构、关系重构和结构重构构成了价值网络重构的点、线、面三维度，共同表征价值网络重构这一核心范畴。

基于以上分析，网络能力、关系强度、网络结构和信息共享四个主范畴在理论上具有内核一致性，是价值网络中影响网络重构的关键要素。基于扎根理论将研究中析出的网络能力、关系强度、网络结构和信息共享四个概念归纳至网络重构要素框架之下。知识重构、关系重构和结构重构三个主范畴在理论上具有内核一致性，是价值网络重构的不同层级结果表现。基于扎根理论将研究中析出的知识重构、关系重构和结构重构三个概念归纳至价值网络重构的框架之下。鉴于本书从价值网络节点、关系和结构视角，发现价值网络重构要素，探索价值网络重构机理的理论预设，将研究析出的资源获取能力和资源获取结果的概念，纳入资源获取框架下，从资源获取能力和结果两方面丰富了资源获取的维度构成，并解析其在重构要素作用于价值网络重构过程中发挥的作用。

四、价值网络重构要素编码数据结构

基于上述研究，可以得到如下基本逻辑，新工业革命背景下嵌入价值网络的后发企业的节点内部、二元关系和网络整体的重构要素，影响价值网络知识重构、关系重构和结构重构的实现，资源获取能力和结果作用于重构要素影响重构实现的过程。据此，最终核心式登录所得到的核心范畴之间的逻辑关系构成了后发企业价值网络重构要素对重构实现的影响。图 3.1 是后发企业价值网络重构要素扎根研究的编码数据结构。

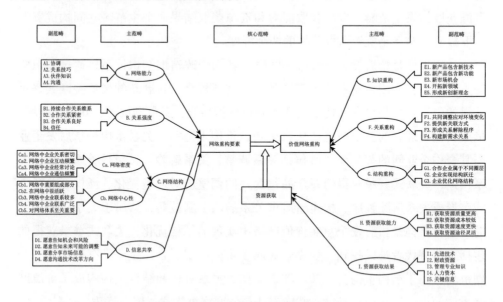

图 3.1　价值网络重构要素编码数据结构

资料来源：笔者根据访谈材料整理。

第二节　基于定性比较分析的后发企业价值网络重构前因构型

一、基于清晰集定性比较分析的价值网络重构前因构型

后发企业所在的价值网络是各参与主体由于价值交互活动形成的系统网络，为后发企业提供丰富和灵活网络资源的同时，对其成长具有平台影响（Velu，2014）。后发企业追赶是一个对互联、杠杆和学习反复应用的过程（Adner，2006）。我国后发企业经历了成本领先优势的获益过程（刘洋等，2013），在双重挑战背景下，如何突破低端锁定效应，实现价值网络重构，是后发企业亟待解决的现实问题。

价值网络重构是锁定效应突破（Mathews，2002；宗文，2011；吕越等，2018）的结构表现，依据结构变革方式，价值网络重构可以区分为本网重构和本位重构两种类型（王树祥等，2014）。本网重构是指后发企业在原有价值网络中通过位置和位势的提升实现结构变革，本位重构则指后发企业构建以自身为核心的新价值网络实现结构变革。虽然已有研究注意到价值网络变革及其影响因素（冯立杰等，2021；张枢盛等，2021；Keränen et al.，2021；杜运周和贾良定，2017），但多是针对典型案例的探索性研究，研究结果呈现碎片化，且缺乏对驱动要素溯源，同时也未考虑价值网络中驱动要素协同效应对价值网络重构的影响。而后发企业价值网络重构是一个多维度驱动要素共同作用的复杂过程，有必要探索各因素之间的协同效应对价值网络重构实现的影响。

因此，区别于价值网络重构已有研究，本书聚焦重构的结构本质，归因重构的来源，将价值网络中影响重构的驱动要素划分为企业、关系和网络三个维度，系统解析多维因素协同作用下后发企业价值网络重构路径。选择以布尔运算为核心，关注条件组态与结果间复杂因果关系的定性比较分析方法（qualitative comparative analysis，QCA），识别后发企业价值网络重构的不同前因构型，归纳后发企业价值网络重构路径，完善全球价值链治理理论。同时，为我国后发企业突破锁定效应，实现结构升级提供策略依据。

（一）价值网络重构要素分析

已有对价值网络构成进行的研究，依据研究视角可划分为内部和外部两种类型。布兰德伯格和纳尔波夫（Brandenburger & Nalebuff，1996）认为价值网络由企业、顾客、竞争者以及提供补充产品或服务的互补者四类主体构成。而卡拉汉和帕斯特纳克（Callahan & Pasternack，1999）则认为价值网络是由企业将各自差异化的价值链相互连接产生的价值星系。与此对应，价值网络重构逻辑包括价值网络内部结构调整和价值网络外部结构重建，即本网重构和本位重构（王树祥等，2014）。鉴于价值网络重构是涉及多维度的系统性问题，在已有研究的基础上，本书梳理影响价值网络重构的因素，并按照其驱动创新发生的层面进行归纳，从企业个体、合作关系和网络结构三个层面分析价值网络重构的创新驱动因素。

1. 企业层面驱动要素

技术能力是企业内部生产能力、改进能力和研发创新能力的综合反映（Westphal et al.，1985）。企业技术能力既影响其创新的效率和效果，创新效率和效果也反作用于技术能力（Wang & Ahmed，2004）。企业技术能力通过推动创新促进企业绩效提升（吴晓云和张欣妍，2015），是企业成长的核心动力。后发企业的价值网络重构第一步即是通过企业内部生产、改进和创新活动积累形成的技术能力，实现企业成长，从而在更大范围更加深入地参与价值创造活动。伴随技术能力的提升（Vaskantiras & You，2016），后发企业可以逐步摆脱现有技术轨迹制约，实现追赶甚至超越，以前瞻性技术视野和布局谋求颠覆性发展（吴晓波等，2020）。综上所述，企业内部技术能力的提升，是后发企业通过创新实现价值网络重构的直接驱动。

2. 关系层面驱动要素

企业间合作关系是后发企业通过合作伙伴接触和获取创新资源的通路，合作创新是价值网络重构的关系层面驱动因素（Wei et al.，2019；田真真等，2020）。企业间合作创新与企业间关系强度存在交互影响，合作创新可以巩固企业间关系，企业间关系的强度也会影响合作创新方式。格兰诺维特（Granovetter，1973）将关系强度分为强关系和弱关系两种。强关系是紧密联系、长时间交往互动、接触频繁的社会关系。弱关系是情感联系较为疏远、短期合作、松散联结的社会关系。借鉴其强弱关系理论，对企业间关系的强度进行解析。企业间强关系具有接触频繁、合作密切的特点。强关系有助于明确资源共享规范和机制（Todo et al.，2016），建立高效的交流渠道和知识共享惯性，使合作在信任的维系下更具持久性（Forés & Camisón，2016）。由此可知，强关系可以为后发企业提供可获取的创新资源和实现合作创新的有效渠道。企业间弱关系具有普遍性、异质性和中介性的特性。弱关系形成的开放性连接为后发企业的跨界交流、获取异质性创新资源提供更多机会。尽管弱关系不能提供信任和承诺等高质量的情感资源，但可以促进异质性资源在网络内自由流动（Singh，2000）。企业间强关系为后发企业渐进式创新提供持续的合作基础，有助于提高企业经济绩效（Perry，2006）；企业间弱关系则更多为后发企业突破式创新提供潜在的合作机会（王永健等，2016）。综上所述，企业间的强关系和弱关系具有互补性，强关系为持续性创新资源获取提供通路，弱关系为异质性创新资源提供机会。强弱关系均为后发企业提供创新资源连接（Mei et al.，2019），是价值网络重构的关系驱动。

3. 网络层面驱动要素

价值网络拓展了后发企业创新实现和结构变革的资源获取范围。后发企业所嵌入的价值网络的结构特征和信息流动影响企业获取网络创新资源的方式和效果，是价值网络重构的网络层面影响因素。

（1）结构嵌入

后发企业所在价值网络的网络密度和企业网络位置共同反映企业的结构嵌入性。其中，网络密度是指节点联结形成网络结构的稠密程度，表征为网络中联系的数量以及网络整体的完备性。基于资源流动的角度，网络密度越高，越有利于使节点企业通过更多的直接或间接的联系进行资源交换，提高网络的凝聚力（Burt，2009）。基于知识扩散的角度，高密度的网络会提高知识流动速度和知识转移速率，促进知识吸收（曾德明和文金艳，2015）。由此可知，网络密度通过提高网络的资源流动效率和知识扩散速度来提升企业的价值创造能力。同时，结构洞是网络中不相关联主体间的空隙，占据结构洞的节点在没有直接联系的两个组织的"中间"位置，结构洞反映企业间非冗余联结（Wu，2008）。占据结构洞的企业在充当资源传播通道和信息中介角色中可以获得"桥收益"（张红娟和谭劲松，2014）。结构洞位置有助于后发企业形成创新意识（Wang et al.，2014），激发创新思想，推动价值网络变革。综上所述，网络密度和结构洞位置共同反映企业嵌入价值网络的结构属性。结构嵌入通过价值创造帮助后发企业实现价值网络的结构跃迁，是重构的结构驱动。

（2）信息共享

普拉约戈和欧哈格（Prajogo & Olhager，2012）将信息共享解析为信息技术和信息交流，在此基础上，价值网络中的信息共享对创新实现和网络重构的推动作用体现为共享内容、共享质量和共享技术三个方面。信息共享内容可以增进价值网络中成员的信任，夯实网络合作创新基础（张群洪等，2010；蔡淑琴和梁静，2007）；信息共享质量则可以推动协同创新绩效提升（彭正银等，2019；王展祥和魏琳，2019）；信息共享技术为信息共享内容和质量的有效管理提供保障。综上所述，信息共享可为后发企业获取价值网络中关键信息提供通路，高水平的信息共享有助于提升价值网络的信息传递质量，保证信息的及时性和可用性，提高网络中信息流通速度和信息捕获效率。后发企业可据此实现价值创造和价值增值（简兆权等，2018），推动价值网络重构，信息共享是网络重构的网络平台驱动。

（二）数据收集和处理

本书的案例数据来自中国工商管理案例库，选取发展过程中涉及价值网络重构的后发企业案例作为分析样本。基于已有研究后发企业的特征（Mathews，2002）、技术追赶过程（彭新敏等，2020；彭新敏等，2021）和价值网络重构类型（王树祥等，2014；刘明宇和芮明杰，2012；王琴，2011），案例选取标准如下：（1）企业由于历史环境的原因成为产业中的后进入者；（2）企业曾处于技术落后、资源匮乏的状态；（3）企业以技术追赶为目标；（4）企业通过技术追赶实现成长；（5）企业尝试通过技术追赶改变其在价值网络中的位置和位势；（6）企业尝试通过技术追赶构建新价值网络结构。

基于以上案例选择依据，本书选取了35个重构成功及失败的案例作为研究样本。样本分为两组，其中实施本网重构成功的案例有小米、修正药业、TCL、格力电器、海康威视、台升家具、蒙发利科技、均胜电子、双星鞋业、宜华木业、雨虹防水、绿叶制药、鸿海集团；本网重构失败的案例有新飞电器、爱立信、李宁、凡客诚品，共计案例17起。实施本位重构成功的案例有格兰仕、海尔、华为、吉利、纳爱斯、燕之坊、蒙草生态、百丽鞋业、携程、德豪润达、大族激光；本位重构失败的案例有南望集团、乐视、雨润、金田实业、巨人集团、海鑫钢铁、三九企业，共计案例18起。依据马克斯和笃萨（Marx & Dusa，2011）的随机数据模拟分析实验，当前因条件的数量达到4，实际案例样本数量达到13即可清晰区分随机数据和现实数据，研究所选实际案例样本量皆大于等于17，因此能保证分析结果具有较高的内部效度。

本书采用拉根（Ragin，2008）创设的基于集合论的定性比较分析（QCA）方法对数据进行分析处理。该比较分析方法将拟研究对象参照一定的基础理论或实践经验，选择校准标准，将前因条件和结果变量校准为案例的集合隶属。最后通过分析条件和条件组合对于结果的充分性和必要性进行分析，加入反事实分析，揭示影响结果变量的复杂前因构型。本书选用定性比较分析（QCA）方法的原因有以下三点。

第一，后发企业的价值网络重构创新要素中企业层面、关系层面和网络层面因素盘根错节。对因素的独立作用或两两交互作用的常规统计分析不足，有必要探究多重因素之间复杂交互作用。QCA方法对此类研究更为适合，该方法基于集合理论，将每个实际案例视为条件变量的"组态"，通过实例比较，明确条件组合与结果间的集合从属关系，厘清条件或条件组态与结果间的因果关系（宗文，2011）。QCA方法有助于识别影响后发企业的价值网络重构的不同层级前因条件构型。

第二，传统回归分析方法往往应用于常规对称相关关系的处理（若 A→B，则 ~A→~B，"→"表示导致，"~"表示逻辑非。即若 A 导致 B，则非 A 导致非 B），对于变量之间的非常规对称关系的继续深入研究有一定难度。然而，在当今社会科学研究领域中，很多情况下实际变量之间的因果关系都是非常规对称的（若 A→B，则 ~A→~B 不一定成立）。例如，企业信息共享推动其价值网络重构成功，那么传统回归分析会认为，企业信息共享缺失会导致网络重构的失败。而在实践中，即使信息共享不足，企业的网络重构也有可能成功。因此，对比传统回归方法，QCA 处理非对称关系具有显著优势。

第三，QCA 方法可以得到导致同种结果的多种路径（A→B，C→B），每条路径由截然不同的多种元素构成。并且，可以通过对一致性和覆盖率的把控挑选出多个等价路径，形成多个备选前因条件构型，也极大地丰富了先行前因变量的解释空间。例如，企业所拥有的核心技术能力高虽然能促进企业的网络重构成功，但改变企业之间的关系和其网络位置也同样可能促使网络重构成功。传统统计分析方法缺乏对变量间辅助关系以及组态效应的分析，而 QCA 方法则弥补了此类不足。

（三）基于清晰集的定性比较分析

1. 真值表构建

根据清晰集定性比较分析（CSQCA）的要求，参考"二分归属原则"将研究样本中的前因条件和网络重构结果赋值为 0 或 1，具体如表 3.5 所示。

表 3.5 变量选择与赋值

解释变量		数据统计	赋值
个体层面	技术能力（TA）	专利技术研发数量高于行业平均水平	1
		专利技术研发数量低于行业平均水平	0
关系层面	关系强度（RS）	合作创新活动以企业间强关系形成为主	1
		合作创新活动以企业间弱关系形成为主	0
网络层面	结构嵌入（SE）	所处网络密度大且处于结构洞位置	1
		所处网络密度小或处于边缘位置	0
	信息共享（IS）	网络中频繁进行作业、技术或策略信息沟通共享	1
		网络中较少进行作业、技术或策略信息沟通共享	0
网络重构	本网重构（NR）	企业在本网络中改变原有结构定位进行换位升级，在价值网络更高层级构建新的竞争优势	1
		企业没有突破本网络中的原有结构定位，依旧处于原网络层级	0
	本位重构（SR）	企业以自身能力为主导，融入多个价值网络成为众多价值网络的节点，成功构建自主的新价值网络	1
		企业网络拓展失败，不能形成自主的价值网络	0

资料来源：笔者依据分析结果整理。

条件变量中对于技术能力的标定，以企业在所在行业的技术研发专利数量为判定标准，超过平均水平则赋值 1，否则赋值 0；对关系强度的标定，借鉴格兰诺维特（1973）对强弱关系的划分，区分企业间强弱关系，合作创新活动更多由企业间强关系形成时赋值为 1，更多由弱关系形成则赋值为 0；对结构嵌入的标定，参考麦克维利和马库斯（Mcevily & Marcus，2005）、党兴华等（2016）的研究，所处网络密度大且处于结构洞位置说明企业嵌入网络程度更高，赋值为 1，所处网络密度小或处于网络边缘位置则赋值为 0；对于信息共享的测定，以作业、技术或策略信息沟通共享为标准，如沟通共享频繁则赋值为 1，沟通共享较少则赋值为 0。

结果变量中价值网络重构成效的测定，参考王树祥等（2014）的研究，本网重构（NR）即突破原有网络内部关系进行结构换位升级成功则赋值 1，失败则赋值为 0。本位重构（SR）即以企业自身为核心，进行多维网络体系的网络构建，构建新价值网络成功则赋值1，失败则赋值为0。据此，分析得到本网重构和本位重构真值表，如表3.6、表3.7所示。

表3.6 本网重构真值

技术能力（TA）	关系强度（RS）	结构嵌入（SE）	信息共享（IS）	本网重构（NR）	数值（number）
1	1	0	0	1	4
1	1	1	0	1	4
1	0	1	0	1	1
1	1	0	1	1	1
0	0	1	1	1	1
1	0	1	1	1	1
1	1	1	1	1	1
0	0	0	0	0	1
0	1	0	0	0	1
0	0	1	0	0	1
0	1	1	0	0	1

资料来源：笔者依据分析结果整理。

表3.7 本位重构真值

技术能力（TA）	关系强度（RS）	结构嵌入（SE）	信息共享（IS）	本位重构（SR）	数值（number）
1	1	1	0	1	3
0	1	1	0	1	2
1	0	1	1	1	2
1	0	0	1	1	1
1	1	1	1	1	1
1	0	1	0	0	4
0	0	1	0	0	2
0	0	0	0	0	1
1	0	0	0	0	1
0	0	1	1	0	1

资料来源：笔者依据分析结果整理。

2. 单项前因变量的必要性和充分性分析

在定性比较分析方法（QCA）中，一致性和覆盖率是关键性指标，一致性（consistency）是指评估运算出来的前因条件组合与原始实践数据的一致程度。一致性的计算如式（3-1）所示。该值范围在 0~1，1 为最理想状态，一般大于 0.9 即可认为逻辑条件组合是结果的必要条件，可以较好地解释实际现象。覆盖率（coverage）是衡量通过一致性检验的条件组合对结果的解释程度，反映组态的经验切题性或重要性。由于因果复杂性，通常会有多个条件组态之间产生统一的重叠解释结果，条件组态之间也存在重叠解释结果的重叠组态部分，因此，又将覆盖率细化为原始覆盖率（CV）、净原始覆盖率（NCV）和总原始覆盖率（OCV）：原始覆盖率指运算得出的条件组合覆盖实际结果案例的比例，包括条件组合间重叠解释部分的原始覆盖度；净原始覆盖率指去掉组态之间相互重合的解释部分后，单个组态解释重构结果的覆盖程度；总原始覆盖率是指所有组态覆盖实际结果案例的比例。

$$\text{consistency}(Y_i \leq X_i) = \sum \left[\min X_i, Y_i \right] / \sum Y_i \qquad (3-1)$$

如表 3.8 所示，本网重构中的技术能力和本位重构中的网络位置满足大于 0.9 的必要一致性门槛，可视为重构成功的必要条件。而其他单项条件的必要一致性取值均小于 0.9，因此这些条件无法单独构成网络重构成功的必要条件。

表 3.8　　　　　　　　　　　　　单项前因条件的必要性分析

结果变量	本网重构（NR）		本位重构（SR）	
前因条件	一致性（consistency）	覆盖率（coverage）	一致性（consistency）	覆盖率（coverage）
TA	0.923 077	1.000 000	0.818 182	0.750 000
~TA	0.076 923	0.200 000	0.181 818	0.333 333
RS	0.769 231	0.833 333	0.545 455	1.000 000
~RS	0.230 769	0.600 000	0.454 545	0.416 667
SE	0.615 385	0.800 000	0.909 091	0.666 667
~SE	0.384 615	0.714 286	0.090 909	0.333 333
IS	0.307 692	1.000 000	0.363 636	0.800 000
~IS	0.692 308	0.692 308	0.636 364	0.538 462

注："~"表示逻辑非。

资料来源：笔者依据分析结果整理。

3. 价值网络重构的前因条件构型

单一因素必要性分析表明，单一前因条件对研究结果的解释程度较低。本书使用 fsQCA3.0 软件分析 35 家后发企业网络重构实际样本数据，识别出决定后发企业网络价值重构成败的前因条件构型。重构结果一致性阈值被设定为大于等于 0.9，在标准化分析时将本网重构中的技术能力和本位重构中的网络位置一致性超过 0.9 的，设置为 present。由现实案例得到网络重构成功与重构失败的初始前因条件组态，即复杂解。之后，通过简单类反事实分析和困难类反事实分析得出简约解和中间解。当一个变量同时出现于简约解和中间解中，则将其记为核心条件；若变量仅出现在中间解中，而未出现在简约解中，则将其记为边缘条件。研究结果如表 3.9 所示。

表 3.9　　　　　　　　　网络重构成功的前因条件构型

构型	本网重构（NR）			本位重构（SR）		
	C1a	C1b	C2	P1a	P1b	P2
技术能力（TA）	●	●			●	●
关系强度（RS）	●		⊗	●	●	⊗
结构嵌入（SE）		●	●	●	●	
信息共享（IS）			●	⊗		●
一致性条件指标（CS）	1	1	1	1	1	1
原始覆盖率（CV）	0.769 231	0.538 462	0.153 846	0.454 545	0.363 636	0.272 727
净原始覆盖率（NCV）	0.384 615	0.076 923	0.076 923	0.181 818	0.090 909	0.272 727
总体一致性指标（OCS）	1			1		
总体覆盖率（OCV）	1			0.818 182		

注：●或●表示该条件出现，⊗表示该条件不出现，空白表示构型中该条件可出现可不出现；●或⊗表示核心条件，⊗或●表示边缘条件。

资料来源：笔者依据分析结果整理。

所有先行前因条件构型的一致性条件指标（CS）都等于 1，高于 QCA 规定的理论值 0.9，说明 6 个价值网络重构的先行条件组态中的所有案例均完全符合一致性条件，即所有 6 个前因条件构型都是价值网络重构成功的必要条件。而总体一致性指标（OCS）也等于 1，高于理论值 0.9，则进一步验证所有网络重构案例组成的先行条件组态可以构成重构成功的必要条件。其中实现本网重构中三个构型的总覆盖率为 1，本位重构的三个构型总覆盖率为 0.81。

（四）基于 csQCA 的后发企业价值网络重构前因构型

本书从本网重构和本位重构两种后发企业实现网络重构方式出发，对具有相同核心条件的构型进行归类，归纳为以下四种后发企业价值网络重构的创新路径。

1. 技术能力主导的本网重构

技术能力主导型的本网重构包括两种子构型 C1a 和 C1b，核心条件是技术能力。其中，C1a 型反映了技术能力强的后发企业，匹配企业间强关系，通过内部和合作双重创新，实现企业的本网重构。C1b 构型则反映技术能力强的后发企业，结合其在网络中较高的嵌入性，通过内部创新和多维创新，实现本网重构。研究发现，技术能力主导的本网重构这一构型的覆盖率明显高于其他几种重构构型，此类本网重构成功的后发企业，技术知识所占比重大，科研投入高，多属于技术密集型企业。技术能力主导的价值网络重构是后发企业实现本网重构的典型创新路径。

2. 信息共享驱动的本网重构

信息共享驱动型的本网重构包含 C2 一种组态，这一组态的核心条件为信息共享，反映了信息共享对价值网络重构的主体驱动作用。价值网络中较高水平的信息共享，匹配后发企业网络结构优势，为后发企业提供多渠道、多样性、可持续的信息来源的同时，兼顾同质和异质性，为后发企业技术赶超提供支持。价值网络中信息共享是后发企业完成向价值网络中更高的层级跃迁、实现位置改善和位势提升的关键。研究发现，信息共享驱动的本网重构的构型中，后发企业多为互联网时代派生的具有高度的信息流转特征的后发企业，如携程网的价值网络重构轨迹即是符合此种创新路径实现网络重构的典型代表。

3. 强关系引导的本位重构

强关系引导的本位重构包含两种构型 P1a 和 P1b，其核心条件是企业之间的强关系，辅助条件为结构嵌入优势。P1a 构型中后发企业将与其合作伙伴之间关系呈现的强关系属性匹配后发企业结构优势，转化为技术赶超的结果，并据此实现以企业为核心的价值网络的本位重构。这一构型显示在强关系加持下，在价值网络中具有结构优势的后发企业更易拓展新结构，构建以后发企业为核心的价值网络。相较于 P1a 构型，P1b 构型则反映了后发企业在与其合作伙伴较高的关系强度和网络嵌入性结构优势共同发挥作用的同时，较高企业技术能力的条件匹配是促进价值网络本位重构的另一实现路径。研究发现，强关系引导型的本位重构构型中，后发企业多是劳动密集型后发企业，如台湾半导体制造企业。强关系引导的本位重构是后发企业实现价值网络本位重构的典型创新路径。

4. 点面共同推动的本位重构

点面共同推动的本位重构以 P2 构型为主要表现，其核心条件是较高的企业层面的技术能力和较高水平的网络层面的信息共享。技术能力和信息共享是价值网络中一对点面组合驱动变量。高度信息共享的网络环境和企业自身卓越的技术能力，共同促成后发企业实现以自身为核心的价值网络本位重构。高度信息共享的价值网络为后发企业提供了获取先进知识的有效途径和广泛通路，后发企业凭借内部技术能力优势，捕获价值网络中共享的关键信息和先进知识，完成技术追赶和超越，进而实现本位重构。研究发现，点面共同推动的本位重构构型中，后发企业主要为科技创新型企业，通过对网络中共享信息的敏感捕捉，并据此进行研发投入，逐渐掌握核心科技，实现赶超并逐渐成为领先企业，据此拓展网络结构，形成以自身为核心的价值网络。

综上所述，本书在新工业革命背景下基于 35 家进行价值网络重构的后发企业典型案例，从企业、关系和网络三个层面解析影响后发企业价值网络重构的创新组合条件，运用清晰集定性比较分析方法，归纳后发企业价值网络重构的创新路径。研究结论主要有以下三点。（1）明确了后发企业价值网络重构的 4 种构型。识别了 4 种构型中的 6 组条件变量组合路径，各条件变量组合路径具有替代性，均可成功实现后发企业价值网络重构。并将后发企业价值网络重构的创新路径归纳为技术能力主导型、信息共享驱动型、强关系引导型和点面共同推动型 4 种类型。（2）区分价值网络重构两种类型基础上，深化了后发企业价值网络重构的差异化创新路径。分别归纳了本网重构和本位重构两种不同重构类型的替代性路径，为处于不同网络情境的后发企业提供价值网络重构的差异化创新路径选择。（3）研究发现单一因素不能构成后发企业价值网络重构成功的必要条件，后发企业价值网络重构的实现是多维多元要素组合作用的结果。

基于以上研究结论,结合后发企业价值网络重构 4 种构型,提出以下新工业革命背景下后发企业价值网络重构创新路径选择的对策建议。(1)鼓励和强化后发企业提升自身技术能力,从企业内部驱动出发,结合强关系合作创新或高度网络嵌入实现价值网络本网重构。鼓励后发企业通过自主研发、技术引进、技术并购等方式直接提升技术能力,改善合作创新效果,在核心驱动要素技术能力的主导下,结合强关系交互或网络结构优势突破原有网络内部关系进行结构换位升级。(2)建议后发企业有选择地加入信息共享程度较高的价值网络或完善后发企业所在价值网络信息共享机制,为价值网络重构实现寻求平台依托。后发企业在加入价值网络时优先选择信息共享程度高的网络,倡导在价值网络中应用现代化物联网技术、建立信息共享服务平台,完善价值网络中信息共享机制,结合网络嵌入性优势,可以有效变革原有网络内部关系,实现在当前价值网络中的结构跃迁。(3)引导后发企业与其合作企业形成稳定持续的强关系,叠加嵌入性结构优势或自身技术能力优势,强化合作创新效果,通过技术赶超实现价值网络的本位重构。鼓励后发企业与合作企业之间形成稳定的生产合作、信任交往和研发协作等类型的强关系,聚变创新关系,构建以自身为核心的价值网络。(4)形成推动后发企业自身技术能力提升和价值网络中信息共享水平提高的"点面"共进式政策架构,强化企业创新主体地位,加强信息平台建设。制定普惠性税收减免政策,通过企业研发费用税前加计扣除、合理扩大加计扣除范围、改进计核方法等优惠政策促进后发企业加大研发投入,实现技术能力提升。同时,整合集聚优势资源,结合研发众包、"互联网 + 平台"等模式,形成信息共享和系统集成,推动后发企业多维网络体系的拓展。

二、基于模糊集定性比较分析的价值网络重构前因构型

我国后发企业经历了成本领先优势的获益过程,积累了一定知识基础和技术能力,正面临领先企业全方位的激烈竞争(刘洋等,2013;彭新敏和刘电光,2021)。与此同时,其他发展中国家利用低成本优势,积极承接产业及资本转移,抢占全球制造业中低端市场。而主要发达国家更加重视制造业发展,吸引制造业回归,并加紧在技术、规则和市场方面设置新的门槛,削减我国后发制造企业获取先进技术溢出的机会。我国制造业后发企业处于发达国家与发展中国家的双重挤压之中,加之当前新冠肺炎疫情持续影响,后发制造企业亟须在新经济模式下寻求突破,实现价值网络重构。

　　价值网络重构是后发制造企业实现追赶和超越的结构表现，是涉及多层级、多要素共同作用的复杂过程。已有后发企业价值网络结构变革研究多是基于单案例的描述和解释（张珂等，2020；张枢盛等，2021；冯立杰等，2019），缺乏对后发企业价值网络重构机理的深入解析，忽略了多因素组合路径的作用发挥。本书从价值网络节点、关系和结构三个层次出发，基于已有研究成果归纳影响价值网络重构的基础要素和支撑要素。由于价值网络重构过程伴随多要素之间的交互作用，有必要识别和归纳价值网络重构实现的等效途径，因此选用基于模糊集的定性比较分析方法（fsQCA）解析价值网络重构具体路径（Fiss，2007；Ragin，2008；池毛毛等，2017）。

　　本书基于328家制造业后发企业的调研数据，使用模糊集定性比较分析法归纳实现价值网络重构的多条等效路径。探讨网络能力、关系强度、网络密度和信息共享四种基础要素与资源获取这一支撑要素的条件组合对后发制造企业价值网络重构的影响。完善了价值网络重构的多要素并发因果路径分析，为处于价值网络低价值环节的后发制造企业打破低端锁定、实现转型升级提供理论依据。

（一）价值网络重构要素分析

1. 价值网络重构

　　价值网络是分工与协作的产物（王树祥等，2014），是由利益相关者构成的集合，价值网络中企业基于核心资源和能力互补共同创造和传递价值，联结形成价值交换系统（Zott & Amit，2013）。价值网络重构是指企业为了实现持续增长，对现有网络结构进行解构、重构，形成新的价值网络结构格局的过程（Grudinschi et al.，2015）。价值网络重构是对价值网络分工体系的结构性调整，是产业结构优化的结果（刘明宇和芮明杰，2012），也是后发企业价值网络跃迁渠道。后发制造企业需要在资源基础和能力支撑共同推动下（Sok & O'Cass，2011），保障绩效持续增长，进而实现价值网络结构变革，改善其在价值网络中的位置（Jacobides et al.，2006）。

2. 重构要素分析

（1）网络能力

　　企业的网络能力是企业通过发展和利用网络关系，使企业更具优势的能力（Hakansson & Snehota，1989）。古拉蒂等（Gulati et al.，2000）研究认为企业网络能力提升有助于其更好地适应外部环境进而调整其在网络中的位置。里特和格明登（Ritter & Gemunnden，2003）更加明确地指出企业运用网络能力可以改善自身在网络所处位置，从而达成改善网络结构，占据优势地位的目的。在概念界定基础上，里特进一步解析了网络能力的任务执行和资格条件两维度。沃尔特等（Walter et al.，2006）则将网络能力细分为协调、关系技巧、伙伴知识和内部沟通四个维度。综上可知，网络能力是后发制造企业在节点层面实现位置改善的关键，是价值网络重构节点层面的基础要素，在价值网络重构中发挥节点驱动作用。

（2）关系强度

关系是企业与其合作伙伴的互动联系，是伙伴间相互作用的结果，也是企业获取互补性资源的来源（沙振权和周飞，2013）。价值网络中企业间关系紧密程度存在差异，会影响创新资源效用的发挥（Lin & Lin，2016）。为区分关系紧密程度的差异，格兰诺维特（1973）提出了关系强度的概念，将关系分为强关系和弱关系。企业间强关系连接可以促进企业间信息有效整合，减低交易成本，提升技术创新效率（Fisher & Qualls，2018；Oke et al.，2008）。企业间弱关系则是获取异质性资源的重要途径。而在价值网络中处于劣势地位的后发制造企业，强弱联系均可为其获取创新资源，变革价值网络，提供连接纽带（张宝建等，2011）。综上可知，关系强度作为价值网络重构的关系层面基础要素，在价值网络重构中发挥传输纽带作用。

（3）网络密度

网络结构是指价值网络中各节点之间相对固定和稳定的有机联系，这种联系是价值网络整体性和功能性的内在依据（程聪等，2013）。网络密度是衡量网络结构特征的核心变量，不仅对创新绩效具有显著正向影响（林闽钢，2002），网络密度反映的网络结构特征差异，也会影响网络中互动原则的变革（孙国强，2016）。综上可知，在价值网络中网络密度表征网络结构整体的关系特征，作为价值网络结构层面的基础要素，在价值网络重构中发挥结构平台作用。

（4）信息共享

企业所参与的价值网络是产品信息、市场信息和客户信息的重要获取渠道（池仁勇，2007），为信息交互提供了平台（周中胜等，2015）。信息共享是指在交易过程或合作过程中，企业之间的信息交流与传递（Öberg，2019）。价值网络中的信息共享是实现协调管理的基础（Yang et al.，2017），对企业和跨企业的创新和运作绩效有积极推动作用（蔡淑琴和梁静，2007；Ebrahim et al.，2012）。在价值网络中对共享的创新信息的捕获和有效利用（Badir & O'connor，

2015），是后发企业寻求和实现价值网络变革的关键。综上可知，信息共享作为价值网络重构的结构层面基础要素，在价值网络重构中发挥启发推动作用。

（5）资源获取

资源获取源于以巴尼（Barney，1991）为代表的资源基础理论学派。价值网络为后发企业提供了获取外部资源的平台（郑烨等，2018）。而资源获取能力则影响后发企业将资源转化为自身竞争能力的效率和效果，资源获取能力越高的后发企业可据此逐渐调整和改善在网络中的位置（李振华等，2017）。如果将价值网络中的资源，尤其是创新资源，视为推动价值网络重构的燃料，资源获取则是价值网络重构得以实现的"助燃剂"。资源获取有助于后发企业将价值网络中各层面的资源内化，从而逐渐超越其竞争对手（Sirmon et al.，2007），改变其在价值网络中的被动位置（Xu et al.，2018）。综上可知，资源获取作为价值网络重构的支撑性要素，在价值网络重构中发挥支撑催化作用。

在归纳已有文献基础上，本书以后发制造企业价值网络重构影响因素解析为研究起点，从节点、关系和结构三个层面，将网络能力、关系强度、网络密度和信息共享归纳为后发制造企业价值网络重构的基础要素，将资源获取归纳为支撑要素，探索后发制造企业价值网络重构实现路径。解析不同层级的基础要素之间的匹配条件、基础要素和支撑要素的组合条件对后发制造企业价值网络重构的作用路径，如图 3.2 所示。

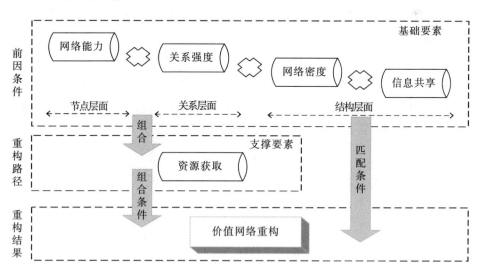

图 3.2 后发企业价值网络重构要素条件组合

资料来源：笔者绘制。

（二）数据收集和处理

1. 数据收集

通过问卷星向制造业后发企业发放问卷 376 份，设置技术和市场状态问项筛选后发企业。通过有效答题时间的设定和反向问题的设置，保障问卷效果。最终回收有效问卷 328 份，有效回收率为 87%。样本企业性质、规模和填写者职位等特征如表 3. 10 所示。

表 3. 10　　　　　　　　　　样本特征（N=328）

企业性质	频率	百分比（%）	企业规模	频率	百分比（%）	工作职位	频率	百分比（%）
国有企业	65	19.82	50 人以下	13	3.96	1	0	0
民营企业	188	57.32	51~200 人	53	16.16	2	77	23
外资企业	65	19.82	201~500 人	92	28.05	3	183	56
集体企业	6	1.82	501~1 000 人	92	28.05	4	68	21
其他	4	1.22	1 000 人以上	78	23.78			

注：工作职位：1. 普通员工 2. 基层管理人员 3. 中层管理人员 4. 高层管理人员。

资料来源：笔者依据统计结果整理。

2. 构念测量和赋值

在识别制造业后发企业价值网络重构影响要素的基础上，进一步测量文献中析出的要素构念，本书构念的测量均采用已有的成熟量表。在王海花和谢富纪（2012）的研究基础上，用社会背景、替代者、所属圈子和伙伴关系来表征价值网络重构。沃尔特等（2006）通过协调、关系技巧、伙伴知识和内部沟通四个维度测度网络能力。奥卡（Oke, 2008）从共同目标、关系忠诚度、企业间冲突、关系紧密度和关系属性测度关系强度。安蒂亚和弗雷泽（Antia & Ftazier, 2001）的研究，从联系密切程度、互动频率、讨论密度和凝聚力测度网络密度。在杨（Yang, 2017）研究成果基础上，从战略调整、市场份额、技术变革、机会和风险五个方面测度信息共享。在曹红军等（2009）研究基础上，从资源获取的质量、成本、速度、柔性四个方面测度资源获取。

同时，为了提高翻译的准确性，本书在设计问卷时加入了回译环节。问卷内容的设计中采用了美国心理学家李克特的 5 点量表，选取能够体现构念中间程度的取值"完全隶属、交叉点、完全不隶属"三个锚点，将构念取值校准到

0～1 的区间范围内（Jiang et al.，2018），即将构念校准为集合来进行 fsQCA 分析。本书中，得分"5""3""1"分别代表"完全隶属""交叉点"以及"完全不隶属"。构念集合采用的校准程序赋值标准如表 3.11 所示。

表 3.11　　　　　　　　　　　校准程序赋值标准总结

构念	锚点		
	完全不隶属	交叉点	完全隶属
网络重构（NreC）	1	3	5
网络能力（NC）	1	3	5
网络关系（NR）	1	3	5
网络结构（NS）	1	3	5
网络信息（NI）	1	3	5
资源获取（RA）	1	3	5

资料来源：笔者依据分析结果整理。

3. 信效度分析

信度和效度检验使用 SPSS22.0 和 AMOS20.0 软件，如表 3.12 所示，所有构念的克朗巴哈 α（Cranbach's α）系数均在 0.7 以上，具有良好的内部一致性，信度较高（杜运周和贾良定，2017；Gefen et al.，2000）。验证性因子分析结果显示该模型拟合优度较高，构念拥有良好的聚合效度（Gefen et al.，2011）。通过构念的效度和信度检验后，计算各构念题项均值，并将该构念得分作为下一步数据分析的基础（Hu & Bentler，1999；Tang & Rai，2014）。描述性统计和相关矩阵结果如表 3.13 所示。

表 3.12　　　　　　　　　　　信度和效度分析

构念	指标题项	负载	克朗巴哈系数（Cronbach's Alpha）	构建信度（C. R.）	平均方差提取值（AVE）
网络能力（NC）	1. 我们会与合作伙伴一起分析希望共同达成的目标	0.67			
	2. 我们会依据个人拥有的关系将企业资源向其倾向（例如，配备人员、财务支持）	0.69			
	3. 我们了解合作伙伴的目标、潜力和战略	0.76			
	4. 我们会事先判断可以和哪些合作伙伴进一步深化关系	0.67			

续表

构念	指标题项	负载	克朗巴哈系数（Cronbach's Alpha）	构建信度（C. R.）	平均方差提取值（AVE）
网络能力（NC）	5. 我们会指定专门的人员负责协调与合作伙伴的关系	0.74	0.89	0.89	0.50
	6. 我们会定期与合作伙伴讨论如何互相支持以达成共同目标	0.70			
	7. 我们有能力与合作伙伴建立良好的个人关系	0.62			
	8. 我们可以设身处地为我们的合作伙伴着想	0.66			
	9. 我们可以灵活地与合作伙伴开展合作	0.70			
	10. 我们总是与合作伙伴建设性地解决问题	0.81			
	11. 我们了解合作伙伴的市场	0.72			
	12. 我们了解合作伙伴的产品/程序/服务	0.63			
	13. 我们了解合作伙伴的优势和劣势	0.88			
	14. 我们了解竞争对手的潜力和战略	0.82			
	15. 在我们的企业中，会为每个项目定期组织会议	0.77			
	16. 在我们的企业中，员工之间会进行非正式联系	0.73			
	17. 在我们的企业中，沟通通常涉及项目和主题领域	0.79			
	18. 在我们的企业中，管理者和员工会进行大量沟通反馈	0.70			
	19. 在我们的企业中，信息自然而然进行传递交换	0.67			
关系强度（NR）	1. 我们相信网络中的成员企业都在努力实现共同目标	0.70	0.82	0.82	0.58
	2. 我们有兴趣继续与该网络的其他成员企业建立关系，即便项目结束后我们有其他选择，我们仍会留在这个网络中	0.75			
	3. 网络中成员企业之间摩擦很小	0.60			
	4. 我们与其他成员企业的关系是亲密的	0.70			
	5. 我们所在网络的成员企业之间有良好的工作关系	0.81			
网络密度（NS）	1. 我们与其他成员企业之间有着密切的联系	0.68	0.74	0.75	0.54
	2. 我们与其他成员企业之间的互动非常少	0.51			
	3. 我们与其他成员企业之间的关系非常密切	0.67			
	4. 我们与其他成员企业之间会频繁沟通	0.71			
	5. 我们与成员企业之间经常讨论出现的问题	0.71			
	6. 我们与成员企业之间有着非常紧密的联系	0.74			

续表

构念	指标题项	负载	克朗巴哈系数（Cronbach's Alpha）	构建信度（C. R.）	平均方差提取值（AVE）
信息共享（NI）	1. 合作企业愿意告知我们目前存在机会和风险	0.61	0.70	0.71	0.57
	2. 合作企业愿意告知我们其当前的策略和未来可能的调整	0.62			
	3. 合作企业愿意告知我们一些有关其市场份额和竞争能力的信息	0.62			
	4. 合作企业愿意告知我们有关其技术改革的信息以及当前项目一些细节	0.68			
资源获取（RA）	1. 我们获取资源的质量比网络中的竞争对手高	0.73	0.70	0.70	0.57
	2. 我们获取资源的成本比网络中的竞争对手低	0.63			
	3. 我们获取资源的速度比网络中的竞争对手快	0.66			
	4. 我们能够在环境变化中获取一些关键性资源	0.68			
网络重构（NreC）	1. 我们与经常保持联系的合作伙伴之间有相似的社会背景	0.61	0.77	0.76	0.54
	2. 经常与我们联系的合作伙伴与我们中断合作关系后很难找到替代者建立类似的关系	0.69			
	3. 与我们经常合作的伙伴分属于不同的圈子并且相互之间基本没有联系	0.70			
	4. 我们与某一合作伙伴中断关系后能找到替代者并建立类似的合作关系，替代者与原有合作伙伴之间基本没有联系	0.76			

资料来源：笔者依据统计结果整理。

表 3.13　　　　　　　　　　描述性统计和相关矩阵

构念		1	2	3	4	5	6
网络能力（NC）	1	1					
关系强度（NR）	2	0.68**	1				
网络密度（NS）	3	0.12*	0.05	1			
信息共享（NI）	4	0.06	−0.02	0.33**	1		
资源获取（RA）	5	0.13*	0.06	0.28**	0.29**	1	
网络重构（NreC）	6	0.14*	0.04	0.27**	0.27**	0.21**	1
均值		3.74	3.83	3.85	4.10	3.97	3.89
标准差		0.55	0.72	0.55	0.48	0.48	0.52

注：**p<0.01，*p<0.05。

资料来源：笔者依据统计结果整理。

（三）基于模糊集的定性比较分析

本书采用模糊集定性比较方法（fsQCA）分析价值网络重构的基础要素条件匹配以及与支撑要素条件组合对制造业后发企业价值网络重构的影响，归纳制造业后发企业实现价值网络重构的路径。fsQCA方法将一系列要素视为前因条件，可处理多个要素间的交互效应，并挖掘导致结果发生的各个前因条件构型。fsQCA方法通过定性与定量两种分析思想，对实现结果变量的主要构型中前因要素的作用进行分析。该方法将五点量表或七点量表得到的题项原始值校准为"完全隶属""交叉点"及"完全不隶属"隶属度得分，在此基础上进行后续数据分析；并以一致性、覆盖度作为构型与结果要素间关联度的量化表示（Fiss，2011）。进而基于集合理论对案例在不同条件或条件组态上的集合关系进行探讨（谭海波等，2019）。fsQCA打破了传统假设关系，可以通过构型组合分析前因变量或其组合与结果变量之间的充分或必要关系，每个变量或变量集合可以是充分的、必要的，两者皆是或皆否。

fsQCA的以上属性为探索制造业后发企业价值网络重构的复杂因果路径提供新的研究思路与研究视角。相较于传统聚类分析方法，fsQCA不仅可以实现分类，还能以组态视角分析不同要素之间的交互作用产生的效应，并深入剖析各前因要素在主要构型中承担的角色。因此，本书选用fsQCA方法，解析基础要素和支撑要素的复杂交互作用下，制造业后发企业实现价值网络重构的多种构型。

1. 单项前因变量的必要性分析

在对条件构型进行分析前，首先对各个条件的"必要性"（necessity）进行单独检验，结果如表3.14所示。可见，除了高网络密度（NS）、高程度信息共享（NI）和强资源获取能力（RA）以外，各个条件的一致性均低于临界值0.9。结果表明，NS、NI和RA可能是解释价值网络重构的必要条件。随后，分别分析NS、NI、RA与结果变量"网络重构"的X－Y散点图发现接近一半的案例点分布在对角线以上，因此NS、NI、RA无法构成解释结果变量的必要条件。这一结果显现了制造业后发企业价值网络重构的复杂性，需综合考虑多重重构前因条件的协同作用。

表 3.14　　　　　　　　　　　　　　　必要条件分析

前因条件	价值网络重构	
	一致性	覆盖度
强网络能力（NC）	0.879	0.927
弱网络能力（~NC）	0.352	0.991
高关系强度（NR）	0.872	0.901
低关系强度（~NR）	0.329	0.980
高网络密度 NS	0.909	0.920
低网络密度（~NS）	0.308	0.974
高程度信息共享 NI	0.960	0.899
低程度信息共享（~NI）	0.226	0.960
强资源获取（RA）	0.935	0.912
弱资源获取（~RA）	0.275	0.990

注："~"表示逻辑非。

资料来源：笔者依据分析结果整理。

2. 网络重构的前因条件构型

对 328 家样本企业的数据采用 fsQCA3.0 分析得到制造业后发实现价值网络重构的三种要素构型，其中每一纵列代表一种条件构型，结果如表 3.15 所示。解的一致性为 0.948，说明在所有满足这三种条件构型的网络重构案例中，有94.8% 的案例能够实现网络重构。解的覆盖度为 0.866，说明三种条件构型可以解释 86.6% 的价值网络重构案例。解的一致性和解的覆盖度均高于临界值，表明实证分析有效。基于前因条件构型，进一步分析基础因素和支撑因素在制造业后发企业实现价值网络重构过程中的条件组态。

表 3.15　　　　　　　　后发制造企业价值网络重构要素构型

构型结果	网络重构		
	多维—均衡基础型	关系—结构基础型	结构—获取支撑型
	1	2	3
网络能力	●	⊗	
关系强度	●	●	

续表

构型结果	网络重构		
	多维—均衡基础型	关系—结构基础型	结构—获取支撑型
	1	2	3
网络密度	●	●	●
信息共享	⊗	●	●
资源获取			●
一致性	0.982	0.994	0.950
覆盖度	0.219	0.318	0.863
唯一覆盖度	0.003	0.001	0.518
解的一致性	0.948		
解的覆盖度	0.866		

注：● 代表核心因果性条件存在，⊗ 代表核心因果性条件缺席，● 代表辅助因果性条件存在，⊗ 代表辅助因果性条件缺席，"空白"表示构型中该条件可存在可不存在。

资料来源：笔者依据分析结果整理。

构型1表明，当制造业后发企业在高密度价值网络中面临信息共享障碍时，匹配高网络能力和高关系强度，将有助于其价值网络重构成功。其中，网络密度为核心条件，网络能力和关系强度为补充条件，信息共享为辅助条件缺席。由于网络密度、关系强度和网络能力需要通过相互间的联动配合才能发挥作用，网络密度为核心条件，且三者属于基础要素的不同维度，将其命名为"多维—均衡基础型"。该路径能够解释约21.9%的价值网络重构案例。

构型2表明，当制造业后发企业在高密度价值网络中面临能力不足障碍时，匹配高关系强度和高信息共享，可以促成价值网络重构。其中，网络密度为核心条件，关系强度和信息共享为补充条件，网络能力为辅助条件缺席。由于网络密度、关系强度和信息共享需要通过相互间的联动配合才能发挥作用，网络密度为核心条件，且关系强度为关系层面基础要素，网络密度和信息共享为结构层面基础要素，将其命名为"关系—结构基础型"。该路径能够解释约31.8%的价值网络重构案例。

构型3表明，当制造业后发企业在高密度价值网络中具有较强的资源获取能力时，组合高信息共享，可以实现价值网络重构。其中网络密度为核心条件，信息共享和资源获取为补充条件。由于网络密度、信息共享和资源获取需要通过相互间的联动配合才能发挥作用，网络密度为核心条件，且网络密度和信息共享为结构层面基础要素，资源获取为支撑要素，将其命名为"结构—获取支撑型"。该路径能够解释约 86.3% 的网络重构案例。基于三种构型结果归纳制造业后发企业价值网络重构路径如图 3.3 所示。

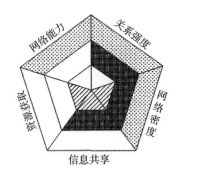

图 3.3　创新资源驱动下的后发制造企业价值网络重构路径

资料来源：笔者绘制。

（四）基于 fsQCA 的后发企业价值网络重构前因构型

制造业后发企业价值网络重构是涉及多层级、多要素共同作用的复杂过程。本书在已有文献基础上从价值网络节点、关系和结构三个层次出发，识别驱动制造业后发企业价值网络重构的基础要素和支撑要素，解析要素间匹配和组合关系，归纳价值网络重构路径，为处于价值网络低价值环节的后发制造企业打破低端锁定、实现结构跃迁提供理论依据。

本书采用基于模糊集的构型方法（fsQCA）解析制造业后发企业价值网络重构路径。解析了网络能力、关系强度、网络密度、信息共享和资源获取五种前因要素交互作用对价值网络重构的影响机理。研究发现，后发制造企业的价值网络重构的实现可归纳为"多维—均衡基础型""关系—结构基础型"和"结构—资源支撑型"三条具体路径。

"结构—资源支撑"构型是制造业后发企业价值网络重构实现的主要路径。在网络联系紧密的价值网络中，组合网络中充分的信息共享和较高的资源获取这两种基础要素和支撑要素，结构积累和资源转化是制造业后发企业实现价值网络重构主要途径。"关系—结构基础"构型，反映的是当制造业后发企业网络能力和资源获取均不足时，可以匹配关系层面基础要素的强关系和结构层面基础要素信息共享，调整制造业后发企业在价值网络中的位置，达成重构价值网络的目的。"多维—均衡基础"构型则说明，当价值网络中信息共享存在障碍或难以实现，且资源获取受限时，制造业后发企业可充分利用所嵌入的价值网络中的节点、关系和结构要素，提升网络能力、加强关系强度、改善网络密度，探索通过价值网络多维资源均衡获取和积累，寻求价值网络结构变革，实现价值网络重构。

此外，研究结果显示制造业后发企业价值网络重构的三条实现路径中，网络密度均作为核心条件存在。结果表明，嵌入于全球价值网络中的制造业后发企业，尤其需要注意网络结构层面结构特征要素在价值网络变革中的核心作用。制造业后发企业可以有选择地嵌入网络密度较高的价值网络，或有意识地增加或引导价值网络中成员企业间合作和互动频率，为价值网络重构实现提供结构基础。

综上所述，新工业革命既为制造业后发企业提出了新挑战，同时也为其实现结构跃迁和跨越式发展提供了新机遇。后发制造企业可结合自身发展特征，分析既有基础要素和支撑要素构成，基于价值网络重构实现路径，寻求和选择更为有效的突破"双重挤压"的价值网络结构变革方式，实现在价值网络中的跃迁。

第三节　后发企业价值网络重构要素模型

在扎根理论分析基础上，识别出后发企业价值网络重构的驱动要素包括重构基础要素和重构支撑要素，其中重构基础要素包括企业个体层面的网络能力、合作关系层面的关系强度和网络结构层面的网络密度、网络中心性和信息共享；重构支撑要素依据支撑过程和结果，包括资源获取能力和资源获取效果。后发企业价值网络重构基于结构视角可以进一步深化为本网重构和本位重构，基于内容视角可以深化为知识重构、关系重构和结构重构。网络重构基础要素间的匹配、与重构支撑要素组合作用于后发企业价值网络重构结果，如图 3.4 所示。

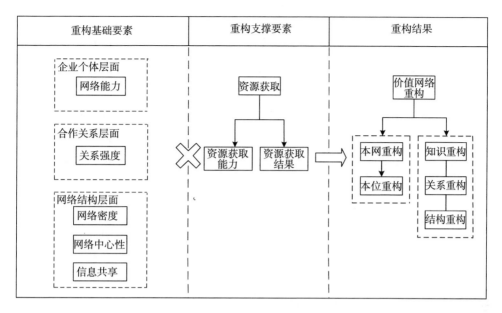

图 3.4 后发企业价值网络重构驱动要素模型

资料来源：笔者绘制。

第四节 本章小结

本章采用基于扎根理论的探索性案例分析，解析后发企业价值网络重构要素，进而基于定性比较分析方法分析后发企业价值网络重构的前因构型。结合已有研究进展将价值网络重构进一步区分为结构视角和内容视角，鉴于结构视角结果变量的本网重构和本位重构是二分变量，内容视角结果变量价值网络重构存在程度上的差异，分别匹配清晰集定性比较分析（csQCA）和模糊集定性比较分析（fsQCA）的研究方法。整合基于扎根理论形成的后发企业价值网络重构要素编码数据结构、基于 csQCA 的后发企业价值网络重构的前因构型和基于 fsQCA 后发企业价值网络重构前因构型，归纳了后发企业价值网络重构驱动要素模型。研究具体过程如下。

首先，鉴于后发企业价值网络重构驱动要素尚不清晰的研究现状，选取基于扎根理论的案例研究方法，筛选样本，收集数据。通过对访谈资料的三级编码，得到包含 3 个核心范畴、9 个主范畴和 42 个副范畴的后发企业价值网络重构要素扎根研究的编码数据结构。明确了后发企业价值网络重构要素及其三层次来源，同时，解析了基于重构内容的价值网络重构维度构成。进而归纳了三层次重构要素作用于价值网络内容重构的过程，同时发现了资源获取在重构要素作用于价值网络内容重构过程中发挥作用。

其次，后发企业价值网络重构是多因素共同作用的结果，在明确后发企业价值网络重构要素基础上，基于结构重构视角，结合已有研究区分本网重构和本位重构。通过搜集筛选后发企业实施本网重构和本位重构典型案例，采用 csQCA 方法对其价值网络重构创新路径进行组态分析。研究发现，后发企业价值网络重构创新路径可分为技术能力主导型、信息共享驱动型、强关系引导型和点面共同推动型四种类型。技术能力主导型和信息共享驱动型是实现本网重构的主要方式；强关系引导型和点面共同推动型是实现本位重构的重要路径。

最后，基于内容重构视角，在扎根研究基础上从节点、关系和结构三个层级出发，将影响价值网络重构的要素进一步归纳为基础要素和支撑要素。聚焦制造业后发企业，运用 fsQCA 方法，分析 328 份后发制造企业样本数据，探索价值网络重构的前因构型。研究发现了后发制造企业实现价值网络重构的三条路径：多维—资源均衡路径、关系—结构资源路径、结构—获取支撑路径。

综上所述，本章依据质性分析结论，形成了围绕核心构念和构念间关系的扎根研究编码数据结构，发现了后发企业价值网络重构的三层次要素，进而通过定性比较分析，解析重构因素组态，构建了后发企业价值网络重构驱动要素模型。为后续进一步解析后发企业价值网络重构机理、归纳跃迁轨迹提供研究基础。

第四章 后发企业价值网络重构机理分析

第一节 价值网络重构理论模型和研究假设

一、理论模型

新工业革命带来的资源配置和生产组织方式的变革，为后发企业价值网络体系重塑提供新驱动。价值网络是新工业革命背景下生产组织方式的新特征，信息在资源配置中突出影响是新工业革命背景下后发企业实现变革的关键。本书在扎根研究基础上，以后发企业价值网络重构要素为起点，解析三层次驱动因素下的后发企业价值网络重构过程。依据扎根研究编码结果，区分价值网络重构为知识重构、关系重构和结构重构，构建重构要素通过资源获取进而作用于价值网络重构的后发企业价值网络重构路径。引入资源获取能力和结果以解析后发企业资源能力差异，从而深化后发企业拥有不同层次重构要素实现价值网络重构的差异化途径。同时，考虑信息在资源配置过程中的突出作用，引入表征其程度的变量——信息共享，解析信息共享作用下的后发企业价值网络重构这一组织结构的变革问题。后发企业新工业革命背景下，后发企业价值网络重构理论模型如图4.1所示。

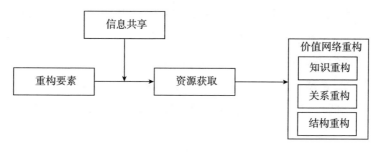

图 4.1　理论模型

资料来源：笔者绘制。

二、研究假设

1. 重构要素对价值网络重构的影响

（1）重构要素与价值网络知识重构

依据扎根理论的探索性案例分析，后发企业价值网络重构包括知识重构、关系重构和结构重构三维度。

价值网络知识重构是指通过在价值网络中交流和获取知识、技术和经验，进行知识整合，进而创造新的知识，实现关键知识在价值网络中重新配置的过程（Degbey & Pelto，2021）。价值网络的知识重构对实现创新的优化组合和创新系统的有效运行具有重要作用，决定着创新的可持续性和有效性。后发企业可以通过价值网络的知识重构不断吸收和利用新知识，甚至打破固有的知识体系，重塑新的知识结构，形成更有价值的创新资源。后发企业的生存和发展更多地依赖于创新，后发企业迫切需要对价值网络中的知识进行合理解构、优化和重组，变革价值网络知识配置，将知识创新转换为价值增值。

哈克逊（Hakansson，1987）最早对网络能力进行界定，认为网络能力是企业改善网络位置和处理单个关系的能力。在其基础上，古拉蒂（Gulati，1998）认为网络能力是企业通过形成联盟和其他社会纽带从其环境中获取资源用于其市场活动的能力。此后，里特（Ritter，1999）、默勒和哈罗伦（Möller & Halinen，1999）等诸多学者对网络能力概念进行了拓展。沃尔特等（Walter et al.，2006）归纳已有研究，将网络能力界定为企业开发和利用组织间关系以获取其他参与者所拥有的不同资源的能力。郝斌和任浩（2011）指出，网络能力是"企业间领导力"最为直接的来源和体现，具有引导、协调和控制三方面功能。此后研究开始关注网络能力的动态性（Battistella et al.，2017；Cenamor et al.，2019）。网络能力对于企业建立联系和沟通至关重要（Karami & Tang，2019），也是企业获取异质性资源的重要途径。已有研究证明，异质知识是企业实现创新和知识重构的重要资源（Sperlich & Wicker，2021；Alvarez & Porac，2020；Cenamor，Parida & Wincent，2019）。后发企业网络能力差异反映为其对异质知识的搜寻、获取和整合效果，影响价值网络的知识重构。据此提出假设 H1.1.1。

H1.1.1：后发企业网络能力对价值网络知识重构具有正向影响。

为区分关系紧密程度的差异，格兰诺维特（1973）最早提出了关系强度的概念，将关系分为强关系和弱关系。伴随关系主体从个人向组织的延伸，企业间关系强弱也逐渐受到研究者关注。企业间关系强度反映企业之间的合作关系的强弱水平，企业间强关系连接可以促进企业间信息有效整合，减低交易成本，提升技术创新效率（Fisher & Qualls，2018；Oke et al.，2008）。企业间弱关系则是获取异质性资源的重要途径。而在价值网络中处于劣势地位的后发企业，强弱联系均可为其获取创新资源，变革价值网络，提供连接纽带（张宝建等，2011）。价值网络中企业间关系紧密程度存在差异，会影响创新资源效用的发挥（Lin & Lin，2016）。后发企业合作关系强度，影响其搜寻、获取和整合异质知识的途径，影响价值网络的知识重构。据此提出竞争性假设 H1.2.1a 和假设 H1.2.1b。

H1.2.1a：后发企业参与的合作关系强度对价值网络知识重构具有正向影响。

H1.2.1b：后发企业参与的合作关系强度对价值网络知识重构具有负向影响。

网络结构是指价值网络中各节点之间相对固定和稳定的有机联系，这种联系是价值网络整体性和功能性的内在依据（程聪等，2013）。后发企业所在价值网络的网络密度和网络中心性共同反映企业的结构嵌入性。

其中，网络密度是指节点联结形成网络结构的稠密程度，表征为网络中联系的数量以及网络整体的完备性。网络密度是衡量网络结构特征的核心变量，不仅对创新绩效具有显著正向影响（林闽钢，2002），网络密度反映的网络结构特征差异，也会影响网络中互动原则的变革（孙国强，2016）。基于资源流动的角度，网络密度越高，越有利于使节点企业通过更多的直接或间接的联系进行知识交换，提高整体网络的凝聚力（Burt，2009）。基于知识扩散的角度，高密度的网络会提高知识流动速度和知识转移速率，促进知识吸收（曾德明和文金艳，2015）。由此可知，网络密度通过改变网络的资源流动效率和知识扩散速度来改变价值网络的知识流动。

同时，网络结构中心性反映了网络位置，是衡量节点重要性的指标（Burt，1992；Antinyan et al.，2020）。蔡（Tsai，2001）研究关注了中心性与吸收能力，提出中心性是描述企业网络地位和影响吸收能力的重要指标。已有研究显示网络结构中心性越高，在获取价值网络中的创新资源，尤其是关键知识时，优势更加突出（Dyer & Nobeoka，2000；Owen - Smith & Powell，2004），即中心性的提升有助于实现知识重构。但近年来也有研究显示，后发企业所在网络的中心化程度较低使其不容易受到同质化的冲击而遵循传统智慧，从而保持了较高的创新动机，也有助于实现价值网络的知识重构。

据此提出假设 H1.3.1 和假设 H1.4.1。

H1.3.1：后发企业所在的价值网络密度对价值网络知识重构具有正向影响。

H1.4.1：后发企业所在的价值网络中心性对价值网络知识重构具有正向影响。

（2）重构要素与价值网络关系重构

已有理论对组织间关系的研究基础包括关注企业成本的交易成本理论、关注资源交换的资源基础观理论和关注主动资源获取的组织学习理论。价值网络中后发企业关系重构是指在价值网络变革过程中，后发企业结合成本的考量，对合作关系的调整和拓展。谷和基肖尔（Goo & Kishore，2009）将关系准则、冲突协调与解决和相互依赖作为协作关系治理的关键属性，也反映了关系重构的核心。后发企业的转型需求，推动其与伙伴企业的合作关系发生较大变动（叶笛和林峰，2014）。而在其转型过程中，后发企业网络能力提升是调整合作关系的源动力。据此提出假设 H1.1.2。

H1.1.2：后发企业网络能力对价值网络关系重构具有正向影响。

价值网络中的后发企业参与的合作关系强度也对其重构价值网络关系的实现带来影响。已有研究从信任的角度提出并验证强关系给企业带来更有利的支持（Gulati，1995）。强关系代表高度的关系性嵌入（罗家德，2005），因更对称与互惠的沟通而在价值网络中效用更大（乔坤和吕途，2014）。也有研究发现弱关系有利于信息的快速扩散和跨组织分享（Constant et al.，1996）。即弱关系往往导致更多的不对称关系，通常为行动者提供信息；强关系则因更对称与互惠的沟通而更具影响力（Brown & Reingen，1987）。综上可知，关系强度直接作用于信息的获取、传递、整合和利用（张宁俊等，2019），是影响创造力形成和改变既有关系的重要因素。据此提出假设 H1.2.2。

H1.2.2：后发企业参与的合作关系强度对价值网络关系重构具有正向影响。

后发企业所在价值网络的网络结构差异是其实现关系重构的结构性因素。高密度的价值网络拥有更广泛的资源配置范围和更高效的资源配置效率。后发企业在高密度的网络中获取有利于企业成长的关键资源的机会和可能性越大，也就越可能实现既有合作关系的调整（Premaratne，2002）。同时，嵌入较大密度价值网络中的后发制造企业获取网络资源的成本也会较低，即后发制造企业可以用较少的成本获得其发展所需的关键资源（Elfring & Hulsink，2003），并据此实现合作关系的拓展和改变。但与此同时，嵌入较高密度的价值网络，后发企业合作惯性更高，因此不容易从既有合作关系中挣脱，因此较难实现价值网络的关系重构。

作为企业在网络中的位置优势的衡量指标，中心性越高意味着企业在价值网络中的位置越重要。同时，在新信息获取方面也有超越其他网络成员企业的优势（Salman & Saives，2005）。对于后发企业而言，在网络中提升中心性的前提是嵌入和参与价值网络。企业在价值网络中的中心性越高，意味着其在网络中具有越大的位置优势（Powell et al.，1996），那么其在调整合作关系过程中更具发言权。也有研究认为，网络中心性高的企业可据此结构优势在现有网络中充分利用中心性创造更大的价值（王永贵和刘菲，2019），那么其进行价值网络重构的意愿和积极性会降低。在不同前提条件下，中心性更高的企业固化于网络的可能性更大，而不愿应对变革风险（Brunetta et al.，2015）。据此提出竞争性假设 H1.3.2a、假设 H1.3.2b、假设 H1.4.2a 和假设 H1.4.2b。

H1.3.2a：后发企业所在的价值网络密度对价值网络关系重构具有正向影响。

H1.3.2b：后发企业所在的价值网络密度对价值网络关系重构具有负向影响。

H1.4.2a：后发企业所在的价值网络中心性对价值网络关系重构具有正向影响。

H1.4.2b：后发企业所在的价值网络中心性对价值网络关系重构具有负向影响。

（3）重构要素与价值网络结构重构

价值网络的结构重构本质是价值网络这一组织类型的结构变革，即从一种结构迁移到另一种结构。价值网络结构重构变革，受到嵌入网络中企业自身的组织行为及其引发的内生结构变迁的影响（Gulati & Gargiulo，1999），意味着嵌入价值网络的企业自身属性和能力是影响价值网络结构演化的因素。结合后发企业嵌入的价值网络，本书将此类因素归纳为后发企业的网络能力，提出假设 H1.1.3。

H1.1.3：后发企业网络能力对价值网络结构重构具有正向影响。

价值网络中的合作关系指向网络中的直接连接，价值网络中两个企业间关系的强弱差异用关系强度表征。关系嵌入代表了双方企业之间的信任、承诺，促进优质信息共享及共同问题的解决（Uzzi，1997）。价值网络中企业间通过连接实现相互信任、互惠行动、情感关系的强度，进而对网络连接产生影响（孟巧爽，2020）。据此提出假设 1.2.3。

H1.2.3：后发企业参与的合作关系强度对价值网络结构重构具有正向影响。

价值网络结构可以刻画网络主体间的三维关系。自伯特（Burt，2009）提出结构洞理论，学者们逐渐开始关注网络结构配置。从网络整体结构角度，通过网络位置嵌入，探究网络中企业角色差异。企业在网络中的位置差异，带来外部机会识别和利用差异（Tortoridlo，2015），企业在网络中的位置也会影响未来连接的构建（孟巧爽，2020）。网络密度对网络中资源的利用起着积极作用，高网络密度会缩短主体之间的信息传递链，加快信息流通速度（朱菊芳，2019）。后发企业凭借其在价值网络中的位置提升以及较高价值网络密度带来的信息流通优势，帮助其实现对价值网络的结构重构。据此提出假设3.3.1和假设3.3.2。

H1.3.3：后发企业所在的价值网络密度对价值网络结构重构具有正向影响。

H1.4.3：后发企业所在的价值网络中心性对价值网络结构重构具有正向影响。

2. 重构要素对资源获取的影响

基于扎根研究结论，后发企业的资源获取依据获取过程和获取结果进一步区分为资源获取能力和资源获取结果。后发企业的网络能力会影响资源获取的效果。诺克（Knoke，2013）研究发现不同组织间互动行为形成的关系强度差异会影响组织的资源获取能力，从而影响组织绩效。后发企业在价值网络中的合作关系，为资源获取提供了主要途径（郜宇梅等，2017）。后发企业在网络中所处的位置，以及网络特征会影响后发企业对资源的获取，多样化的、不寻常的、专有的信息来源有利于后发企业获取资源（Stoyanovs et al.，2018）。嵌入价值网络中的后发企业，通过联结实现在网络中中心地位的不断提升，联结规模的增长和稳定，不断优化资源获取的路径和结构。据此，本书提出包括资源获取能力和结果的全假设，以期通过假设检验解析重构要素对资源获取能力和结果的影响差异。

H2.1.1：后发企业网络能力对资源获取能力具有正向影响。

H2.1.2：后发企业网络能力对资源获取结果具有正向影响。

H2.2.1：后发企业参与的合作关系强度对资源获取能力具有正向影响。

H2.2.2：后发企业参与的合作关系强度对资源获取结果具有正向影响。

H2.3.1：后发企业所在的价值网络密度对资源获取能力具有正向影响。

H2.3.2：后发企业所在的价值网络密度对资源获取结果具有正向影响。

H2.4.1：后发企业所在的价值网络中心性对资源获取能力具有正向影响。

H2.4.2：后发企业所在的价值网络中心性对资源获取结果具有正向影响。

3. 资源获取对价值网络重构的影响

资源是价值创造的基础和核心，后发企业在嵌入价值网络之初通常受到资源短缺的限制，资源获取可以在一定程度上弥补这一缺陷（Ying et al.，2019）。后发企业通过资源获取实现自身发展的同时，也逐渐改变价值网络中的知识、关系和结构。对于后发企业而言，资源的获取、积累、建构组合对其发展十分重要（Carnes et al.，2017；Jayawarna et al.，2011）。后发企业的机会形成为其对所获取的资源进行整合和利用提供了目标，资源本身也对机会的后续开发起到了支持作用（Sirmon et al.，2007，2011）。

后发企业自身资源获取能力可以帮助企业提高生产效率、产品质量、创新能力等，这些都有利于企业实现价值增值，给企业带来竞争优势（宁玲玲，2018），最终实现价值网络变革。为区分资源获取能力和结果对价值网络重构的差异性影响，提出以下假设。

H3.1.1：后发企业资源获取能力对知识重构具有正向影响。

H3.1.2：后发企业资源获取能力对关系重构具有正向影响。

H3.1.3：后发企业资源获取能力对结构重构具有正向影响。

H3.2.1：后发企业资源获取结果对知识重构具有正向影响。

H3.2.2：后发企业资源获取结果对关系重构具有正向影响。

H3.2.3：后发企业资源获取结果对结构重构具有正向影响。

4. 资源获取的中介作用

（1）中介作用

具备网络能力的后发企业能够根据不同发展阶段的资源需求，选择潜在网络伙伴，发起和调整网络关系。价值网络中合作关系是资源流动的主要渠道。因此重构要素中的企业层要素——网络能力对资源获取具有直接影响（朱秀梅等，2010）。

后发企业与价值网络中合作伙伴之间的关系并不仅呈现为简单的交易关系，更重要体现为协调行动（Mohr & Nevin，1990；Helfert & Vith，1999）。由于后发企业不同发展阶段资源需求不同，其在价值网络中的合作关系特征也存在差异，重构要素中的关系层要素——合作关系的强弱水平约束了后发企业的资源获取途径。

网络密度增大不仅意味着信息获取量的扩大，密度所反映的复杂性和多样性也有助于后发企业实现对异质性信息和资源的获取（Baum et al.，2000）。后发企业在价值网络中与更多组织建立交往，网络中心性水平越高，越有可能获取价值信息和资源（Rowley，2000），实现资源获取的结果，越有可能提高其资源获取能力（Premaratne，2001）。企业通过资源获取在网络中捕获有价值的资源，在提供差异化产品和及时满足客户需求方面，帮助其自身处于有利位置（Simon et al.，2007）。后发企业基于资源获取捕获的运营型资源是企业短期绩效产生的基本条件（Haber & Reicchel，2005）。后发企业通过资源获取提升的预知当前市场环境的变化和发展的潜力，是企业维持长期持续竞争优势的关键。短期绩效提升和长期竞争优势累积的支撑，有助于后发企业实现价值网络中的知识重构、关系重构和结构重构。

综上可知，资源获取既是价值网络重构的前置影响因素，又受到网络能力、关系强度、网络密度和中心性等重构要素的影响。基于扎根研究结果可知，依据过程和结果差异，资源获取可区分为资源获取能力和资源获取结果，为进一步解析资源获取能力和结果在重构要素影响价值网络知识、关系和结构重构过程中发挥的具体作用，提出以下竞争性假设。

H4.1.1a 资源获取能力在重构要素影响价值网络知识重构的过程中发挥完全中介作用。

H4.1.1b 资源获取能力在重构要素影响价值网络知识重构的过程中发挥部分中介作用。

H4.1.2a 资源获取能力在重构要素影响价值网络关系重构的过程中发挥完全中介作用。

H4.1.2b 资源获取能力在重构要素影响价值网络关系重构的过程中发挥部分中介作用。

H4.1.3a 资源获取能力在重构要素影响价值网络结构重构的过程中发挥完全中介作用。

H4.1.3b 资源获取能力在重构要素影响价值网络结构重构的过程中发挥部分中介作用。

H4.2.1a 资源获取结果在重构要素影响价值网络知识重构的过程中发挥完全中介作用。

H4.2.1b 资源获取结果在重构要素影响价值网络知识重构的过程中发挥部分中介作用。

H4.2.2a 资源获取结果在重构要素影响价值网络关系重构的过程中发挥完全中介作用。

H4.2.2b 资源获取结果在重构要素影响价值网络关系重构的过程中发挥部分中介作用。

H4.2.3a 资源获取结果在重构要素影响价值网络结构重构的过程中发挥完全中介作用。

H4.2.3b 资源获取结果在重构要素影响价值网络结构重构的过程中发挥部分中介作用。

（2）有调节的中介作用

新工业革命背景下，信息网络化特征凸显，价值网络中重构要素驱动后发企业实现价值网络重构的过程中，无法摒弃信息共享的作用。同时，资源获取桥接了价值网络中的重构要素和价值网络重构。信息共享会影响重构要素作用于资源获取的过程，后发企业的网络能力与价值网络中信息共享水平的交互作用会反映为后发企业资源获取差异；后发企业与合作企业的关系强弱和信息共享水平的交互作用也会带来后发企业资源获取的改变；价值网络的密度、中心性等结构特征差异与信息共享的共同作用同样也会给资源获取带来不同影响，最终都作用于后发企业价值网络重构。

基于以上分析，在价值网络重构三维度要素与信息共享的共同影响下，价值网络中后发企业资源获取随之变化，据此反映为后发企业价值网络的知识重构、关系重构和结构差异。此外，为进一步解析资源获取的过程和结果的价值网络重构差异，基于扎根研究结果，将资源获取区分为资源获取能力和资源获取结果，分别检验其有调节的中介效应。依据温忠麟等（2006）对有调节的中介效应的分析，本书中信息共享呈现有调节的中介，据此提出以下假设。

H5.1.1：资源获取能力在重构要素影响价值网络知识重构过程中的中介作用受信息共享的调节。

H5.1.2：资源获取能力在重构要素影响价值网络关系重构过程中的中介作用受信息共享的调节。

H5.1.3：资源获取能力在重构要素影响价值网络结构重构过程中的中介作用受信息共享的调节。

H5.2.1：资源获取结果在重构要素影响价值网络知识重构过程中的中介作用受信息共享的调节。

H5.2.2：资源获取结果在重构要素影响价值网络关系重构过程中的中介作用受信息共享的调节。

H5.2.3：资源获取结果在重构要素影响价值网络结构重构过程中的中介作用受信息共享的调节。

5. 信息共享的调节作用

（1）调节作用

企业在价值增值活动互连形成的价值网络中传递和交流专有或重要信息的行为称为信息共享（Spekman，1994）。有效的信息共享会影响价值网络的协调水平，也是后发企业嵌入价值网络实现成长的重要信息获取途径。同时，高水平的信息质量和信息传递范围可以通过提高企业的认知能力和信息处理能力，实现独特的竞争优势（Gulati & Sytch，2007）。

信息共享，尤其是具有知识属性的隐性信息的共享，对企业创新能力的提升具有显著影响（Qiao et al.，2021）。后发企业嵌入的价值网络中存在明显的知识溢出效应和共享效应，与后发企业网络能力的共同作用有助于实现新知识创造，增加知识积累，启发企业创新能力，并通过不断地融合实现知识重构（徐意，2018）。

信息共享是价值网络中合作伙伴实现合作效果的关键因素（Min et al.，2005）。价值网络中企业间的高信息共享程度可以有效避免机会主义行为，促进承诺的履行，加强企业间的合作（Roath & Miller，2002）。信息和知识共享，尤其是对重要产品或服务技术变革信息的共享与企业间关系相互作用，加强企业间依赖关系，降低了信息的传递和吸收成本（简兆权等，2018），共同促成嵌入后发企业的价值网络中的关系变革。

普拉约戈和欧哈格（2012）将信息共享水平分为信息技术水平和信息交流水平，信息技术是指为了有效管理和处理信息而采用的各类技术的总称，信息交流是对信息共享的频率、数量和质量的衡量。信息共享中的信息交流维度与表征价值网络结构属性的密度和中心性的相互作用，影响后发企业价值网络结构重构的实现。网络密度是网络中所有成员之间的实际联系数量与所有可能存在联系数量的比率（Reagana & Mcevily，2003），价值网络的密度越大，说明价值网络中价值创造关系联结更为频繁和紧密。网络中心性用来表征企业在网络中的位置，处于中心位置的企业，更容易接触新信息，同时也往往意味着企业具有较高的声誉和地位（徐莎和孟迪云，2021）。逐渐提升的核心位置优势与不断提升的信息技术水平相结合，是后发企业实现价值网络重构的结构积累。

综上所述，信息共享调节重构要素的网络能力、关系强度、网络密度和中心性对价值网络知识重构、关系重构和结构重构的作用，据此提出假设 H4.3.1、假设 H4.3.2 和假设 H4.3.3。

H4.3.1 信息共享在重构要素影响知识重构的过程中发挥调节作用。

H4.3.2 信息共享在重构要素影响关系重构的过程中发挥调节作用。

H4.3.3 信息共享在重构要素影响结构重构的过程中发挥调节作用。

（2）有中介的调节作用

基于资源基础理论，信息资源是实现和提升绩效的重要因素（Yu et al.，2013）。然而信息共享是信息使用的重要前提（Sener et al.，2019），价值网络中企业间共享信息最终是否可以被有效使用，取决于企业的资源获取能力和效果。在信息共享的前提下，一旦后发企业有信息需求，具备资源获取能力的后发企业就可以及时、精确、完整地从价值网络中的合作企业取得所需信息资源。即基于信息共享的信息发送端的信息可以被有效接收。因此对于价值网络中的后发企业而言，信息共享水平越高越有助于资源获取实现。

信息共享是指在特定交易过程或合作过程中，企业之间的信息交流与传递（蔡淑琴和梁静，2007）。信息共享通常会被认为是实现企业间协调管理的基础（常志平和蒋馥，2003），对企业内及企业间的运作绩效有积极作用（Ebrahim et al.，2012）。处于信息共享程度较高的全球价值网络中的后发企业可以高效地获取其发展所需的必要信息，具有良好的信息资源基础。价值网络重构的过程是包括顾客、供应商与战略伙伴之间复杂的动态交易过程（王琴，2011）。在价值网络复杂动态过程中信息共享是获取关键资源的一个有效方式（简兆权等，2018），后发企业可通过信息的使用和控制来创造价值，进行价值网络中的资源整合，进而影响价值网络重构。

综上可知，信息共享是后发企业在价值网络中获取资源的前因变量，与重构要素共同影响资源获取，进而作用于价值网络的知识重构、关系重构和结构重构，依据温忠麟等（2006）对有中介的调节效应的分析，提出以下假设。

H6.1.1：信息共享调节重构要素影响资源获取能力进而影响价值网络知识重构。

H6.1.2：信息共享调节重构要素影响资源获取能力进而影响价值网络关系重构。

H6.1.3：信息共享调节重构要素影响资源获取能力进而影响价值网络结构重构。

H6.2.1：信息共享调节重构要素影响资源获取结果进而影响价值网络知识重构。

H6.2.2：信息共享调节重构要素影响资源获取结果进而影响价值网络关系重构。

H6.2.3：信息共享调节重构要素影响资源获取结果进而影响价值网络结构重构。

第二节 研究设计和研究方法

一、研究设计

为探析后发企业价值网络重构机理，本书构建了重构要素、信息共享、资源获取和价值网络重构的理论模型，并依据基于扎根理论的探索性案例分析结论和文献综述形成研究假设。在对量表进行筛选的基础上形成调查问卷，收集数据，通过 SPSS 和 AMOS 统计软件对数据进行分析，检验所选量表信度、效度，并利用结构方程模型的拟合模型，检验前文提出的直接影响、中介作用和调节作用的相关假设，依据检验结果得出研究结论。

（一）重构要素量表选择

1. 网络能力量表选择

穆勒和哈里恩（Moller & Halinen，1999）基于网络整体视角将网络能力进一步解析为网络构想能力、网络管理能力、关系集合管理能力和关系管理能力。里特等（Ritter & Gemunden，2003，Ritter et al.，2002）提出网络能力测度的任务执行和资质条件两大维度，但企业成长的不同阶段所需要的资源有较大差异。哈格顿（Hagedoorn，2006）认为网络能力包括基于中央性的网络能力和基于效率的网络能力。在此基础上，张宝建等（2015）提出网络能力构念的三个维度，即网络活动资质、网络规划能力以及网络运营能力，并设计了相应的网络能力测度指标体系。同时，也有学者从网络微观视角解析网络能力测量维度，沃尔特等（2006）研究认为可以通过协调、关系技巧、伙伴知识和内部沟通，测度企业网络能力。包凤耐和彭正银（2015）提出采用预测网络能力、发现选择合作伙伴能力、维持稳定关系能力和占据中心位置能力度量企业的网络能力。穆等（Mu et al.，2018）认为网络能力包含寻找网络伙伴、管理网络关系、利用网络关系三个维度。

已有研究对网络能力的测度逐渐从网络整体视角转移至节点企业视角，结合本书对象的节点属性，选用沃尔特等（2006）研究中开发和使用的网络能力量表，通过协调、关系技巧、伙伴知识和内部沟通四个维度测度后发企业网络能力，如表4.1所示。

表4.1　　　　　　　　　　　　　网络能力的测度量表

序号	题项	参考依据
XT	XT1 企业会分析合作伙伴目标	沃尔特等（2006）
	XT2 企业有专任负责人与其协调	
	XT3 企业会预先判断是否可建立合作伙伴	
	XT4 企业会定期讨论如何相互支持	
GXJQ	GXJQ1 企业会建立良好个人关系	
	GXJQ2 企业能够换位思考	
	GXJQ3 企业间可以实现灵活互动	
	GXJQ4 企业能够建设性解决问题	
HBZS	HBZS1 企业了解合作伙伴市场	
	HBZS2 企业了解合作伙伴产品、程序或服务	
	HBZS3 企业了解合作伙伴优势和劣势	
NBGT	NBGT1 企业会定期举行正式会议	
	NBGT2 企业间经常进行非正式沟通	
	NBGT3 企业间会进行密集频繁反馈	
	NBGT4 企业会自发进行信息交换	

资料来源：笔者依据文献整理。

2. 关系强度量表选择

对于企业间关系强度的测量，格兰诺维特（1973）认为关系的强度应该包括节点之间交流的时间、情感的紧密程度、熟识性和互惠性四个方面。在其研究基础上，学者们认为关系强度的提高还体现为社交性的增强和信任感的提升（Mitchell，1987）。此后，学者又进一步提出双方的支持和帮助程度也是测量关系强度的重要指标（Wellman，1982）。奥卡等（2008）研究认为，从共同目标、关系忠诚度、企业间冲突、关系紧密度和关系属性测度关系强度。潘松挺（2010）

在已有研究基础上，以接触频率、合作交流范围、互惠性三个维度对网络关系强度进行测量。

结合本书关系强度所关注的二元关系属性，选用奥卡等（2008）量表对关系强度进行测度，如表4.2所示。

表4.2   关系强度的测度量表

序号	题项	参考依据
GXQD1	网络成员努力实现类似的目标	
GXQD2	有兴趣继续建立关系即使项目结束	
GXQD3	参与者之间的摩擦很小	奥卡等（2008）
GXQD4	关系可准确描述为亲密的或个人的	
GXQD5	网络的成员之间有良好的工作关系	

资料来源：笔者依据文献整理。

3. 网络密度量表选择

对网络密度的测量，近年来伴随对网络嵌入性的关注，研究不断丰富。安蒂亚和弗雷泽（Antia & Ftazier，2001）对网络密度的研究较早关注了网络密度的测量，从联系密切程度、互动频率、关系紧密度、联络密切性、讨论密度和凝聚紧密性6个方面测度网络密度。在此基础上，学者们对网络中成员类型进一步细分，具体区分为同业企业、供应商、客户、科研机构、政府、金融中介等，对量表进一步丰富（李志刚等，2007）。结合本书研究内容，选用安蒂亚和弗雷泽（2001）的经典量表，如表4.3所示，包括6个具体题项。

表4.3   网络密度的测度量表

序号	题项	参考依据
WLMD1	成员之间有着密切的联系	
WLMD2	成员间的互动非常少	
WLMD3	成员间的关系非常密切	安蒂亚和弗雷泽
WLMD4	成员间频繁通信	（2001）
WLMD5	成员间经常讨论常见问题	
WLMD6	成员间紧密联系	

资料来源：笔者依据文献整理。

4. 网络中心性量表选择

作为反映网络嵌入性的测量变量之一，网络中心性是网络重要的结构特征。韦尔曼（Wellman，1982）、鲍威尔（Powell，1999）研究认为，可以从企业在网络中发挥的中介作用、企业声誉以及其他企业对企业依赖程度来测量企业网络中心性。安蒂亚和弗雷泽（2001）研究认为网络中心性的测量包括企业参与重要性、关系数量、联系频数、企业活跃程度、企业构成重要性。此外，也有学者进一步区分了中心性的属性，认为其包括程度中心性、亲近中心性和中介中心性（毕小萍，2012）。本书关注网络整体，选用安蒂亚和弗雷泽（2001）经典量表测量网络中心性，如表4.4所示。

表4.4　　　　　　　　　　　网络中心性的测度量表

序号	题项	参考依据
WLZXX1	企业是网络中的一个重要组成部分	安蒂亚和弗雷泽（2001）
WLZXX2	企业与其他成员保持着很少的关系	
WLZXX3	企业在网络中非常活跃	
WLZXX4	企业与其他成员的联系广泛	
WLZXX5	企业对网络体系至关重要	

资料来源：笔者依据文献整理。

（二）价值网络重构量表选择

价值创造是企业竞争的核心，对企业成长的研究需要将研究视角提升至整体层面，并探索价值创造体系的重构（Normann & Ramírez，1993）。王海花和谢富纪（2012）在探讨知识网络能力时从网络构想、网络建构、网络利用、网络解构和网络重构能力五个部分展开。本书在前文基于扎根理论的探索性分析基础上，将价值网络重构进一步解析为价值网络中的知识重构、关系重构和结构重构，结合已有研究选取价值网络重构的测度量表，如表4.5所示。

表 4.5　　　　　　　　　　　　价值网络重构的测度量表

维度	序号	具体问项	参考依据
知识重构	ZSCG	ZSCG1 企业具有新的创新理念	卡瑞姆和米切尔（Karim & Mitchell，2000）叶江峰等（2016）
		ZSCG2 企业能够从多个角度理解市场机会	
		ZSCG3 企业技术创新思想很新颖	
		ZSCG4 企业新产品包含新技术与新功能	
关系重构	GXCG	GXCG1 企业可以与合作伙伴一起作出调整来应对环境变化	任胜钢等（2011）
		GXCG2 企业有能力解决潜在问题	
		GXCG3 有突发情况时，企业可以打破原来的合作计划并提出新的处理方式	
		GXCG4 企业形成了退出和解除合作关系的方式或程序	
		GXCG5 企业会预测主流趋势，以期发现合作伙伴的未来需求	
结构重构	JGCG	JGCG1 与企业经常合作的伙伴分属于不同的圈子	王海花和谢富纪（2012）扎根研究结果
		JGCG2 企业与网络中成员中断关系后能找到替代者并建立类似的合作关系	
		JGCG3 企业实现在网络中的位置迁升	
		JGCG4 企业所在网络结构发生变化	

资料来源：笔者依据文献整理。

（三）资源获取量表选择

已有研究对资源获取的测量依据过程关注和结果关注可以区分为资源获取能力和资源获取结果两种。

资源获取能力用于描述企业在网络中获取资源的效率。对资源获取能力的测量，已有研究测量量表包括基于结果的能力测量和基于对比的能力测量。基于结果的能力测量，包括对知识类资源获取能力和资产类资源获取能力的测量（宁玲玲，2018），以及资金获取能力的测量（应新安，2021）。基于对比的能力测量则关注相较于竞争对手而言企业的能力差异，包括获取资源的质量、成本、速度、应对变化等（曹红军等，2009）。

资源获取结果用于描述企业在网络中获取资源的效果。对资源获取结果的测量，又依据研究者关注的焦点，区分为信息资源获取、知识资源获取和资金资源获取。对信息资源获取主要围绕竞争者信息、市场信息、内部信息和技术信息几个方面展开（Ozgen & Baron，2007；马鸿佳等，2010）。对知识获取的测量，不同学者依据知识差异进行测量，雷恩等（Lane et al.，2001）研究认为依据新技术知识、产品开发知识、管理技巧、新市场知识以及制造流程知识等对知识资源获取进行测量。对资金资源获取，张方华（2004）研究认为利用政府资金或税收优惠、金融机构贷款、风险投资以及通过技术合作获取外部资金四个题项对资金资源获取进行测量。朱彬钰（2009）利用政府创新补贴、金融机构的贷款以及民间贷款三个题项对资金资源获取进行测量。

　　根据以上学者的研究，再综合本书根据扎根理论对探索性案例进行分析的结果，对资源获取能力和资源获取结果的测量如表4.6、表4.7所示。

表4.6　　　　　　　　　　　　　资源获取能力的测度量表

序号	题项	参考依据
HQNL1	企业获取资源的质量比竞争对手高	曹红军等（2009）
HQNL2	企业获取资源的成本比竞争对手低	
HQNL3	企业获取资源的速度比竞争对手快	
HQNL4	企业能根据环境变化获取关键性资源	

资料来源：笔者依据文献整理。

表4.7　　　　　　　　　　　　　资源获取效果的测度量表

序号	题项	参考依据
HQJG1	企业获取了先进技术	江等（Jiang et al.，2018）
HQJG2	企业获取了财政资源	
HQJG3	企业获取了管理专业知识	
HQJG4	企业获取了人力资本	
HQJG5	企业获取了关键信息	

资料来源：笔者依据文献整理。

（四）信息共享量表选择

弗林等（Flynn et al.，2010）研究认为，信息共享量表包括信息共享内容和信息共享质量两个维度。对信息共享的测量，霍宝锋（2014）在区分共享对象基础上，将信息共享进一步区分为企业内部信息共享、与供应商信息共享和与客户的信息共享三个维度。智等（Zhi et al.，2017）认为信息共享测度以共享意愿为核心，包括机会风险、战略调整、竞争信息和技术项目等内容。结合本书的研究内容，选用智等（2017）的量表（见表4.8）对价值网络中的信息共享进行测度。

表4.8 信息共享的测度题项

序号	题项	参考依据
XXGX1	愿意共享企业目前的机会和风险	智等（2017）
XXGX2	愿意共享当前的战略和未来可能的调整	
XXGX3	愿意共享其市场份额和竞争能力的信息	
XXGX4	愿意共享有关技术和项目部分信息	

资料来源：笔者依据文献整理。

二、研究方法

为了进一步解析后发企业价值网络重构机理，本书选用结构方程模型拟合多自变量多因变量之间的关系，并分析资源获取在三维重构要素影响价值网络重构过程中的中介作用。使用SPSS分析信息共享在重构要素影响价值网络重构过程中的调节作用，进而检验了资源获取的有调节的中介作用和信息共享有中介的调节作用。

1. 结构方程模型

结构方程模型（SEM）是一种利用回归的多变量统计分析方法，其主要的目的是分析潜变量之间存在的因果联系，并将变量之间的结构化关系以图示表现出来。相较于其他的回归分析方法，结构方程模型的优势在于其能够同时处理多个因变量，可以计算出自变量与因变量间的测量误差，分析出因子的结构和因子之间的关系，并能够以更灵活的模型进行测量并确定模型的拟合度（侯杰泰等，2004）。本书基于小样本数据分析结果，对调查问卷进行微调后进行正式调查回收问卷，采用结构方程模型对正式调研数据进行变量间直接影响作用检验、中介作用检验、调节作用检验、有调节的中介作用检验和有中介的调节作用检验。

测量模型与结构模型的拟合度测试是结构方程模型分析中亟须得出的重点结果，并以此为基础来解释理论模型与实际数据的拟合效果。解释的过程用三种指标来衡量模型的拟合效果，分别是绝对拟合指数、相对拟合指数和简约拟合指数，一般情况下需要准确计算这三项指标，来验证模型的可信度（Hair et al.，1998）。结合侯杰泰等（2004）、邱皓政和林碧芳（2009）与吴明隆（2010）等学者对结构方程模型的研究成果，本书就指标的名称、类别、范围、性质以及判断值范围对结构方程模型拟合指数进行解释，具体内容如表4.9所示。

表4.9 结构方程模型拟合指数的比较与判准

类别	指数名称与性质	范围	判断值	适用情形
绝对拟合指标	χ^2 理论模型与观察模型的拟合程度	–	>0.05	说明模型解释力强
	$\frac{\chi^2}{df}$ 考虑模型复杂度后的卡方值	–	<5	不受模型复杂度影响
	RMSEA 比较理论模型与饱和模型的差距	0~1	<0.08	不受样本数与模型复杂度影响
	SRMR 标准化假设模型整体残差	0~1	<0.1	了解残差特性
	GFI 假设模型可以解释观察数据的比例	0~1	>0.80	说明模型解释力
	AGFI 考虑模型复杂度后的GFI	0~1	>0.80	不受模型复杂度影响
相对拟合指标	NFI 比较假设模型与独立模型的卡方差异	0~1	>0.90	说明模型较虚无模型的改善程度
	NNFI 考虑模型复杂度后的NFI	0~1	>0.90	不受模型复杂度影响
	CFI 假设模型与独立模型的非中央性差异	0~1	0.90	说明模型较虚无模型的改善程度特别适合小样本
简约拟合指数	PGFI 对GFI的修正	0~1	>0.50	说明模型的简单程度
	PNFI 对NFI的修正	0~1	>0.50	说明模型的简单程度

资料来源：侯杰泰等（2004）、邱皓政和林碧芳（2009）、吴明隆（2010）。

2. 中介效应检验

中介变量的作用是其可以表征自变量通过中介变量对因变量产生作用的过程。中介效应也可以分成两种效应，第一种是完全中介效应，即 X 对 Y 的影响完全通过 M，X 不再对 Y 起到直接的作用；第二种是部分中介效应，即 X 的部分影响作用到 Y 上，部分通过影响 M 再作用于 Y。自变量 X、中介变量 M 和因变量 Y 这三者之间的作用关系如图 4.2 所示。

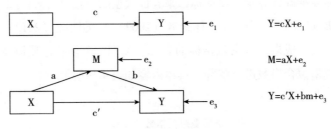

图 4.2　中介效应路径示意

资料来源：温忠麟等（2004）。

中介效应需要两个条件成立方可发挥作用，一个是 X（自变量）和 Y（因变量）这两个变量之间显著相关。另一个是中介变量 M 是自变量 X 与因变量 Y 之间关系的媒介，M 受到了 X 的影响再作用于 Y。

本书基于温忠麟等 2004 年提出的研究结论，即中介效应检验机制，应用过程的具体程序如图 4.3 所示。

步骤 1：检验自变量 X 发生改变时能否显著地解释因变量 Y 的改变，即图 4.3 中的 c 值是否显著。如果没有显著性，则证明 X 和 Y 间不存在显著的相关关系，直接跳至步骤 5，结束对中介效应的分析；显著则进入步骤 2。

步骤 2：检验自变量 X 发生改变时能否显著地解释中介变量 W 的改变，即图 4.4 中的 a 值是否显著，再检验 W 对 Y 产生的影响，观察 b 值是否显著。若 a、b 值均显著，进入步骤 3；若至少其中一个不显著，则进入步骤 4。

步骤 3：验证自变量 X 和中介变量 W 对因变量 Y 的协同影响。若 c' 不显著，则认定 M 为完全中介变量；若 c' 显著且 c' 小于 c，即可认定 M 是部分中介变量。

步骤 4：进行 Soble 检验，如果显著，可认为中介效应显著，否则认为中介效应不显著。

步骤 5：检验结束。

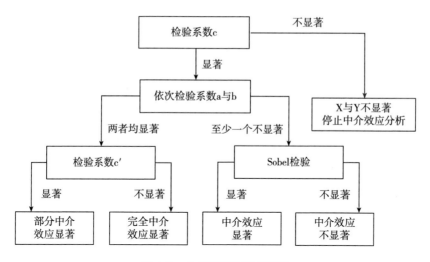

图 4.3　中介效应的检验程序

资料来源：巴伦和肯尼（Baron & Kenny，1986）、温忠麟等（2004）。

3. 调节效应检验

如果变量 X 与 Y 间的关系是变量 W 的函数，即 X 和 Y 之间的联系需要得到 W 的作用，就认为变量 W 是调节变量（James & Brett，1984；温忠麟等，2004）。中介变量和调节变量之间的区别如表 4.10 所示。

表 4.10　　　　　　　　　中介变量与调节变量的比较

项目	中介变量 M	调节变量 W
研究目的	X 如何影响 Y	X 何时影响 Y 或何时影响较大（小）
关联概念	中介效应、间接效应	调节效应、交互效应
什么情况下考虑	X 对 Y 的影响较强且稳定	X 对 Y 的影响时强时弱
典型模型	$M = aX + e_2 \quad Y = cX + bM + e_3$	$Y = aM + bM + cXM + e$
模型中位置	M 在 X 之后、Y 之前	X、W 在 Y 前面，W 可以在 X 前面
功能	代表一种机制，X 通过 M 影响 Y	影响 Y 和 X 之间关系的方向或强弱
与 X、Y 的关系	M 与 X、Y 的相关都显著	W 与 X、Y 的相关可以显著或不显著
效应	回归系数 a、b	回归系数 c
效应检验	回归系数乘积 a×b 是否等于零	回归系数 c 是否等于零
检验策略	依次进行检验，必要时进行 Sobel 检验	作层次回归分析，检验偏回归系数 c 的显著性（检验）或者检验测定系数的变化（F 检验）

资料来源：温忠麟等（2004）。

4. 有调节的中介效应检验

如果一个模型除了自变量和因变量外，涉及的第三变量不止一个，可能会同时包含调节变量和中介变量。这些变量出现在模型中的位置不同会产生不同的模型，联系着不同的统计背景和意义。考虑 X 对 Y 的影响时，W 仍然是中介变量。但 U 不是 Y 与 X 关系的调节变量，而是 Y 与 W 关系的调节变量。就是说，经过 W 的中介效应受到 U 的影响，所以称 W 为有调节的中介。詹姆斯和布雷特（James & Brett，1984）提到过这种模型。温忠麟等（2006）研究提出可以结合中介效应检验方法和调节效应检验方法检验有调节的中介效应是否显著。

依据如下步骤进行有调节的中介效应检验：

（1）作 Y 对 X 和 U 的回归，X 的系数显著；

（2）作 W 对 X 和 U 的回归，X 的系数显著；

（3）作 Y 对 X、U 和 W 的回归，W 的系数显著，到此为止说明 W 的中介效应显著；

（4）作 Y 对 X、U、W 和 UW 的回归，UW 的系数显著。

5. 有中介的调节效应检验

与有中介的调节效应类似，巴伦和肯尼（Baron & Kenny）在 1986 年的研究中对有中介的调节效应进行解析，自变量为 X，中介变量为 M，调节变量为 U，UX 是调节效应项，如果它影响 M，而 M 影响 Y，说明调节效应（至少部分地）通过中介变量 M 而起作用，称这样的调节变量是有中介的调节变量。

有中介的调节效应检验程序如下，即先要检验调节效应，然后检验中介效应（温忠麟等，2006）。

（1）作 Y 对 X、U 和 UX 的回归，UX 的系数显著，这一步说明 U 对 Y 与 X 关系的调节效应显著；

（2）作 W 对 X、U 和 UX 的回归，UX 的系数显著；

（3）作 Y 对 X、U、UX 和 M 的回归，M 的系数显著；

（4）如果在第（3）步中，UX 的系数不显著，则 U 的调节效应完全通过中介变量 M 而起作用。

第三节　后发企业价值网络重构的实证分析

一、基础数据分析

（一）样本特征分析

本书采用问卷调查方法解析价值网络重构机理，通过收集问卷数据检验提出的假设。研究过程中共发放问卷 420 份，其中，回收的有效问卷数为 376 份。有效问卷回收率为 89.52%，经计算可知，有效样本数量达到至少为问卷题项数五倍的要求。有效样本来源分布情况如表 4.11 所示。

表 4.11　　　　　　　　　　样本分布情况

特征变量	变量值	频率	百分比（%）
企业规模	50 人以下	13	3.46
	51～200 人	64	17.02
	201～500 人	106	28.19
	501～1 000 人	104	27.66
	1 000 人以上	89	23.67
工作时间	1 年以下	3	0.80
	1～3 年	32	8.50
	3～5 年	87	23.14
	5～7 年	127	33.78
	7 年以上	127	33.78
企业性质	国有	71	18.88
	民营企业	214	56.92
	外资	79	21.01
	集体	8	2.13
	其他	4	1.06
所处职位	普通员工	0	0
	基层管理者	88	23.40
	中层管理者	210	55.85
	高层管理者	78	20.75

资料来源：笔者依据问卷数据统计。

通过样本分布可知调查企业的规模分布较为均匀，企业性质基本可以反映现状构成，被调查者的职位全部为管理人员，其中中高层管理者占比超过总人数的75%，被调查者的工作年限较长，被调查者了解企业情况，并对企业参与的价值网络有较深入的认识。

（二）信效度分析

1. 重构要素的信效度分析

通过对重构要素的内部一致性信度 Cronbach's α、组合信度 CR、平均方差抽取量 AVE 计算得到结果如表 4.12 所示。网络能力的整体一致性信度 Cronbach's α 的结果为 0.722 超过 0.7，说明网络能力的内部一致性信度水平较高；组合信度 CR 为 0.773 大于 0.5，说明测量题项可以反映出真实的潜在变量；平均方差抽取量 AVE 为 0.563 大于 0.5，说明变量测量收敛情况达到要求。

关系强度的整体一致性信度 Cronbach's α 的结果为 0.815 超过 0.7，说明关系强度的内部一致性信度水平较高；组合信度 CR 为 0.798 大于 0.5，说明测量题项可以反映出真实的潜在变量；平均方差抽取量 AVE 为 0.544 大于 0.5，说明变量测量收敛情况达到要求。

网络密度的整体内部一致性信度 Cronbach's α 的结果为 0.759 超过 0.7，说明网络密度的整体内部一致性信度水平较高；组合信度 CR 为 0.830 大于 0.5，说明测量题项可以反映出真实的潜在变量；平均方差抽取量 AVE 为 0.557 大于 0.5，说明变量测量收敛情况达到要求。

网络中心性的整体内部一致性信度 Cronbach's α 的结果为 0.791 超过 0.7，说明网络中心性的整体内部一致性信度水平较高；组合信度 CR 为 0.776 大于 0.5，说明测量题项可以反映出真实的潜在变量；平均方差抽取量 AVE 为 0.515 大于 0.5，说明变量测量收敛情况达到要求。

表 4.12　　　　　　　　　　　重构要素信度指标的计算结果

量表	潜变量	观测变量	负荷	内部一致性信度（Cronbach's α）	组合信度（CR）	平均方差抽取量（AVE）
重构要素	网络能力	XT	0.565	0.722	0.773	0.563
		GXJQ	0.693			
		HBZS	0.658			
		NBGT	0.788			

量表	潜变量	观测变量	负荷	内部一致性信度（Cronbach's α）	组合信度（CR）	平均方差抽取量（AVE）
重构要素	关系强度	GXQD1	0.566	0.815	0.798	0.544
		GXQD2	0.620			
		GXQD3	0.687			
		GXQD4	0.697			
		GXQD5	0.747			
	网络密度	WLMD1	0.766	0.759	0.830	0.557
		WLMD2	0.629			
		WLMD3	0.758			
		WLMD4	0.687			
		WLMD5	0.405			
		WLMD6	0.742			
	网络中心性	WLZZX1	0.425	0.791	0.776	0.515
		WLZZX2	0.710			
		WLZZX3	0.700			
		WLZZX4	0.668			
		WLZZX5	0.675			

资料来源：笔者依据问卷数据分析。

对重构要素包括的网络能力、关系强度、网络密度、网络中心性进行效度分析，如表 4.13 所示。对网络能力进行效度检验，进行 KMO 和巴特利特（Bartlett）球状检验后得到 KMO 值为 0.902，显著。KMO 值大于 0.7 且在 0.001 水平上显著，因此该项的结构效度良好，通过了效度检验。对关系强度进行效度检验，进行 KMO 和巴特利特球状检验后得到 KMO 值为 0.832，显著。KMO 值大于 0.7 且在 0.001 水平上显著，因此该项的结构效度良好，通过了效度检验。对网络密度进行效度检验，在进行 KMO 和巴特利特球状检验后得到 KMO 值为 0.817，显著。KMO 值大于 0.7 且在 0.001 水平上显著，因此该项的结构效度良好，通过了效度检验。对网络中心性进行效度检验，进行 KMO 和巴特利特球状检验后得到 KMO 值为 0.832，显著。KMO 值大于 0.7 且在 0.001 水平上显著，因此该项的结构效度良好，通过了效度检验。

表 4.13   **重构要素效度指标的计算结果**

效度指标		网络能力	关系强度	网络密度	网络中心性
抽样适合性检验（KMO）		0.902	0.832	0.817	0.832
巴特利特（Bartlett）球状检验	近似卡方	2 697.981	687.829	487.943	478.920
	自由度	190	10	15	10
	显著性	0.000	0.000	0.000	0.000

资料来源：笔者依据问卷数据分析。

2. 价值网络重构的信效度分析

通过对价值网络重构的内部一致性信度 Cronbach's α、组合信度 CR、平均方差抽取量 AVE 计算得到结果如表 4.14 所示。价值网络重构的内部一致性信度 Cronbach's α 的结果为 0.789 超过 0.7，说明价值网络重构的内部一致性信度水平较高；组合信度 CR 为 0.933 大于 0.5，说明测量题项可以反映出真实的潜在变量；平均方差抽取量 AVE 为 0.522，说明变量测量收敛情况符合要求。价值网络重构包括三个维度，分别为知识重构、关系重构和结构重构，内部一致性信度 Cronbach's α 均大于 0.7，研究结果整体反映出各潜变量的内部一致性信度水平达到要求。

表 4.14   **价值网络重构信度指标的计算结果**

量表	潜变量	观测变量	负荷	内部一致性信度（Cronbach's α）	整体内部一致性信度	组合信度（CR）	平均方差抽取量（AVE）
价值网络重构	知识重构	ZSCG1	0.849	0.722	0.789	0.933	0.522
		ZSCG2	0.705				
		ZSCG3	0.584				
		ZSCG4	0.427				
	关系重构	GXCG1	0.722	0.815			
		GXCG2	0.697				
		GXCG3	0.696				
		GXCG4	0.778				
		GXCG5	0.786				
	结构重构	JGCG1	0.733	0.762			
		JGCG2	0.782				
		JGCG3	0.780				
		JGCG4	0.754				

资料来源：笔者依据问卷数据分析。

对价值网络重构进行效度检验。在进行 KMO 和巴特利特球状检验后得到 KMO 值为 0.856，显著。如表 4.15 所示，KMO 值大于 0.7 且在 0.001 水平上显著，因此该项的结构效度良好，通过了效度检验。

表 4.15   **价值网络重构效度指标的计算结果**

抽样适合性检验（KMO）		0.856
巴特利特（Bartlett）球状检验	近似卡方	1 445.451
	自由度	78
	显著性	0.000

资料来源：笔者依据问卷数据分析。

3. 资源获取的信效度分析

通过对资源获取的内部一致性信度 Cronbach's α、组合信度 CR、平均方差抽取量 AVE 计算得到结果如表 4.16 所示。资源获取能力的内部一致性信度 Cronbach's α 的结果为 0.693 接近于 0.7，说明资源获取能力的内部一致性信度水平较高；组合信度 CR 为 0.811 大于 0.5，说明测量题项可以反映出真实的潜在变量；平均方差抽取量 AVE 为 0.518 大于 0.5，说明变量测量收敛情况达到要求。研究结果整体反映出资源获取能力的内部一致性信度水平达到要求。

资源获取结果的内部一致性信度 Cronbach's α 的结果为 0.699 接近于 0.7，说明资源获取结果的内部一致性信度水平较高；组合信度 CR 为 0.806 大于 0.5，说明测量题项可以反映出真实的潜在变量；平均方差抽取量 AVE 为 0.558 大于 0.5，说明变量测量收敛情况达到要求。研究结果整体反映出资源获取结果的内部一致性信度水平达到要求。

表 4.16   **资源获取信度指标的计算结果**

量表	潜变量	观测变量	负荷	内部一致性信度（Cronbach's α）	组合信度（CR）	平均方差抽取量（AVE）
资源获取	资源获取能力	NL1	0.772	0.693	0.811	0.518
		NL2	0.753			
		NL3	0.698			
		NL4	0.649			
	资源获取结果	JG1	0.558	0.699	0.806	0.558
		JG2	0.576			
		JG3	0.759			
		JG4	0.758			
		JG5	0.705			

资料来源：笔者依据问卷数据分析。

对资源获取能力进行效度检验。在进行 KMO 和巴特利特球状检验后得到 KMO 值为 0.735，显著。如表 4.17 所示，KMO 值大于 0.7 且在 0.001 水平上显著，因此该项的结构效度良好，通过了效度检验。对资源获取结果进行效度检验。在进行 KMO 和巴特利特球状检验后得到 KMO 值为 0.772，显著。如表 4.17 所示，KMO 值大于 0.7 且在 0.001 水平上显著，因此该项的结构效度良好，通过了效度检验。

表4.17　　　　　　　　　　资源获取效度指标的计算结果

效度指标		资源获取能力	资源获取结果
抽样适合性检验（KMO）		0.735	0.772
巴特利特（Bartlett）球状检验	近似卡方	240.050	300.526
	自由度	6	10
	显著性	0.000	0.000

资料来源：笔者依据问卷数据分析。

4. 信息共享的信效度分析

通过对信息共享的内部一致性信度 Cronbach's α、组合信度 CR、平均方差抽取量 AVE 计算得到结果如表 4.18 所示。信息共享的内部一致性信度 Cronbach's α 的结果为 0.692 约等于 0.7，说明信息共享的内部一致性信度水平基本符合要求；组合信度 CR 为 0.813 大于 0.5，说明测量题项可以反映出真实的潜在变量；平均方差抽取量 AVE 为 0.521 大于 0.5，说明变量测量收敛情况良好。

表4.18　　　　　　　　　　信息共享信度指标的计算结果

量表	观测变量	负荷	内部一致性信度（Cronbach's α）	组合信度（CR）	平均方差抽取量（AVE）
信息共享	XXGX1	0.730	0.692	0.813	0.521
	XXGX2	0.737			
	XXGX3	0.737			
	XXGX4	0.683			

资料来源：笔者依据问卷数据分析。

对信息共享进行效度检验。在进行 KMO 和巴特利特球状检验后得到 KMO 值为 0.740，显著。如表 4.19 所示，KMO 值大于 0.7 且在 0.001 水平上显著，因此该项的结构效度良好，通过了效度检验。

表 4.19　　　　　　　　　　信息共享效度指标的计算结果

抽样适合性检验		0.740
巴特利特（Bartlett）球状检验	近似卡方	231.945
	自由度	6
	显著性	0.000

资料来源：笔者依据问卷数据分析。

二、变量间直接影响作用检验

（一）重构要素对价值网络重构的直接影响作用检验

将重构要素网络能力、关系强度、网络密度、网络中心性作为自变量，价值网络重构三维度知识重构、关系重构、结构重构作为因变量构建检验重构要素对价值网络重构的直接影响的结构方程模型。利用 AMOS 进行参数估计及模型适配度检验。结果如图 4.4 所示，模型中各变量间的路径系数如表 4.20 所示，各项拟合指标均达到要求。观察拟合结果可知：网络能力对知识重构的作用在 0.001 水平上显著，路径系数为 0.789。网络能力对关系重构的作用在 0.1 水平上显著，路径系数为 0.254。网络能力对结构重构的作用在 0.05 水平上显著，路径系数为 0.386。关系强度对知识重构的作用不显著，路径系数为 -0.121。关系强度对关系重构的作用不显著，路径系数为 0.091。关系强度对结构重构的作用不显著，路径系数为 -0.152。网络密度对知识重构的作用不显著，路径系数为 -0.072。网络密度对关系重构的作用在 0.01 水平上显著，路径系数为 -0.159。网络密度对结构重构的作用在 0.001 水平上显著，路径系数为 0.286。网络中心性对知识重构的作用在 0.001 水平上显著，路径系数为 0.344。网络中心性对关系重构的作用在 0.001 水平上显著，路径系数为 1.172。网络中心性对结构重构的作用不显著，路径系数为 -0.162。根据拟合指标可知，各项绝对拟合指标均符合要求，结构方程模型通过检验。

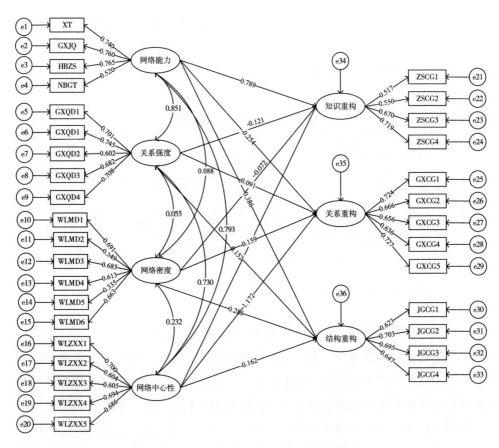

图 4.4　重构要素对价值网络重构直接影响路径

资料来源：笔者依据分析结果绘制。

表 4.20　重构要素与价值网络重构的结构方程模型标准化路径系数与拟合指数

假设	路径	标准化路径系数	显著性概率 P	结果
H1.1.1	网络能力→知识重构	0.789	<0.001***	支持
H1.1.2	网络能力→关系重构	0.254	0.096+	支持
H1.1.3	网络能力→结构重构	0.386	0.040*	支持
H1.2.1	关系强度→知识重构	−0.121	0.349	不支持
H1.2.2	关系强度→关系重构	0.091	0.420	不支持
H1.2.3	关系强度→结构重构	−0.152	0.357	不支持
H1.3.1	网络密度→知识重构	−0.072	0.140	不支持

续表

假设	路径	标准化路径系数	显著性概率 P	结果
H1.3.2b	网络密度→关系重构	−0.159	0.002**	支持
H1.3.3	网络密度→结构重构	0.286	<0.001***	支持
H1.4.1	网络中心性→知识重构	0.344	<0.001***	支持
H1.4.2a	网络中心性→关系重构	1.172	<0.001***	支持
H1.4.3	网络中心性→结构重构	−0.162	0.188	不支持

拟合指标：$X^2/DF = 2.617$，$RMSEA = 0.066$，$NFI = 0.779$，$RMR = 0.041$，$GFI = 0.852$，$CFI = 0.850$

注：*** 表示显著水平 P≤0.001；** 表示显著水平 P≤0.01；* 表示显著水平 P≤0.05；+ 表示显著水平 P≤0.1。

资料来源：笔者依据分析结果总结。

基于检验结果可知，重构要素对价值网络重构的影响过程可以归纳得出如下结论。

结论 1.1.1：后发企业网络能力对价值网络的知识重构具有显著正向影响。后发企业在价值网络中网络能力水平越高，企业越容易实现知识重构。后发企业通过加强与价值链中其他企业的协调、沟通和合作，能够优先接触信息、控制知识在价值链中的流动。即企业网络能力的提升有助于企业吸收知识和传递转移知识，据此实现知识的内化和输出，最终实现价值网络的知识重构。

结论 1.1.2：后发企业网络能力对价值网络的关系重构具有显著正向影响。后发企业在价值网络中网络能力水平越高，意味着该企业与其他企业的协调、沟通和合作水平越高。伴随其网络能力的不断累积，后发企业更容易实现对既有关系的调整，即后发企业的网络能力水平越高，相应的关系重构越容易实现。

结论 1.1.3：后发企业网络能力对价值网络的结构重构具有显著正向影响。后发企业在价值网络中网络能力水平越高，意味着该企业与价值链中的其他企业的合作、协调和沟通能力越强，对其他企业的影响力越大，不可替代性越强。伴随能力累积后发企业开始尝试对既有网络结构进行调整，使其向符合自身意愿和利益的方向变化，即后发企业的网络能力水平越高，其对价值网络结构重构越容易实现。

结论 1.3.2：后发企业嵌入价值网络的网络密度对价值网络的关系重构具有显著负向影响。在后发企业价值网络中网络密度越高，意味着企业与价值链中的其他成员企业有着紧密的联系，形成相对稳定的企业间关系，网络中企业间依赖性相对较强，后发企业打破既有稳定的关系网络的意愿和可能大大降低。即后发企业嵌入的价值网络的网络密度越高，相对应的关系重构实现越困难。

结论1.3.3：后发企业嵌入价值网络的网络密度对价值网络的结构重构具有显著正向影响。后发企业嵌入的价值网络中网络密度越高，结构重构越容易实现。企业的网络密度越高，后发企业与其他成员企业联系越密切，伴随后发企业结构调整意愿和能力的提升，在密集而频繁的关系支持下，后发企业可以和价值网络中的所有成员共同调整实现结构变革。

结论1.4.1：后发企业嵌入的价值网络中心性对价值网络的知识重构具有显著正向影响。在后发企业嵌入的价值网络中，网络中心性水平越高，企业的知识重构越容易实现。当后发企业嵌入价值网络中心性较高时，意味着网络呈现较高的集聚性。在中心性水平较高的价值网络中，信息和知识的流动效率也更高，资源可以实现从中心性较高的节点企业向更多成员企业进行传递，价值网络中后发企业能够及时实现知识获取，有助于实现知识重构。

结论1.4.2：后发企业嵌入价值网络中心性对价值网络的关系重构具有显著正向影响。后发企业嵌入的价值网络中，网络中心性水平越高，关系重构越容易实现。中心性水平高的价值网络，具有明显的枢纽企业，嵌入具有此类特征价值网络的后发企业，可以基于枢纽节点企业获取所需资源，使后发企业与合作伙伴的关系更具有弹性。伴随后发企业价值网络中心性提升，更容易实现价值网络中的关系调整。

（二）重构要素对资源获取的直接影响作用检验

依据探索性案例研究结果以及基于已有文献提出的研究假设，重构要素对资源获取具有直接影响。以网络能力、关系强度、网络密度和网络中心性为自变量，资源获取为因变量构建结构方程模型。以此来进行重构要素对资源获取的直接影响效应检验。利用 AMOS 对重构要素与资源获取之间直接效应模型的拟合结果如图4.5 所示，模型中变量间路径系数与模型拟合指标如表4.21 所示，各项拟合指标均达到要求。观察拟合结果可知：网络能力对资源获取结果的作用在 0.01 水平上显著，路径系数为 0.372。关系强度对资源获取结果的作用在 0.1 水平上显著，路径系数为 0.274。网络密度对资源获取能力的作用在 0.001 水平上显著，路径系数为 0.414。网络中心性对资源获取结果的作用在 0.001 水平上显著，路径系数为 0.393。

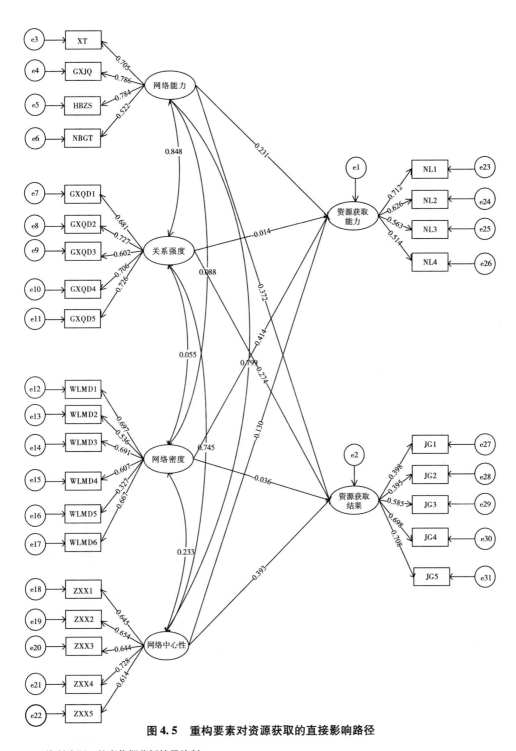

图 4.5　重构要素对资源获取的直接影响路径

资料来源：笔者依据分析结果绘制。

表4.21 重构要素对资源获取的初始结构方程模型标准化路径系数与拟合系数

假设	路径	标准化路径系数	显著性概率 P	结果
H2.1.1	网络能力→资源获取能力	0.231	0.248	不支持
H2.1.2	网络能力→资源获取结果	0.372	<0.01**	支持
H2.2.1	关系强度→资源获取能力	-0.014	0.933	不支持
H2.2.2	关系强度→资源获取结果	0.274	0.016+	支持
H2.3.1	网络密度→资源获取能力	0.414	<0.001**	支持
H2.3.2	网络密度→资源获取结果	-0.036	0.429	不支持
H2.4.1	网络中心性→资源获取能力	-0.130	0.389	不支持
H2.4.2	网络中心性→资源获取结果	0.393	<0.001	支持

拟合指标：$X^2/DF=3.371$，$RMSEA=0.080$，$NFI=0.700$，$RMR=0.135$，$GFI=0.831$，$CFI=0.766$

注： *** 表示显著水平 $P\leqslant0.001$；** 表示显著水平 $P\leqslant0.01$；* 表示显著水平 $P\leqslant0.05$；+ 表示显著水平 $P\leqslant0.1$。

资料来源：笔者依据分析结果总结。

基于以上检验结果可知，重构要素对资源获取的影响可以归纳得出以下结论。

结论2.1.2：后发企业网络能力对资源获取结果具有显著正向影响。后发企业在价值网络中网络能力水平越高，企业的资源获取能力越强。后发企业在协调、伙伴知识、内部沟通方面优势提升和能力增强，有助于后发企业实现对先进技术、人力资本、财政资源的掌握。

结论2.2.2：后发企业关系强度对资源获取结果具有显著正向影响。在后发企业价值网络中后发企业与合作企业的关系强度越高，越有助于其实现资源获取结果。后发企业与其合作伙伴关系强度高，意味着企业间合作深度较深，也就更容易了解合作双方的情况，了解关键信息。因此，后发企业与合作企业的关系强度越高，越容易帮助后发企业获取先进的技术、人力资本、财政资源，即越容易实现资源获取结果。

结论2.3.1：后发企业嵌入价值网络密度对资源获取能力具有显著正向影

响。后发企业嵌入的价值网络的网络密度越高，越有助于提升后发企业的资源获取能力。网络密度越高，意味着后发企业所在价值网络中企业间联系越频繁，价值网络为后发企业提供资源平台，频繁的联系为后发企业提供获取通路，两者共同为后发企业资源获取能力提升提供驱动。

结论 2.4.2：后发企业所在价值网络的网络中心性对资源获取结果具有显著正向影响。价值网络中心性高，说明价值网络中具有明显的枢纽节点。网络中的信息传递和关系维系大多需要通过或涉及枢纽节点，后发企业嵌入具有此类结构特征的价值网络中，有助于其接触、获取和转化包括技术、人力、财政等资源在内的关键资源，实现资源获取结果。

（三）资源获取对价值网络重构的直接影响作用检验

依据概念模型中资源获取影响价值网络重构的假设，以资源获取能力和资源获取结果为自变量，价值网络重构的知识重构、关系重构和结构重构三维度为因变量构建结构方程模型，以此来进行资源获取与价值网络重构的直接效应检验。结构方程模型拟合后发现模型拟合结果不够理想，因此需进一步利用 MI 系数进行修正。由于 e6 和 e10 的 MI 系数最大，故连接残差项 e6 和 e10，重新计算后模型拟合指标不符，再次修正。由于 e7 和 e11 的 MI 系数最大，故连接残差项 e7 和 e11，重新计算后模型拟合指标不符，再次修正。由于 e8 和 e12 的 MI 系数最大，故连接残差项 e8 和 e12，利用 AMOS 对资源获取与价值网络重构之间直接效应模型的拟合结果如图 4.6 所示，模型中变量间路径系数与模型拟合指标如表 4.22 所示，修正后各项拟合指标均达到要求。

观察拟合结果可知，资源获取能力对知识重构的作用不显著，路径系数为 −0.025。资源获取能力对关系重构的影响不显著，路径系数为 0.048。资源获取能力对结构重构的作用在 0.001 的水平上显著，路径系数为 0.256。资源获取结果对知识重构的作用在 0.001 的水平上显著，路径系数为 0.702。资源获取结构对关系重构的作用在 0.001 的水平上显著，路径系数为 0.752。资源获取结果对结构重构的作用不显著，路径系数为 0.093。

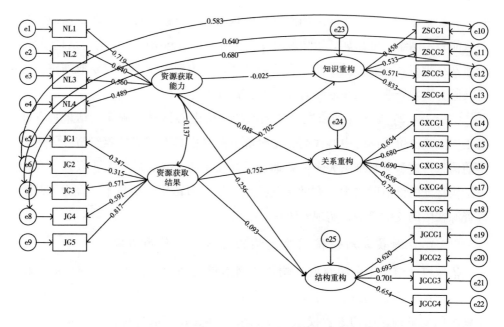

图4.6 资源获取对价值网络重构直接作用检验

资料来源：笔者依据分析结果绘制。

表4.22 资源获取与价值网络重构的初始结构方程模型标准化路径系数与拟合指数

假设	路径	标准化路径系数	显著性概率 P	结果
H3.1.1	资源获取能力→知识重构	-0.025	0.498	不支持
H3.1.2	资源获取能力→关系重构	0.048	0.386	不支持
H3.1.3	资源获取能力→结构重构	0.256	<0.001***	支持
H3.2.1	资源获取结果→知识重构	0.702	<0.001***	支持
H3.2.2	资源获取结果→关系重构	0.752	<0.001***	支持
H3.2.3	资源获取结果→结构重构	0.093	0.150	不支持

拟合指标：$X^2/DF = 2.227$，RMSEA = 0.057，NFI = 0.866，RMR = 0.044，GFI = 0.906，CFI = 0.920

注：*** 表示显著水平 $P \leqslant 0.001$；** 表示显著水平 $P \leqslant 0.01$；* 表示显著水平 $P \leqslant 0.05$；+ 表示显著水平 $P \leqslant 0.1$。

资料来源：笔者依据分析结果总结。

由检验结果得到资源获取对价值网络重构影响的以下研究结论。

结论3.1.3：后发企业的资源获取能力对其实现价值网络的结构重构具有

显著正向影响。资源获取能力是指企业在获取资源的质量、成本和速度等方面的超越竞争对手的表现,后发企业对上述资源的获取能力的提升,可以支撑其对价值网络的结构调整。

结论3.2.1:后发企业资源获取结果对其实现价值网络的知识重构具有显著正向影响。伴随后发企业在价值网络中获取的先进技术、资金资源和管理经验的增加,先进技术可以直接转化为关键知识,资金可以向知识创新投入,管理经验则可以改善知识创造效果,共同作用于后发企业的关键知识存量,从而帮助其实现价值网络中的知识重构。

结论3.2.2:后发企业资源获取结果对其实现价值网络的关系重构具有显著正向影响。后发企业基于获得的先进的技术、资金、管理和人才等各方面的资源,在合作关系中逐渐实现从依赖向被依赖转化,在合作关系的构建和解除等方面更具话语权,即后发企业资源获取效果越好,其越容易实现价值网络的关系重构。

三、资源获取的中介作用和有调节的中介作用检验

(一) 资源获取能力的中介作用检验

基于变量间直接作用检验结果可知,关系强度对知识重构、关系重构、结构重构的直接影响不显著,网络密度对知识重构的直接影响不显著,网络中心性对结构重构的直接影响不显著。进行中介效应检验的前提条件是自变量和因变量之间具有显著的直接影响,因此上述路径不符合中介作用检验的条件,故不需进行资源获取能力的中介效应检验。

1. 资源获取能力在重构要素作用于知识重构过程中的中介作用检验

(1) 资源获取能力在网络能力影响知识重构过程中的中介作用检验

经基于扎根理论的探索性案例分析和已有文献分析可知,资源获取能力可能在网络能力影响知识重构过程中发挥中介作用。因此,构建表征三者关系的结构方程模型,自变量设置为网络能力,中介变量设置为资源获取能力,因变量设置为知识重构,来验证是否存在资源获取能力的中介效应。

利用 AMOS 软件,对构建的资源获取能力中介效应结构方程模型进行拟合。引入资源获取能力这一中介变量后,模型反映了网络能力对知识重构的影响,拟合结果如图 4.7 所示。观察模型各项的主要拟合指标,$\chi^2/df = 1.571 < 5$,$RMSEA = 0.039 < 0.08$,$NFI = 0.939 > 0$,$RMR = 0.022 < 0.05$,$GFI = 0.965 > 0.9$,

AGFI = 0.947 > 0.9，可知拟合指标均落在规定区间，说明此结构方程模型拟合效果良好，通过检验。

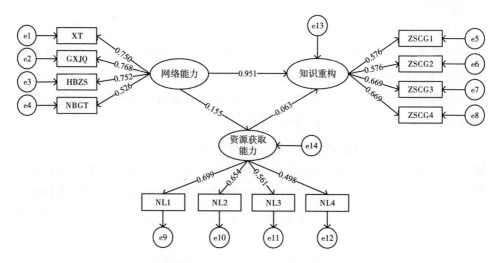

图 4.7　资源获取能力对网络能力和知识重构的中介作用检验

资料来源：笔者依据分析结果绘制。

表 4.23 是对资源获取能力在网络能力对知识重构的影响中的中介效应检验的结果的汇总，是按照中介效应检验程序分别进行逐步回归，并通过结构方程模型拟合得到 c′ 的具体过程。首先，在不考虑任何因素影响下对网络能力与知识重构的回归系数进行检验，得到 c 值为 0.789，在 0.001 水平显著。进而检验回归系数 a 为 0.155，在 0.05 的水平上显著。回归系数 b 为 -0.063 不显著。综上可知，在网络能力对知识重构的影响中，资源获取能力中介效应不显著。

表 4.23　　　　　网络能力、资源获取能力和知识重构回归系数

路径	对应系数	回归系数	P 值
网络能力→知识重构	c	0.789	< 0.001 ***
网络能力→资源获取能力	a	0.155	0.030 *
资源获取能力→知识重构	b	-0.063	0.243
网络能力→知识重构	c′	0.951	< 0.001 ***

注：*** 表示显著水平 P≤0.001；** 表示显著水平 P≤0.01；* 表示显著水平 P≤0.05；+ 表示显著水平 P≤0.1。

资料来源：笔者依据分析结果总结。

（2）资源获取能力在网络中心性影响知识重构过程中的中介作用检验

构建结构方程模型，以网络中心性为自变量，资源获取能力为中介变量，知识重构为因变量，来验证是否存在资源获取能力的中介效应。利用 AMOS 软件，对构建的资源获取能力中介效应结构方程模型进行拟合。引入资源获取能力这一中介变量后，模型反映了网络中心性对知识重构的影响。观察模型各项的主要拟合指标，$\chi^2/df = 5.771 > 5$，RMSEA $= 0.113 > 0.08$，NFI $= 0.780 < 0.9$，RMR $= 0.068 > 0.05$，GFI $= 0.839 < 0.9$，AGFI $= 0.764 < 0.9$，可知拟合指标未落在规定区间，说明此结构方程模型拟合效果有待改善，需进行模型修正。修正后的模型拟合结果如图 4.8 所示。利用 MI 系数进行修正，连接残差项 e2 和 e4、e2 和 e3、e6 和 e7 重新计算后观察模型各项的主要拟合指标均达到要求。

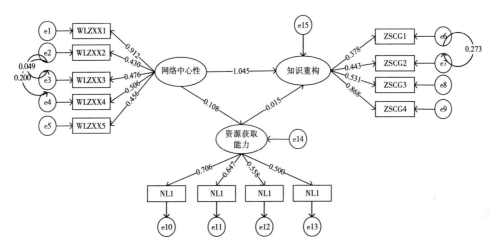

图 4.8　资源获取能力对网络中心性和知识重构的中介作用检验（修正后）
资料来源：笔者依据分析结果绘制。

表 4.24 是对资源获取能力在网络中心性对知识重构的影响中的中介效应检验结果的汇总，是按照中介效应检验程序分别进行逐步回归，并通过结构方程模型拟合得到 c′的具体过程。首先，在不考虑任何因素影响下对网络中心性与知识重构的回归系数进行检验，得到 c 值为 1.045，在 0.001 的水平上显著。进而检验回归系数 a 为 0.108 不显著。回归系数 b 为 − 0.015 不显著。综上可知，在网络中心性对知识重构的影响中，资源获取能力中介效应不显著。

表 4.24　　　　网络中心性、资源获取能力和知识重构回归系数

路径	对应系数	回归系数	P 值
网络中心性→知识重构	c	1.045	< 0.001 ***
网络中心性→资源获取能力	a	0.108	0.111
资源获取能力→知识重构	b	− 0.015	0.695
网络中心性→知识重构	c′	1.043	< 0.001 ***

注：*** 表示显著水平 P≤0.001；** 表示显著水平 P≤0.01；* 表示显著水平 P≤0.05；+ 表示显著水平 P≤0.1。

资料来源：笔者依据分析结果总结。

2. 资源获取能力在重构要素作用于关系重构过程中的中介作用检验

（1）资源获取能力在网络能力影响关系重构过程中的中介作用检验

构建结构方程模型，以网络能力为自变量，资源获取能力为中介变量，关系重构为因变量，来验证是否存在资源获取能力的中介效应。利用 AMOS 软件，对构建的表征资源获取能力中介效应的结构方程模型进行拟合。引入资源获取能力这一中介变量后，模型反映了关系强度对关系重构的影响。拟合结果如图 4.9 所示。观察模型各项的主要拟合指标，$\chi^2/\mathrm{df} = 1.325 < 5$，$\mathrm{RMSEA} = 0.029 < 0.08$，$\mathrm{NFI} = 0.945 > 0.9$，$\mathrm{RMR} = 0.022 < 0.05$，$\mathrm{GFI} = 0.968 > 0.9$，$\mathrm{AGFI} = 0.953 > 0.9$，可知拟合指标均落在规定区间，说明此结构方程模型拟合效果良好，通过检验。

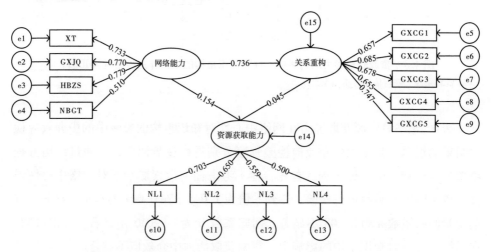

图 4.9　资源获取能力对网络能力和关系重构的中介作用检验

资料来源：笔者依据分析结果绘制。

表 4.25 是对资源获取能力的中介效应检验的结果的汇总。按照中介效应检验程序分别进行逐步回归，并通过结构方程模型拟合得到 c′的具体过程。首先，在不考虑任何因素影响下对网络能力对关系重构的回归系数进行检验，得到 c 值为 -0.254，在 0.1 的水平上显著。进而检验回归系数 a 为 0.154，在 0.05 的水平上显著。回归系数 b 为 0.045，不显著。检验系数 c′，其值为 0.736，在 0.001 的水平上显著。综上可知，不符合中介效应检验的结果，因此在网络能力对关系重构的影响中，资源获取能力不发挥中介作用。

表 4.25　　　　　　　网络能力、资源获取能力和关系重构回归系数

路径	对应系数	回归系数	P 值
网络能力→关系重构	c	-0.254	0.096 +
网络能力→资源获取能力	a	0.154	0.029 *
资源获取能力→关系重构	b	0.045	0.415
网络能力→关系重构	c′	0.736	<0.001 ***

注：*** 表示显著水平 $P \leqslant 0.001$；** 表示显著水平 $P \leqslant 0.01$；* 表示显著水平 $P \leqslant 0.05$；+ 表示显著水平 $P \leqslant 0.1$。

资料来源：笔者依据分析结果总结。

（2）资源获取能力在网络密度影响关系重构过程中的中介作用检验

构建结构方程模型，以网络密度为自变量，资源获取能力为中介变量，关系重构为因变量，来验证是否存在资源获取能力的中介效应。利用 AMOS 软件，对构建的表征资源获取能力中介效应的结构方程模型进行拟合。引入资源获取能力这一中介变量后，模型反映了关系强度对关系重构的影响。拟合结果如图 4.10 所示。观察模型各项的主要拟合指标，$\chi^2/df = 1.251 < 5$，$RMSEA = 0.026 < 0.08$，$NFI = 0.926 > 0.9$，$RMR = 0.031 < 0.05$，$GFI = 0.966 > 0.9$，$AGFI = 0.952 > 0.9$，可知拟合指标均落在规定区间，说明此结构方程模型拟合效果良好，通过检验。

表 4.26 是对资源获取能力的中介效应检验的结果的汇总，是按照中介效应检验程序分别进行逐步回归，并通过结构方程模型拟合得到 c′的具体过程。首先，在不考虑任何因素影响下对网络密度对关系重构的回归系数进行检验，得到 c 值为 -0.159，在 0.01 的水平上显著。进而检验回归系数 a 为 0.408，在 0.001 的水平上显著。回归系数 b 为 0.142，在 0.1 的水平上显著。检验系数 c′，其值为 0.035，不显著。综上可知，符合完全中介效应检验的结果，因此在网络密度对关系重构的影响中，资源获取能力发挥完全中介作用。

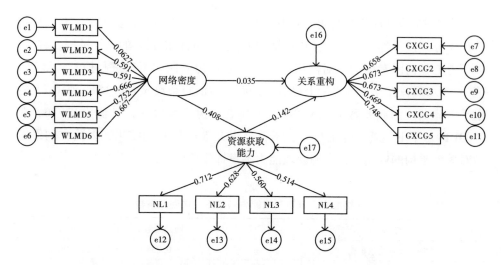

图 4.10　资源获取能力对网络密度和关系重构的中介作用检验

资料来源：笔者依据分析结果绘制。

表 4.26　　　　　网络密度、资源获取能力和关系重构回归系数

路径	对应系数	回归系数	P 值
网络密度→关系重构	c	−0.159	0.002**
网络密度→资源获取能力	a	0.408	<0.001***
资源获取能力→关系重构	b	0.142	0.074+
网络密度→关系重构	c′	0.035	0.645

注：*** 表示显著水平 P≤0.001；** 表示显著水平 P≤0.01；* 表示显著水平 P≤0.05；+ 表示显著水平 P≤0.1。

资料来源：笔者依据分析结果总结。

（3）资源获取能力在网络中心性影响关系重构过程中的中介作用检验

构建结构方程模型，以网络中心性为自变量，资源获取能力为中介变量，关系重构为因变量，来验证是否存在资源获取能力的中介效应。利用 AMOS 软件，对构建的表征资源获取能力中介效应的结构方程模型进行拟合。引入资源获取能力这一中介变量后，模型反映了关系强度对关系重构的影响。拟合结果如图 4.11 所示。观察模型各项的主要拟合指标，$\chi^2/df = 4.291 < 5$，RMSEA = 0.094 > 0.08，NFI = 0.841 < 0.9，RMR = 0.043 < 0.05，GFI = 0.889 < 0.9，AGFI = 0.843 < 0.9，可知拟合指标接近规定范围，说明此结构

方程模型拟合效果良好，通过检验。

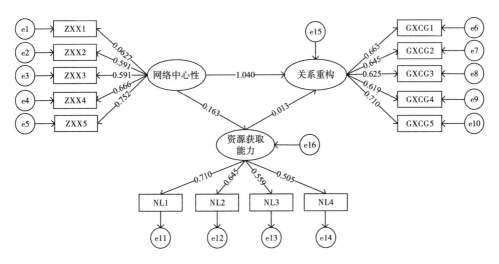

图 4.11　资源获取能力对网络中心性和关系重构的中介作用检验

资料来源：笔者依据分析结果绘制。

表 4.27 是对资源获取能力的中介效应检验的结果的汇总，是按照中介效应检验程序分别进行逐步回归，并通过结构方程模型拟合得到 c′ 的具体过程。首先，在不考虑任何因素影响下对网络中心性对关系重构的回归系数进行检验，得到 c 值为 1.172，在 0.001 的水平显著。进而检验回归系数 a 为 0.163，在 0.05 的水平上显著。回归系数 b 为 -0.013，不显著。检验系数 c′，其值为 1.040，在 0.001 的水平上显著。综上可知，不符合中介效应检验的结果，因此在网络中心性对关系重构的影响中，资源获取能力不发挥中介作用。

表 4.27　　网络中心性、资源获取能力和关系重构回归系数

路径	对应系数	回归系数	P 值
网络中心性→关系重构	c	1.172	< 0.001 ***
网络中心性→资源获取能力	a	0.163	0.022 *
资源获取能力→关系重构	b	-0.013	0.751
网络中心性→关系重构	c′	1.040	< 0.001 ***

注：*** 表示显著水平 P≤0.001；** 表示显著水平 P≤0.01；* 表示显著水平 P≤0.05；+ 表示显著水平 P≤0.1。

资料来源：笔者依据分析结果总结。

3. 资源获取能力在重构要素作用于结构重构过程中的中介作用检验

（1）资源获取能力在网络能力影响结构重构过程中的中介作用检验

构建结构方程模型，自变量设置为网络能力，中介变量设置为资源获取能力，因变量设置为结构重构，验证是否存在资源获取能力的中介效应。利用 AMOS 软件，对资源获取能力中介效应的结构方程模型进行拟合。引入资源获取能力这一中介变量后，模型反映了网络能力对结构重构的影响。拟合结果如图 4.12 所示。观察模型各项的主要拟合指标，$\chi^2/df = 1.602 < 5$，$RMSEA = 0.040 < 0.08$，$NFI = 0.929 > 0.9$，$RMR = 0.018 < 0.05$，$GFI = 0.966 > 0.9$，$AGFI = 0.949 > 0.9$，可知拟合指标均落在规定区间，说明此结构方程模型拟合效果良好，通过检验。

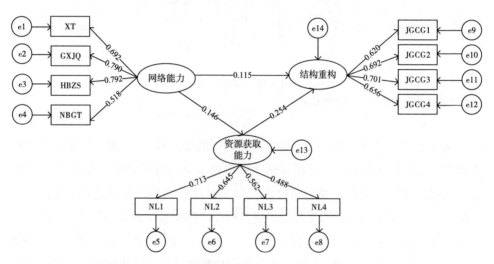

图 4.12　资源获取能力对网络能力和结构重构的中介作用检验

资料来源：笔者依据分析结果绘制。

表 4.28 是对资源获取能力的中介效应检验的结果的汇总，是按照中介效应检验程序分别进行逐步回归，并通过结构方程模型拟合得到 c′的具体过程。首先，在不考虑任何因素影响下对网络能力与结构重构的回归系数进行检验，得到 c 值为 0.386，在 0.05 的水平上显著。进而检验回归系数 a 为 0.146，在 0.05 的水平上显著。回归系数 b 为 0.254，在 0.001 的水平上显著。检验系数 c′，其值为 0.115，在 0.1 的水平上显著。综上可知，资源获取能力在网络能力和结构重构的关系中起到部分中介作用。

表 4.28　　　　　　　网络能力、资源获取能力和结构重构回归系数

路径	对应系数	回归系数	P 值
网络能力→结构重构	c	0.386	0.040*
网络能力→资源获取能力	a	0.146	0.031*
资源获取能力→结构重构	b	0.254	<0.001***
网络能力→结构重构	c′	0.115	0.080+

注：***表示显著水平 P≤0.001；**表示显著水平 P≤0.01；*表示显著水平 P≤0.05；+表示显著水平 P≤0.1。

资料来源：笔者依据分析结果总结。

（2）资源获取能力在网络密度影响结构重构过程中的中介作用检验

构建结构方程模型，自变量设置为网络密度，中介变量设置为资源获取能力，因变量设置为结构重构，来验证是否存在资源获取能力的中介效应。利用 AMOS 软件，对资源获取能力中介效应的结构方程模型进行拟合。引入资源获取能力这一中介变量后，模型反映了网络密度对结构重构的影响。拟合结果如图 4.13 所示。观察模型各项的主要拟合指数，$\chi^2/DF = 1.369 < 2$，RMSEA = 0.036 < 0.05，NFI = 0.910 > 0.9，RMR = 0.023 < 0.05，GFI = 0.961 > 0.9，AGFI = 0.944 > 0.9，可知拟合指数均落在规定区间，说明此结构方程模型拟合效果良好，通过检验。

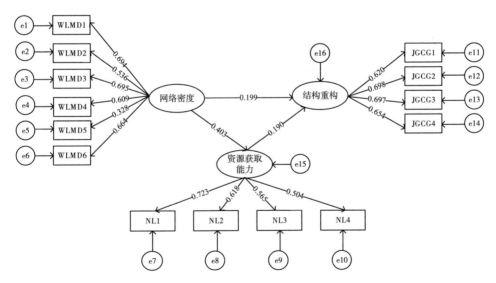

图 4.13　资源获取能力对网络密度和结构重构的中介作用检验

资料来源：笔者依据分析结果绘制。

表 4.29 是对资源获取能力的中介效应检验的结果的汇总,是按照中介效应检验程序分别进行逐步回归,并通过结构方程模型拟合得到 c' 的具体过程。首先,在不考虑任何因素影响下对网络密度与结构重构的回归系数进行检验,得到 c 值为 0.286,在 0.001 的水平上显著。进而检验回归系数 a 为 0.403,在 0.001 的水平上显著。回归系数 b 为 0.190,在 0.05 的水平上显著。检验系数 c',其值为 0.199,在 0.01 的水平上显著。综上可知,资源获取能力在网络密度和结构重构的关系中发挥部分中介作用。

表 4.29　　　　　　　网络密度、资源获取能力和结构重构回归系数

路径	对应系数	回归系数	P 值
网络密度→结构重构	c	0.286	<0.001 ***
网络密度→资源获取能力	a	0.403	<0.001 ***
资源获取能力→结构重构	b	0.190	0.019 *
网络密度→结构重构	c′	0.199	0.009 **

注: *** 表示显著水平 $P{\leqslant}0.001$; ** 表示显著水平 $P{\leqslant}0.01$; * 表示显著水平 $P{\leqslant}0.05$; + 表示显著水平 $P{\leqslant}0.1$。

资料来源:笔者依据分析结果总结。

对资源获取能力的中介效应检验结果进行汇总,如表 4.30 所示。

表 4.30　　　　　　　资源获取能力发挥中介效应的检验结果汇总

假设	具体内容	检验结果
H4.1.2.3	资源获取能力在网络密度对关系重构的影响作用中介作用显著	成立(完全中介)
H4.1.3.1	资源获取能力在网络能力对结构重构的影响作用中介作用显著	成立(部分中介)
H4.1.3.3	资源获取能力在网络密度对结构重构的影响作用中介作用显著	成立(完全中介)
H4.1.3.4	资源获取能力在网络中心性对结构重构的影响作用中介作用显著	成立(完全中介)

资料来源:笔者依据分析结果总结。

结论 4.1.2.3a:后发企业嵌入的价值网络的网络密度对关系重构的影响需要完全通过资源获取能力发挥作用。后发企业嵌入的价值网络密度为后发企业合作关系重构的实现提供了高密集信息和资源获取通路。在此基础上,较高的资源获取能力将价值网络中信息和资源转化为后发企业所需所用资源,通过内化实现后发企业的新关系构建和既有关系的改变,实现关系重构。

结论4.1.3.1b：后发企业网络能力对价值网络结构重构的影响需要部分通过资源获取能力发挥作用。后发企业网络能力的提升一方面可以直接实现价值网络的结构调整，同时也基于网络能力中的协调、关系技巧、伙伴知识和内部沟通的提升，改善后发企业资源获取能力进而帮助后发企业实现对价值网络的结构变革。

结论4.1.3.3a：后发企业嵌入价值网络的网络密度对结构重构的影响需要完全通过资源获取能力发挥作用。网络密度反映价值网络成员间联系频率和密切程度，较高的联系频率和密切程度与较高的资源获取能力匹配，有助于后发企业实现在价值网络中的位置提升。丰富的信息和资源通路需要较高的资源获取能力将其结构优势转化为后发企业价值网络的结构调整。

结论4.1.3.4a：后发企业嵌入的价值网络的网络中心性对结构重构的影响完全通过获取资源获取能力发挥作用。网络中心性水平越高意味着价值网络中存在明显的枢纽节点，且大部分节点都与枢纽节点连接。在具有此类特征的价值网络中，后发企业需要通过资源获取能力的提升将结构优势转化为自身优势，实现对价值网络的结构调整。

（二）资源获取结果的中介作用检验

基于变量间直接作用检验结果可知，关系强度对知识重构、关系重构、结构重构的直接影响不显著，网络密度对知识重构的直接影响不显著，网络中心性对结构重构的直接影响不显著。进行中介效应检验的前提条件是自变量和因变量之间具有显著的直接影响，因此以上路径不符合中介作用检验的条件，故不需进行资源获取结果的中介效应检验。

1. 资源获取结果在重构要素作用于知识重构过程中的中介作用检验

（1）资源获取结果在网络能力影响知识重构过程中的中介作用检验

构建结构方程模型，以网络能力为自变量，资源获取结果为中介变量，知识重构为因变量，验证是否存在资源获取结果的中介效应。利用AMOS软件，对构建的资源获取结果中介效应结构方程模型进行拟合。引入资源获取结果这一中介变量后，模型反映了网络能力对知识重构的影响。观察模型各项的主要拟合指标，$\chi^2/df = 10.318 > 5$，RMSEA $= 0.158 > 0.08$，NFI $= 0.742 < 0.9$，RMR $= 0.069 > 0.05$，GFI $= 0.826 < 0.9$，AGFI $= 0.744 < 0.9$，可知部分拟合指标未落在规定区间，说明此结构方程模型拟合效果不够理想，需进行模型修正。利用MI系数进行修正，连接残差项e5和e10，e6和e11，e7和e12，重新拟合后观察模型各项的主要拟合指标均在要求范围内，修正后的模型拟合结果如图4.14所示。

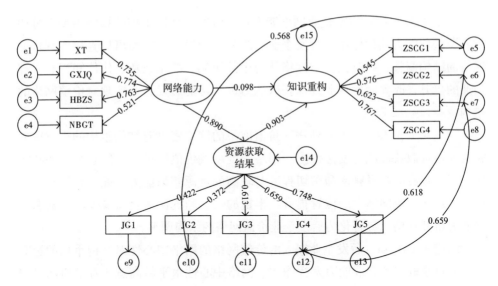

图 4.14   资源获取结果对网络能力和知识重构的中介作用检验（修正后）

资料来源：笔者依据分析结果绘制。

表 4.31 是对资源获取结果在网络能力对知识重构的影响中的中介效应检验的结果的汇总，按照中介效应检验程序分别进行逐步回归，并通过结构方程模型拟合得到 c′ 的具体过程。首先，在不考虑任何因素影响下对网络能力与知识重构的回归系数进行检验，得到 c 值为 0.789，在 0.001 的水平上显著。进而检验回归系数 a 为 0.890，在 0.001 的水平上显著。回归系数 b 为 0.903，在 0.001 的水平上显著。回归系数 c′ 为 0.098，不显著。综上可知，在网络能力对知识重构的影响中，资源获取结果发挥完全中介作用。

表 4.31   网络能力、资源获取结果和知识重构回归系数

路径	对应系数	回归系数	P 值
网络能力→知识重构	c	0.789	< 0.001 ***
网络能力→资源获取结果	a	0.890	< 0.001 ***
资源获取结果→知识重构	b	0.903	< 0.001 ***
网络能力→知识重构	c′	0.098	0.450

注：*** 表示显著水平 P≤0.001；** 表示显著水平 P≤0.01；* 表示显著水平 P≤0.05；+ 表示显著水平 P≤0.1。

资料来源：笔者依据分析结果总结。

（2）资源获取结果在网络中心性影响知识重构过程中的中介作用检验

构建结构方程模型，以网络中心性为自变量，资源获取结果为中介变量，知识重构为因变量，验证是否存在资源获取结果的中介效应。利用 AMOS 软件，对构建的资源获取结果中介效应结构方程模型进行拟合。引入资源获取结果这一中介变量后，模型反映了网络中心性对知识重构的影响。观察模型各项的主要拟合指标，$\chi^2/df = 13.899 > 5$，RMSEA = 0.185 > 0.08，NFI = 0.639 < 0.9，RMR = 0.087 > 0.05，GFI = 0.733 < 0.9，AGFI = 0.621 < 0.9，可知拟合指标未落在规定区间，说明此结构方程模型拟合效果不太理想，需进行模型修正。利用 MI 系数进行修正，依次连接残差项 e1 和 e9，e6 和 e11，e7 和 e12，重新计算后观察模型各项的主要拟合指标，修正后拟合指标均达到要求，修正后的模型拟合结果如图 4.15 所示。

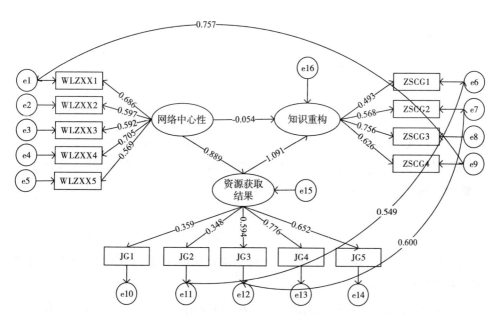

图 4.15　资源获取结果对网络中心性和知识重构的中介作用检验（修正后）
资料来源：笔者依据分析结果绘制。

表 4.32 是对资源获取结果在网络中心性对知识重构的影响中的中介效应检验结果的汇总，按照中介效应检验程序分别进行逐步回归，并通过结构方程模型拟合得到 c' 的具体过程。首先，在不考虑任何因素影响下对网络中心性与知识重构的回归系数进行检验，得到 c 值为 0.344，在 0.001 的水平上显著。进而

检验回归系数 a 为 0.889，在 0.001 的水平上显著。回归系数 b 为 1.091，在 0.001 的水平上显著。回归系数 c' 为 -0.054，不显著。综上可知，在网络中心性对知识重构的影响中，资源获取结果发挥完全中介作用。

表 4.32　　　　　网络中心性、资源获取结果和知识重构回归系数

路径	对应系数	回归系数	P 值
网络中心性→知识重构	c	0.344	< 0.001 ***
网络中心性→资源获取结果	a	0.889	< 0.001 ***
资源获取结果→知识重构	b	1.091	< 0.001 ***
网络中心性→知识重构	c'	-0.054	0.751

注：*** 表示显著水平 P≤0.001；** 表示显著水平 P≤0.01；* 表示显著水平 P≤0.05；+ 表示显著水平 P≤0.1。

资料来源：笔者依据分析结果总结。

2. 资源获取结果在重构要素作用于关系重构过程中的中介作用检验

（1）资源获取结果在网络能力影响关系重构过程中的中介作用检验

构建结构方程模型，自变量设置为网络能力，中介变量设置为资源获取结果，因变量设置为关系重构，验证是否存在资源获取结果的中介效应。利用 AMOS 软件，对构建的表征资源获取结果中介效应的结构方程模型进行拟合。引入资源获取结果这一中介变量后，模型反映了网络能力对关系重构的影响。拟合结果如图 4.16 所示。观察模型各项的主要拟合指标，$\chi^2/df = 1.671 < 5$，RMSEA $= 0.042 < 0.08$，NFI $= 0.935 > 0.9$，RMR $= 0.036 < 0.05$，GFI $= 0.955 > 0.9$，AGFI $= 0.936 > 0.9$，可知拟合指标均落在规定区间，说明此结构方程模型拟合效果良好，通过检验。

表 4.33 是对资源获取结果的中介效应检验的结果的汇总，是按照中介效应检验程序分别进行逐步回归，并通过结构方程模型拟合得到 c' 的具体过程。首先，在不考虑任何因素影响下对网络能力对关系重构的回归系数进行检验，得到 c 值为 -0.254，在 0.1 的水平上显著。进而检验回归系数 a 为 0.919 在 0.001 的水平上显著。回归系数 b 为 0.442，在 0.1 的水平上显著。检验系数 c'，其值为 0.341，不显著。综上可知，在网络能力对关系重构的影响中，资源获取结果发挥完全中介作用。

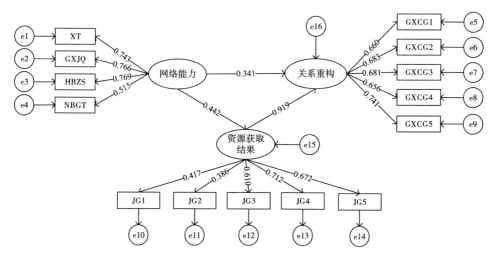

图 4.16　资源获取结果对网络能力和关系重构的中介作用检验

资料来源：笔者依据分析结果绘制。

表 4.33　　　　　网络能力、资源获取结果和关系重构的回归系数

路径	对应系数	回归系数	P 值
网络能力→关系重构	c	− 0. 254	0. 096 [+]
网络能力→资源获取结果	a	0. 919	< 0. 001 [***]
资源获取结果→关系重构	b	0. 442	0. 073 [+]
网络能力→关系重构	c′	0. 341	0. 159

注：　*** 表示显著水平 P≤0. 001；** 表示显著水平 P≤0. 01；* 表示显著水平 P≤0. 05；+ 表示显著水平 P≤0. 1。

资料来源：笔者依据分析结果总结。

（2）资源获取结果在网络密度影响关系重构过程中的中介作用检验

构建结构方程模型，自变量设置为网络密度，中介变量设置为资源获取结果，因变量设置为关系重构，验证是否存在资源获取结果的中介效应。利用 AMOS 软件，对构建的表征资源获取结果中介效应的结构方程模型进行拟合。引入资源获取结果这一中介变量后，模型反映了网络密度对资源获取结果的影响。拟合结果如图 4.17 所示。观察模型各项的主要拟合指标，$\chi^2/df = 1.583 < 5$，RMSEA $= 0.039 < 0.08$，NFI $= 0.903 > 0.9$，RMR $= 0.039 < 0.05$，GFI $= 0.949 > 0.9$，AGFI $= 0.931 > 0.9$，可知拟合指标均落在规定区间，说明此结构方程模型拟合效果良好，通过检验。

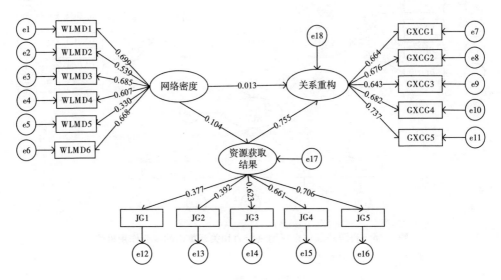

图 4.17 资源获取结果对网络密度和关系重构的中介作用检验

资料来源：笔者依据分析结果绘制。

表 4.34 是对资源获取结果的中介效应检验结果的汇总，是按照中介效应检验程序分别进行逐步回归，并通过结构方程模型拟合得到 c′ 的具体过程。首先，在不考虑任何因素影响下对网络密度对关系重构的回归系数进行检验，得到 c 值为 −0.159，在 0.01 的水平上显著。进而检验回归系数 a 为 0.104，不显著。回归系数 b 为 0.755，在 0.001 的水平上显著。检验系数 c′，其值为 0.013，不显著。综上可知，在网络密度对关系重构的影响中，资源获取结果不发挥中介作用。

表 4.34   网络密度、资源获取结果和关系重构回归系数

路径	对应系数	回归系数	P 值
网络密度→关系重构	c	−0.159	0.002 **
网络密度→资源获取结果	a	0.104	0.127
资源获取结果→关系重构	b	0.755	<0.001 ***
网络密度→关系重构	c′	0.013	0.812

注：*** 表示显著水平 P≤0.001；** 表示显著水平 P≤0.01；* 表示显著水平 P≤0.05；+ 表示显著水平 P≤0.1。

资料来源：笔者依据分析结果总结。

（3）资源获取结果在网络中心性影响关系重构过程中的中介作用检验

构建结构方程模型，自变量设置为网络中心性，中介变量设置为资源获取结果，因变量设置为关系重构，验证是否存在资源获取结果的中介效应。利用AMOS软件，对构建的表征资源获取结果中介效应的结构方程模型进行拟合。引入资源获取结果这一中介变量后，模型反映了网络中心性对资源获取结果的影响。观察模型各项的主要拟合指标，$\chi^2/df = 6.669 > 5$，RMSEA $= 0.123 > 0.08$，NFI $= 0.770 < 0.9$，RMR $= 0.060 > 0.05$，GFI $= 0.844 < 0.9$，AGFI $= 0784 < 0.9$，可知拟合指标均不落在规定区间，说明此结构方程模型拟合效果不够理想，需要进行模型修正。利用 MI 系数进行修正，连接残差项 e5 和 e16，e4 和 e17，重新计算后模型拟合指标良好。$\chi^2/df = 2.287 < 5$，RMSEA $= 0.059 < 0.08$，NFI $= 0.923 > 0.9$，RMR $= 0.044 < 0.05$，GFI $= 0.933 > 0.9$，AGFI $= 0.905 > 0.9$。修正后的模型拟合结果如图 4.18 所示。

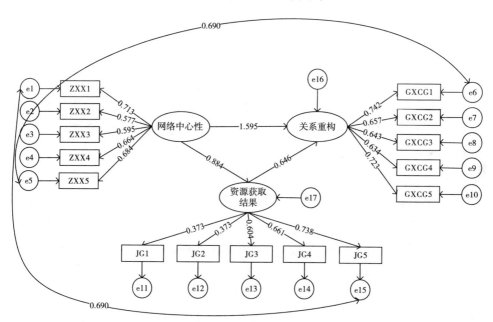

图 4.18　资源获取结果对网络中心性和关系重构的中介作用检验（修正后）
资料来源：笔者依据分析结果绘制。

表 4.35 是对资源获取结果的中介效应检验结果的汇总，是按照中介效应检验程序分别进行逐步回归，并通过结构方程模型拟合得到 c′的具体过程。首先，在不考虑任何因素影响下对网络中心性对关系重构的回归系数进行检验，得到

c 值为 1.172，在 0.001 的水平上显著。进而检验回归系数 a 为 0.884，在 0.001 的水平上显著。回归系数 b 为 - 0.646，在 0.05 的水平上显著。检验系数 c′，其值为 1.595，在 0.001 的水平上显著。综上可知，在网络中心性对关系重构的影响中，资源获取结果发挥部分中介作用。

表 4.35　　　　　　　　网络中心性、资源获取结果和关系重构回归系数

路径	对应系数	回归系数	P 值
网络中心性→关系重构	c	1.172	<0.001 ***
网络中心性→资源获取结果	a	0.884	<0.001 ***
资源获取结果→关系重构	b	- 0.646	0.014 *
网络中心性→关系重构	c′	1.595	<0.001 ***

注：*** 表示显著水平 $P \leqslant 0.001$；** 表示显著水平 $P \leqslant 0.01$；* 表示显著水平 $P \leqslant 0.05$；+ 表示显著水平 $P \leqslant 0.1$。

资料来源：笔者依据分析结果总结。

3. 资源获取结果在重构要素作用于结构重构过程中的中介作用检验

（1）资源获取结果在网络能力影响结构重构过程中的中介作用检验

构建结构方程模型，自变量设置为网络能力，中介变量设置为资源获取结果，因变量设置为结构重构，验证是否存在资源获取结果的中介效应。利用 AMOS 软件，对资源获取结果中介效应的结构方程模型进行拟合。引入资源获取结果这一中介变量后，模型反映了网络能力对结构重构的影响。拟合结果如图 4.19 所示。观察模型各项的主要拟合指标，$\chi^2/df = 1.211 < 5$，RMSEA = 0.024 < 0.08，NFI = 0.948 > 0.9，RMR = 0.022 < 0.05，GFI = 0.970 > 0.9，AGFI = 0.957 > 0.9，可知拟合指标均落在规定区间，说明此结构方程模型拟合效果良好，通过检验。

表 4.36 是对资源获取结果的中介效应检验结果的汇总，是按照中介效应检验程序分别进行逐步回归，并通过结构方程模型拟合得到 c′ 的具体过程。首先，在不考虑任何因素影响下对网络能力与结构重构的回归系数进行检验，得到 c 值为 0.386，在 0.05 的水平上显著。进而检验回归系数 a 为 0.916，在 0.001 的水平上显著。回归系数 b 为 0.030，P 值为 0.923，不显著。检验系数 c′，其值为 0.127，P 值为 0.673，不显著。综上可知，资源获取结果在网络能力和结构重构的关系中不发挥中介作用。

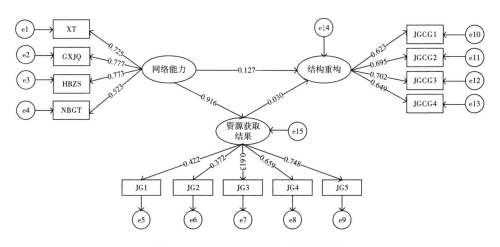

图 4. 19　资源获取结果中介作用检验

资料来源：笔者依据分析结果绘制。

表 4. 36　　　网络能力、资源获取结果和结构重构回归系数

路径	对应系数	回归系数	P 值
网络能力→结构重构	c	0. 386	0. 040*
网络能力→资源获取结果	a	0. 916	<0. 001***
资源获取结果→结构重构	b	0. 030	0. 923
网络能力→结构重构	c′	0. 127	0. 673

注：*** 表示显著水平 P≤0.001；** 表示显著水平 P≤0.01；* 表示显著水平 P≤0.05；+ 表示显著水平 P≤0.1。

资料来源：笔者依据分析结果总结。

（2）资源获取结果在网络密度影响结构重构过程中的中介作用检验

构建结构方程模型，自变量设置为网络密度，中介变量设置为资源获取结果，因变量设置为结构重构，验证是否存在资源获取结果的中介效应。利用 AMOS 软件，对资源获取结果中介效应的结构方程模型进行拟合。引入资源获取结果这一中介变量后，模型反映了网络密度对结构重构的影响。拟合结果如图 4. 20 所示。观察模型各项的主要拟合指数，$\chi^2/DF = 1. 222 < 2$，RMSEA = 0. 024 < 0. 05，NFI = 0. 915 > 0. 9，RMR = 0. 026 < 0. 05，GFI = 0. 964 > 0. 9，AGFI = 0. 951 > 0. 9，可知拟合指数均落在规定区间，说明此结构方程模型拟合效果良好，通过检验。

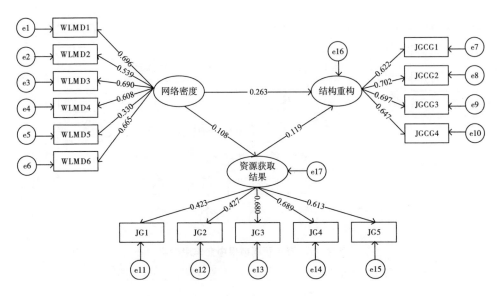

图 4.20　资源获取结果对网络密度和结构重构的中介作用检验

资料来源：笔者依据分析结果绘制。

表 4.37 是对资源获取结果的中介效应检验结果的汇总，是按照中介效应检验程序分别进行逐步回归，并通过结构方程模型拟合得到 c′ 的具体过程。首先，在不考虑任何因素影响下对网络密度与结构重构的回归系数进行检验，得到 c 值为 0.286，在 0.001 的水平上显著。进而检验回归系数 a 为 0.108，P 值为 0.113，不显著。回归系数 b 为 0.119，在 0.1 的水平上显著。检验系数 c′，其值为 0.263，在 0.001 的水平上显著。综上可知，资源获取结果在网络密度和结构重构的影响中不发挥中介效应。

表 4.37　　　　　网络密度、资源获取结果和结构重构回归系数

路径	对应系数	回归系数	P 值
网络密度→结构重构	c	0.286	<0.001 ***
网络密度→资源获取结果	a	0.108	0.113
资源获取结果→结构重构	b	0.119	0.082 +
网络密度→结构重构	c′	0.263	<0.001 ***

注：*** 表示显著水平 P≤0.001；** 表示显著水平 P≤0.01；* 表示显著水平 P≤0.05；+ 表示显著水平 P≤0.1。

资料来源：笔者依据分析结果总结。

经检验，资源获取结果发挥显著中介效应的结果汇总如表 4.38 所示。

表 4.38 资源获取结果的中介效应检验结果

假设	具体内容	检验结果
H4.2.1.1a	资源获取结果在网络能力对知识重构的影响作用上中介作用显著	成立（完全中介）
H4.2.4.1a	资源获取结果在网络中心性对知识重构的影响作用上中介作用显著	成立（完全中介）
H4.2.1.2a	资源获取结果在网络能力对关系重构的影响作用上中介作用显著	成立（完全中介）
H4.2.4.2a	资源获取结果在网络中心性对关系重构的影响作用上中介作用显著	成立（部分中介）

资料来源：笔者依据分析结果总结。

结论 4.2.1.1a：后发企业网络能力对价值网络知识重构的影响需要完全通过资源获取结果发挥作用。后发企业网络能力的提升需要转化为对技术、资金、管理经验和人才资源的获取，才能进一步实现知识网络的调整。即后发企业自身网络能力的提升需要转化为成长所需的各种资源，才能进一步输出，实现对价值网络既有知识网络结构的变革。

结论 4.2.4.1a：后发企业嵌入的价值网络的网络中心性对知识重构的影响需要完全通过资源获取结果发挥作用。价值网络的中心性水平越高，说明网络中存在典型的枢纽节点，具有此类结构特征的价值网络中，后发企业同样需要将结构优势、信息通路优势转化为企业获取的资源，进而实现对知识网络的调整。即嵌入于较高网络中心性的价值网络中，后发企业需要通过结构优势获取所需关键资源，进而输出，实现对价值网络的知识重构。

结论 4.2.1.2a：后发企业网络能力对价值网络关系重构的影响需要完全通过资源获取结果发挥作用。后发企业网络能力的提高意味着其在协调、关系技巧、伙伴知识和沟通等方面有所提升，而能力提升需要通过转化为对技术、资金、管理经验和人才等资源的获取，才能实现对合作关系的调整。即网络能力的提升，需要通过后发企业成功获取所需关键资源，才能输出为价值网络中的关系重构。

结论 4.2.4.2a：后发企业嵌入的价值网络的网络中心性对关系重构的影响需要完全通过资源获取结果发挥作用。价值网络的中心性水平越高，说明网络中存在典型的枢纽节点，具有此类结构特征的价值网络中，后发企业同样需要将结构优势、信息通路优势转化为企业获取的资源，进而实现对合作关系的调整。即嵌入于较高网络中心性的价值网络中，后发企业需要通过结构优势获取所需关键资源，才能输出为价值网络的关系重构。

（三）资源获取能力的有调节的中介作用检验

1. 资源获取能力在网络能力影响结构重构过程中的有调节的中介作用检验

已知资源获取能力在网络能力和结构重构过程中起到中介效应，继而检验资源获取能力是否发挥有调节的中介作用。结合基于扎根理论的探索性案例研究的结果和已有研究基础，为研究资源获取能力在网络能力影响结构重构过程中的有调节的中介作用检验，以网络能力为自变量、资源获取能力为中介变量、信息共享为调节变量进行检验。为验证资源获取能力在以信息共享为调节变量的网络能力作用于结构重构过程中的中介效应，建立回归模型的过程如下。

模型1将自变量网络能力、调节变量信息共享、因变量结构重构纳入回归模型，以检验自变量网络能力和因变量结构重构之间的显著关系。

模型2将资源获取能力作为中介变量，引入自变量网络能力、调节变量信息共享进行回归分析，以检验自变量网络能力和中介变量资源获取能力之间的显著关系。

模型3在模型1的基础上引入了中介变量资源获取能力来检验资源获取能力是否具有中介效应。

模型4在模型3的基础上引入了中介变量资源获取能力和调节变量信息共享的交互项，来检验资源获取能力是否具有有调节的中介作用。

对资源获取能力有调节的中介效应检验结果如表4.39所示。经过计算，模型1中网络能力和结构重构的作用显著。模型2中网络能力和资源获取能力的关系显著。模型3中资源获取能力与结构重构的关系显著。由此说明，资源获取能力在网络能力和结构重构的关系中起中介效应。模型4的资源获取能力与信息共享的交互项回归系数显著，说明资源获取能力在以信息共享为调节变量的网络能力作用于结构重构过程中发挥有调节的中介作用。

表 4.39　资源获取能力在网络能力影响结构重构过程中的有调节的中介效应检验

变量		模型			
		模型 1	模型 2	模型 3	模型 4
自变量	网络能力	0.115 *	0.103 *	0.104 *	0.110 *
调节变量	信息共享	0.252 ***	0.268 ***	0.222 ***	0.180 **
中介变量	资源获取能力			0.112 *	0.115 *
交互项	资源获取能力 × 信息共享				− 0.092 +
模型统计量	R^2	0.081	0.087	0.093	0.099
	调整后的 R^2	0.076	0.082	0.085	0.090

注：*** 表示显著水平 P≤0.001；** 表示显著水平 P≤0.01；* 表示显著水平 P≤0.05；+ 表示显著水平 P≤0.1。

资料来源：笔者依据分析结果总结。

2. 资源获取能力在网络密度影响结构重构过程中的有调节的中介作用检验

已知资源获取能力在网络密度和结构重构过程中起到中介效应，继而检验资源获取能力是否起着有调节的中介作用。为研究资源获取能力在网络密度影响结构重构过程中的有调节的中介作用检验，以网络密度为自变量、资源获取能力为中介变量、信息共享为调节变量进行检验。

为验证资源获取能力在以信息共享为调节变量的网络密度作用于结构重构过程中的中介效应，建立回归模型的过程如下。

模型 1 将自变量网络密度、调节变量信息共享、因变量结构重构纳入回归模型，以检验自变量网络密度和因变量结构重构之间的显著关系。

模型 2 将资源获取能力作为中介变量，引入自变量网络密度、调节变量信息共享进行回归分析，以检验自变量网络密度和中介变量资源获取能力之间的显著关系。

模型 3 在模型 1 的基础上引入了中介变量资源获取能力来检验资源获取能力是否具有中介效应。

模型 4 在模型 3 的基础上引入了中介变量资源获取能力和调节变量信息共享的交互项，来检验资源获取能力是否具有有调节的中介作用。

对资源获取能力有调节的中介效应检验结果如表 4.40 所示。经过计算，模型 1 中网络密度和结构重构的作用显著。模型 2 中网络密度和资源获取能力的关系显著。模型 3 中资源获取能力与结构重构的关系显著。由此说明，资源获取能力在网络密度和结构重构的关系中起中介效应。模型 4 的资源获取能力与信息共享的交互项回归系数显著，说明资源获取能力在以信息共享为调节变量的网络密度作用于结构重构过程中发挥有调节的中介作用。

表 4.40　资源获取能力在网络密度影响结构重构过程的有调节的中介效应检验

变量		模型			
		模型 1	模型 2	模型 3	模型 4
自变量	网络密度	0.146 **	0.235 ***	0.124 *	0.132 *
调节变量	信息共享	0.212 ***	0.198 ***	0.194 ***	0.148 *
中介变量	资源获取能力			0.095 +	0.097 +
交互项	资源获取能力 × 信息共享				− 0.095 +
模型统计量	R^2	0.087	0.125	0.095	0.102
	调整后的 R^2	0.082	0.121	0.088	0.092

注：*** 表示显著水平 $P \leqslant 0.001$；** 表示显著水平 $P \leqslant 0.01$；* 表示显著水平 $P \leqslant 0.05$；+ 表示显著水平 $P \leqslant 0.1$。

资料来源：笔者依据分析结果总结。

3. 资源获取能力在网络中心性影响结构重构过程中的有调节的中介作用检验

已知资源获取能力在网络中心性和结构重构过程中起到中介效应，继而检验资源获取能力是否起着有调节的中介作用。为研究资源获取能力在网络中心性影响结构重构过程中的有调节的中介作用检验，以网络中心性为自变量、资源获取能力为中介变量、信息共享为调节变量进行检验。

为验证资源获取能力在以信息共享为调节变量的网络中心性作用于结构重构过程中的中介效应，建立回归模型的过程如下。

模型 1 将自变量网络中心性、调节变量信息共享、因变量结构重构纳入回归模型，以检验自变量网络中心性和因变量结构重构之间的显著关系。

模型 2 将资源获取能力作为中介变量，引入自变量网络中心性、调节变量信息共享进行回归分析，以检验自变量网络中心性和中介变量资源获取能力之间的显著关系。

模型 3 在模型 1 的基础上引入了中介变量资源获取能力来检验资源获取能力是否具有中介效应。

模型 4 在模型 3 的基础上引入了中介变量资源获取能力和调节变量信息共享的交互项，来检验资源获取能力是否具有有调节的中介作用。

对资源获取能力有调节的中介效应检验的结果如表 4.41 所示。经过计算，模型 1 中网络中心性和结构重构的作用不显著。模型 2 中网络中心性和资源获取能力的关系显著。模型 3 中资源获取能力与结构重构的关系显著。由此说明，资源获取能力在网络中心性和结构重构的关系中起中介效应。模型 4 的资源获取能力与信息共享的交互项回归系数不显著，说明资源获取能力在以信息共享为调节变量的网络中心性作用于结构重构过程中没有发挥有调节的中介作用。

表 4.41 资源获取能力在网络中心性影响结构重构过程的有调节的中介效应检验

变量		模型			
		模型 1	模型 2	模型 3	模型 4
自变量	网络中心性	0.060	0.109 *	0.048	0.057
调节变量	信息共享	0.259 ***	0.273 ***	0.227 ***	0.186 ***
中介变量	资源获取能力			0.118 *	0.120 *
交互项	资源获取能力 × 信息共享				−0.091
模型统计量	R^2	0.072	0.125	0.084	0.091
	调整后的 R^2	0.067	0.121	0.077	0.081

注：*** 表示显著水平 P≤0.001；** 表示显著水平 P≤0.01；* 表示显著水平 P≤0.05；+ 表示显著水平 P≤0.1。

资料来源：笔者依据分析结果总结。

4. 资源获取能力在网络中心性影响关系重构过程中的有调节的中介作用检验

已知资源获取能力在网络中心性和关系重构过程中起到中介效应，继而检验资源获取能力是否起着有调节的中介作用。为研究资源获取能力在网络中心性影响关系重构过程中的有调节的中介作用检验，以网络中心性为自变量、资源获取能力为中介变量、信息共享为调节变量进行检验。

模型 1 建立自变量网络密度和调节变量信息共享对因变量关系重构的回归模型。

模型 2 建立自变量网络密度和调节变量信息共享对中介变量资源获取能力

的回归模型。

模型 3 建立自变量网络密度、调节变量信息共享和中介变量资源获取能力对因变量关系重构的回归模型。

模型 4 在模型 3 的基础上加入中介变量资源获取能力和调节变量信息共享的交互项建立回归模型。

资源获取能力在网络密度影响关系重构过程中的有调节的中介作用检验结果如表 4.42 所示，模型 1 中自变量网络密度的系数显著，模型 2 中自变量网络密度的系数显著，模型 3 中中介变量资源获取能力的系数显著，模型 4 中交互项的系数不显著，因此资源获取能力的有调节的中介效应不显著。

表 4.42 资源获取能力在网络中心性影响关系重构过程的有调节的中介作用检验

变量		模型			
		模型 1	模型 2	模型 3	模型 4
自变量	网络密度	0.106^{+}	0.235^{***}	0.080	0.074
调节变量	信息共享	-0.030	0.198^{***}	-0.052	-0.021
中介变量	资源获取能力			0.110^{*}	0.108^{*}
交互项	资源获取能力 × 信息共享				0.065
模型统计量	R^2	0.010	0.125	0.020	0.024
	调整后的 R^2	0.005	0.121	0.013	0.013

注：*** 表示显著水平 $P \leqslant 0.001$；** 表示显著水平 $P \leqslant 0.01$；* 表示显著水平 $P \leqslant 0.05$；$^{+}$ 表示显著水平 $P \leqslant 0.1$。

资料来源：笔者依据分析结果总结。

综上所述，资源获取能力的有调节的中介作用检验结果汇总如表 4.43 所示。

表 4.43 资源获取能力的有调节的中介作用检验结果汇总

假设	具体内容	检验结果
H5.1.1.3	资源获取能力在以信息共享为调节变量的网络能力作用于结构重构过程中发挥有调节的中介作用	成立
H5.1.3.3	资源获取能力在以信息共享为调节变量的网络密度作用于结构重构过程中发挥有调节的中介作用	成立

资料来源：笔者依据分析结果总结。

结论 5.1.1.3：资源获取能力在后发企业网络能力作用于结构重构过程中，中介作用的发挥受到信息共享的影响。后发企业网络能力提升是其实现结构重构的核心驱动，资源获取能力则为其提供了将网络中所需资源内化为自身成长过程的实现方式，而资源获取能力是否能有效实现结构重构，受价值网络中信息共享水平的影响。信息共享水平越高的价值网络，具有较高网络能力的后发企业更容易基于网络中共享的信息获取有益企业发展的资源，作出合理发展决策，从而实现对价值网络的结构调整。

结论 5.1.3.3：资源获取能力在后发企业嵌入价值网络的网络密度作用于结构重构过程中中介作用的发挥，受到信息共享的影响。网络密度越高，价值网络中的联系越频繁，关系越紧密，后发企业在具有此类特征的价值网络中结构重构的实现，需要资源获取能力提供将结构优势转化为自身成长的通路，而价值网络中信息共享水平的高低调节资源获取能力作用的发挥。信息共享水平越高的价值网络，同时网络密度也较大时，后发企业更容易凭借自身较高的资源获取能力实现对价值网络的结构调整。

（四）资源获取结果的有调节的中介作用检验

1. 资源获取结果在网络能力影响知识重构过程中的有调节的中介作用检验

检验发现资源获取结果在网络能力影响知识重构过程中起到中介效应，继而检验资源获取结果是否起着有调节的中介作用。为研究资源获取结果在网络能力影响知识重构过程中的有调节的中介作用，以网络能力为自变量、资源获取结果为中介变量、信息共享为调节变量进行检验。

模型 1 建立自变量网络能力和调节变量信息共享对因变量知识重构的回归模型。

模型 2 建立自变量网络能力和调节变量信息共享对中介变量资源获取结果的回归模型。

模型 3 建立自变量网络能力、调节变量信息共享和中介变量资源获取结果对因变量知识重构的回归模型。

模型 4 在模型 3 的基础上加入中介变量资源获取结果和调节变量信息共享的交互项建立回归模型。

对资源获取结果有调节的中介效应检验的结果如表 4.44 所示。经过计算，模型 1 中网络能力和知识重构的作用显著。模型 2 中网络能力和资源获取结果的作用显著。模型 3 中资源获取结果与知识重构的关系显著。由此说明，资源获取结果在网络能力和知识重构的关系中起中介效应。模型4的资源获取结果与信息共享的交互项回归系数不显著，说明资源获取结果在以信息共享为调节变量的网络能力作用于知识重构的过程中不发挥有调节的中介作用。

表4.44　资源获取结果在网络能力影响知识重构过程的有调节的中介效应检验

变量		模型			
		模型1	模型2	模型3	模型4
自变量	网络能力	0.718 ***	0.692 ***	0.257 ***	0.257 ***
调节变量	信息共享	−0.059	−0.039	−0.033	−0.032
中介变量	资源获取结果			0.665 ***	0.665 ***
交互项	资源获取结果×信息共享				−0.005
模型统计量	R^2	0.512	0.477	0.743	0.744
	调整后的 R^2	0.509	0.474	0.741	0.741

注：*** 表示显著水平 P≤0.001；** 表示显著水平 P≤0.01；* 表示显著水平 P≤0.05；+ 表示显著水平 P≤0.1。

资料来源：笔者依据分析结果总结。

2. 资源获取结果在网络中心性影响知识重构过程中的有调节的中介作用检验

经检验资源获取结果在网络中心性影响知识重构过程中起到中介效应，继而检验资源获取结果是否起着有调节的中介作用。为研究资源获取结果在网络中心性影响知识重构过程中的有调节的中介作用，以网络中心性为自变量、资源获取结果为中介变量、信息共享为调节变量进行检验。

模型1建立自变量网络中心性和调节变量信息共享对因变量知识重构的回归模型。

模型2建立自变量网络中心性和调节变量信息共享对中介变量资源获取结果的回归模型。

模型3建立自变量网络中心性、调节变量信息共享和中介变量资源获取结果对因变量知识重构的回归模型。

模型4在模型3的基础上加入中介变量资源获取结果和调节变量信息共享的交互项建立回归模型。

对资源获取结果有调节的中介效应检验的结果如表 4.45 所示。经过计算，模型 1 中网络中心性和知识重构的作用显著。模型 2 中网络中心性和资源获取结果的作用显著。模型 3 的资源获取结果与知识重构的关系显著。由此说明，资源获取结果在网络中心性和知识重构的关系中起中介效应。模型 4 的资源获取结果与信息共享的交互项回归系数不显著，说明资源获取结果在以信息共享为调节变量的网络中心性作用于知识重构的过程中不发挥有调节的中介作用。

表 4.45 资源获取结果在网络中心性对知识重构影响过程的有调节的中介效应检验

变量		模型			
		模型 1	模型 2	模型 3	模型 4
自变量	网络中心性	0.645 ***	0.587 ***	0.221 ***	0.221 ***
调节变量	信息共享	−0.020	−0.002	−0.019	−0.019
中介变量	资源获取结果			0.710 ***	0.710 ***
交互项	资源获取结果 × 信息共享				−0.003
模型统计量	R^2	0.416	0.356	0.741	0.741
	调整后的 R^2	0.413	0.353	0.738	0.738

注：*** 表示显著水平 $P \leqslant 0.001$；** 表示显著水平 $P \leqslant 0.01$；* 表示显著水平 $P \leqslant 0.05$；+ 表示显著水平 $P \leqslant 0.1$。

资料来源：笔者依据分析结果总结。

3. 资源获取结果在网络能力影响关系重构过程中的有调节的中介作用检验

经检验资源获取结果在网络能力和关系重构过程中起到中介效应，继而检验资源获取结果是否起着有调节的中介作用。为研究资源获取结果在网络能力影响关系重构过程中的有调节的中介作用，以网络能力为自变量、资源获取结果为中介变量、信息共享为调节变量进行检验。

模型 1 建立自变量网络能力和调节变量信息共享对因变量关系重构的回归模型。

模型 2 建立自变量网络能力和调节变量信息共享对中介变量资源获取结果的回归模型。

模型 3 建立自变量网络能力、调节变量信息共享和中介变量资源获取结果对因变量关系重构的回归模型。

模型 4 在模型 3 的基础上加入中介变量资源获取结果和调节变量信息共享的交互项建立回归模型。

对资源获取结果有调节的中介效应检验的结果如表 4.46 所示。经过计算，模型 1 中网络能力和关系重构的作用显著。模型 2 中网络能力和资源获取结果的关系不显著。模型 3 中资源获取结果与关系重构的关系显著。由此说明，资源获取结果在网络能力和关系重构的关系中起中介效应。模型 4 的资源获取结果与信息共享的交互项回归系数不显著，说明资源获取结果在以信息共享为调节变量的网络能力作用于关系重构过程中不发挥有调节的中介作用。

表 4.46　资源获取结果在网络能力影响关系重构过程中的有调节的中介效应检验

变量		模型			
		模型 1	模型 2	模型 3	模型 4
自变量	网络能力	0.128 *	0.071	0.090 *	0.092 *
调节变量	信息共享	−0.031	−0.006	−0.027	−0.027
中介变量	资源获取结果			0.527 ***	0.527 ***
交互项	资源获取结果 × 信息共享				−0.018
模型统计量	R^2	0.015	0.005	0.291	0.292
	调整后的 R^2	0.010	0.000	0.286	0.284

注：*** 表示显著水平 $P \leqslant 0.001$；** 表示显著水平 $P \leqslant 0.01$；* 表示显著水平 $P \leqslant 0.05$；+ 表示显著水平 $P \leqslant 0.1$。

资料来源：笔者依据分析结果总结。

4. 资源获取结果在网络能力影响结构重构过程中的有调节的中介作用检验

经检验资源获取结果在网络中心性和结构重构过程中起到中介效应，继而检验资源获取结果是否起着有调节的中介作用。为研究资源获取结果在网络中心性影响结构重构过程中的有调节的中介作用，以网络中心性为自变量、资源获取结果为中介变量、信息共享为调节变量进行检验。

模型 1 建立自变量网络中心性和调节变量信息共享对因变量结构重构的回归模型。

模型 2 建立自变量网络中心性和调节变量信息共享对中介变量资源获取结果的回归模型。

模型 3 建立自变量网络中心性、调节变量信息共享和中介变量资源获取结果对因变量结构重构的回归模型。

模型 4 在模型 3 的基础上加入中介变量资源获取结果和调节变量信息共享的交互项建立回归模型。

资源获取结果在网络能力影响结构重构过程中的有调节的中介作用检验如表 4.47 所示，模型 1 中自变量网络中心性的系数显著，模型 2 中自变量网络能力的系数显著，模型 3 中中介变量资源获取结果的系数显著，模型 4 中交互项的系数不显著，因此资源获取结果的有调节的中介效应不显著。

表 4.47 资源获取结果在网络能力影响结构重构过程中的有调节的中介效应检验

变量		模型			
		模型 1	模型 2	模型 3	模型 4
自变量	网络能力	0.799***	0.597***	0.747***	0.747***
调节变量	信息共享	−0.015	−0.002	−0.015	−0.014
中介变量	资源获取结果			0.087*	0.087*
交互项	资源获取结果×信息共享				−0.018
模型统计量	R^2	0.638	0.356	0.643	0.643
	调整后的 R^2	0.636	0.353	0.64	0.64

注：*** 表示显著水平 $P \leqslant 0.001$；** 表示显著水平 $P \leqslant 0.01$；* 表示显著水平 $P \leqslant 0.05$；+ 表示显著水平 $P \leqslant 0.1$。

资料来源：笔者依据分析结果总结。

综上所述，在重构要素影响价值网络三维度重构过程中，考虑信息共享，资源获取结果的有调节的中介作用均不显著，即资源获取结果均不发挥有调节的中介作用。

四、信息共享的调节作用和有中介的调节作用检验

（一）信息共享的调节作用检验

1. 信息共享在重构要素和知识重构中的调节作用
（1）信息共享在网络能力影响知识重构过程中的调节作用检验
检验网络能力对知识重构的影响过程中信息共享的调节作用。自变量是网

络能力，因变量为知识重构，调节变量为信息共享。以此建立回归模型，对信息共享的调节作用进行检验，模型结构如图 4.21 所示。

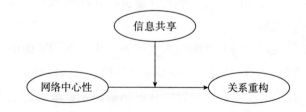

图 4.21　信息共享对网络能力影响知识重构的调节作用路径

资料来源：笔者绘制。

对网络能力、信息共享、知识重构的数据进行中心化处理并建立层级回归模型后得到的结果如表 4.48 所示。

表 4.48　　　　信息共享对网络能力影响知识重构的调节作用回归模型

变量		回归模型		
		模型 1	模型 2	模型 3
自变量	网络能力	0.713 ***	0.718 ***	0.723 ***
调节变量	信息共享		−0.059	−0.060 +
交互项	网络能力 × 信息共享			−0.070 +
模型统计量	R^2	0.509	0.512	0.517
	调整后的 R^2	0.507	0.509	0.513
	F	387.019 ***	2.601	3.767 +

注：*** 表示显著水平 P≤0.001；** 表示显著水平 P≤0.01；* 表示显著水平 P≤0.05；+ 表示显著水平 P≤0.1。

资料来源：笔者依据分析结果总结。

模型 1 建立自变量网络能力对因变量知识重构的回归模型，检验网络能力对知识重构的作用方式。

模型 2 是在已有模型 1 中加入信息共享作为调节变量，以检验信息共享对知识重构的作用方式。

模型 3 在模型 2 的回归方程基础上再加入网络能力与信息共享的交互项来检验自变量网络能力与调节变量信息共享的交互作用方式。

通过对模型 1、模型 2 中网络能力、信息共享对知识重构回归分析结果进行总结，结合模型 3 中和网络能力与信息共享的交互项对知识重构的回归结果可知，模型 1 的 F 统计量在 0.001 的水平上显著，模型 2 的 F 统计量不显著，模型 3 的 F 统计量在 0.1 的水平上显著。

观察模型 3 中的具体变量，自变量网络能力对知识重构回归系数为 0.723，在 0.001 的水平上显著。信息共享作为调节变量，对知识重构的回归系数为 −0.060，在 0.1 的水平上显著。上述检验结果说明，当单独考虑网络能力和信息调节对知识重构的影响时，网络能力表现出显著的正向作用，而信息共享表现出显著的负向作用。同时，网络能力与信息共享的交互项对知识重构的回归系数为 −0.070，在 0.1 的水平上显著，说明自变量与调节变量的交互作用对因变量知识重构的负向影响显著。根据上述分析得到结论：信息共享对网络能力影响知识重构的负向调节效应显著。

（2）信息共享在网络中心性影响知识重构过程中的调节作用检验

检验在网络中心性对知识重构的影响过程中信息共享的调节作用。自变量是网络中心性，因变量为知识重构，调节变量为信息共享。以此建立回归模型，对信息共享的调节作用进行检验，模型结构如图 4.22 所示。

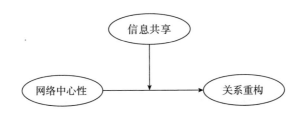

图 4.22　信息共享对网络中心性影响知识重构的调节作用路径
资料来源：笔者绘制。

对网络中心性、信息共享、知识重构的数据进行中心化处理并建立层级回归模型后得到的结果如表 4.49 所示。

表 4.49　　　　信息共享对网络中心性影响知识重构的调节作用回归模型

变量		回归模型		
		模型 1	模型 2	模型 3
自变量	网络中心性	0.645 ***	0.645 ***	0.645 ***
调节变量	信息共享		− 0.020	− 0.015
交互项	网络中心性 × 信息共享			− 0.045
模型统计量	R^2	0.415	0.416	0.418
	调整后的 R^2	0.414	0.413	0.413
	F	265.7425 ***	0.266	1.253

注： *** 表示显著水平 $P \leqslant 0.001$； ** 表示显著水平 $P \leqslant 0.01$； * 表示显著水平 $P \leqslant 0.05$； + 表示显著水平 $P \leqslant 0.1$。

资料来源：笔者依据分析结果总结。

　　模型 1 建立自变量网络中心性对因变量知识重构的回归模型，检验网络中心性对知识重构的作用方式。

　　模型 2 是在已有模型 1 中加入信息共享作为调节变量，以检验信息共享对知识重构的作用方式。

　　模型 3 在模型 2 的回归方程基础上再加入网络中心性与信息共享的交互项来检验自变量网络中心性与调节变量信息共享的交互作用方式。

　　通过对模型 1、模型 2 中网络中心性、信息共享对知识重构回归分析结果进行总结，结合模型 3 中和网络中心性与信息共享的交互项对知识重构的回归结果可知，模型 1 的 F 统计量在 0.001 的水平上显著，模型 2、模型 3 的 F 统计量不显著。

　　观察模型 3 中的具体变量，自变量网络中心性对知识重构回归系数为 0.645，在 0.001 的水平上显著。信息共享作为调节变量，对知识重构的回归系数为 − 0.015，不显著。以上检验结果说明，当单独考虑网络中心性和信息调节对知识重构的影响时，网络中心性表现出显著的正向作用，信息共享无显著作用。同时，网络中心性与信息共享的交互项对知识重构的回归系数为 − 0.045，不显著，说明自变量与调节变量的交互作用对因变量知识重构的作用不显著。根据上述分析得出结论：信息共享对网络中心性影响知识重构的调节效应不显著。

2. 信息共享在重构要素和关系重构中的调节作用

（1）信息共享在网络能力影响关系重构过程中的调节作用检验

为检验在网络能力对关系重构的影响过程中信息共享的调节作用，以网络能力作为自变量，以关系重构作为因变量，以信息共享作为调节变量，建立回归模型，对信息共享的调节作用进行检验，模型结构如图 4.23 所示。

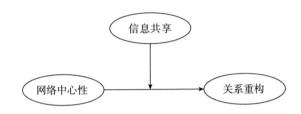

图 4.23　信息共享对网络能力影响关系重构的调节作用路径

资料来源：笔者绘制。

对网络能力、信息共享、关系重构的数据进行中心化处理并建立层级回归模型后得到的结果如表 4.50 所示。

表 4.50　　信息共享对网络能力影响关系重构的调节作用回归模型

变量		回归模型		
		模型 1	模型 2	模型 3
自变量	网络能力	0.601 ***	0.604 ***	0.604 ***
调节变量	信息共享		− 0.04	− 0.04
交互项	网络能力 ×信息共享			0.004
模型统计量	R²	0.361	0.363	0.363
	调整后的 R²	0.36	0.36	0.358
	F	211.595 ***	106.252 ***	70.649 ***

注：*** 表示显著水平 $P \leqslant 0.001$；** 表示显著水平 $P \leqslant 0.01$；* 表示显著水平 $P \leqslant 0.05$；+ 表示显著水平 $P \leqslant 0.1$。

资料来源：笔者依据分析结果总结。

模型1建立自变量网络能力对因变量关系重构的回归模型，检验网络能力对关系重构的作用方式。

模型2是在已有模型1中加入信息共享作为调节变量，以检验信息共享对关系重构的作用方式。

模型3在模型2的回归方程基础上再加入网络能力与信息共享的交互项来检验自变量网络能力与调节变量信息共享的交互作用方式。

通过对模型1、模型2中网络能力、信息共享对关系重构回归分析结果进行总结，结合模型3和网络能力与信息共享的交互项对关系重构的回归结果可知，在0.001的水平上，三个模型的F统计量均显著。

观察模型3中的具体变量，自变量网络能力对关系重构回归系数为0.604，在0.001的水平上显著，可得网络能力明显正向作用于关系重构。信息共享作为调节变量，对关系重构的回归系数为−0.04，不显著。同时，网络能力与信息共享的交互项对关系重构的回归系数为0.004，不显著。说明信息共享对网络能力影响关系重构的调节作用不显著。根据上述分析得到，信息共享对网络能力影响关系重构的调节效应不显著，由于调节效应不显著，进而可以得出结论中有中介的调节效应不成立。

（2）信息共享在网络密度影响关系重构过程中的调节作用检验

为检验在网络密度对关系重构的影响过程中信息共享的调节作用，以网络密度作为自变量，以关系重构作为因变量，以信息共享作为调节变量，建立回归模型，对信息共享的调节作用进行检验，模型结构如图4.24所示。

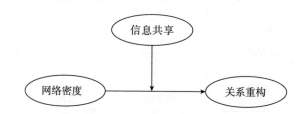

图4.24　信息共享对网络密度影响关系重构的调节作用路径

资料来源：笔者绘制。

从表4.51网络密度、信息共享和网络密度与信息共享的交互项分别对因变量关系重构的回归作用中可以看出，两个模型的F统计量均在0.1的水平上显著。

表 4.51　　　信息共享对网络密度影响关系重构的调节作用回归模型

变量		回归模型		
		模型 1	模型 2	模型 3
自变量	网络密度	0.096 +	0.106 +	0.108 +
调节变量	信息共享		−0.03	0.014
交互项	网络密度 × 信息共享			0.096
模型统计量	R^2	0.009	0.010	0.017
	调整后的 R^2	0.006	0.005	0.009
	F	3.451 +	1.877	2.154 +

注：*** 表示显著水平 $P \leqslant 0.001$；** 表示显著水平 $P \leqslant 0.01$；* 表示显著水平 $P \leqslant 0.05$；+ 表示显著水平 $P \leqslant 0.1$。

资料来源：笔者依据分析结果总结。

模型 1 建立自变量网络密度对因变量关系重构的回归模型，检验网络密度对关系重构的作用方式。

模型 2 是在已有模型 1 中加入信息共享作为调节变量，以检验信息共享对关系重构的作用方式。

模型 3 在模型 2 的回归方程基础上再加入网络密度与信息共享的交互项来检验自变量网络密度与调节变量信息共享的交互作用方式。

观察模型 3 中的具体变量，自变量网络密度对关系重构回归系数为 0.108，在 0.1 的水平上显著，可得网络密度明显正向作用于关系重构。信息共享作为调节变量，对关系重构的回归系数为 0.014，不显著。同时，网络密度与信息共享的交互项对关系重构的回归系数为 0.096，不显著。说明信息共享对网络密度影响关系重构的调节作用不显著。

（3）信息共享在网络中心性影响关系重构过程中的调节作用检验

为检验在网络中心性对关系重构的影响过程中信息共享的调节作用，以网络中心性作为自变量，以关系重构作为因变量，以信息共享作为调节变量，建立回归模型，对信息共享的调节作用进行检验，模型结构如图 4.25 所示。

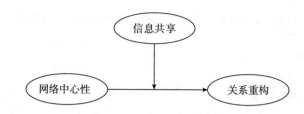

图 4.25　信息共享对网络中心性影响关系重构的调节作用路径

资料来源：笔者绘制。

从表 4.52 网络中心性、信息共享和网络中心性与信息共享的交互项分别对因变量关系重构的回归作用中可以看出，两个模型的 F 统计量均在 0.1 的水平上显著。

表 4.52　信息共享对网络中心性影响关系重构的调节作用回归模型

变量		回归模型		
		模型 1	模型 2	模型 3
自变量	网络密度	0.799 ***	0.799 ***	0.799 ***
调节变量	信息共享		− 0.015	− 0.021
交互项	网络密度 × 信息共享			0.048
模型统计量	R^2	0.638	0.638	0.640
	调整后的 R^2	0.637	0.636	0.638
	F	658.979 ***	328.943 ***	220.841 ***

注：*** 表示显著水平 $P \leqslant 0.001$；** 表示显著水平 $P \leqslant 0.01$；* 表示显著水平 $P \leqslant 0.05$；+ 表示显著水平 $P \leqslant 0.1$。

资料来源：笔者依据分析结果总结。

模型 1 建立自变量网络中心性对因变量关系重构的回归模型，检验网络中心性对关系重构的作用方式。

模型 2 是在已有模型 1 中加入信息共享作为调节变量，以检验信息共享对关系重构的作用方式。

模型 3 在模型 2 的回归方程基础上再加入网络中心性与信息共享的交互项来检验自变量网络中心性与调节变量信息共享的交互作用方式。

观察模型 3 中的具体变量，自变量网络中心性对关系重构回归系数为

0.799，在 0.001 的水平上显著，可得网络中心性明显正向作用于关系重构。信息共享作为调节变量，对关系重构的回归系数为 -0.021，不显著。同时，网络中心性与信息共享的交互项对关系重构的回归系数为 0.048，不显著。说明信息共享对网络中心性影响关系重构的调节作用不显著。

3. 信息共享在重构要素和结构重构中的调节作用

（1）信息共享在网络能力影响结构重构过程中的调节作用检验

为验证信息共享在网络能力和结构重构关系中的调节作用，以网络能力为自变量、结构重构为因变量、信息共享为调节变量。建立回归模型，对信息共享的调节作用进行检验，模型结构如图 4.26 所示。

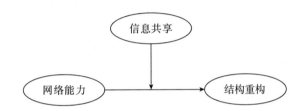

图 4.26　信息共享对网络能力影响结构重构的调节作用路径

资料来源：笔者绘制。

对信息共享、网络能力、结构重构的数据进行中心化处理并建立层级回归模型后得到的结果如表 4.53 所示。

表 4.53　　信息共享对网络能力影响结构重构的调节作用回归模型

变量		回归模型		
		模型 1	模型 2	模型 3
自变量	网络能力	0.134 **	0.115 *	0.114 *
调节变量	信息共享		0.252 ***	0.253 ***
交互项	网络能力 ×信息共享			0.020
模型统计量	R^2	0.018	0.081	0.082
	调整后的 R^2	0.015	0.076	0.074
	F	6.824 **	16.492 ***	11.022 ***

注：*** 表示显著水平 $P \leqslant 0.001$；** 表示显著水平 $P \leqslant 0.01$；* 表示显著水平 $P \leqslant 0.05$；+ 表示显著水平 $P \leqslant 0.1$。

资料来源：笔者依据分析结果总结。

模型 1 建立自变量网络能力对因变量结构重构的回归模型，检验网络能力对结构重构的作用方式。

模型 2 是在已有模型 1 中加入信息共享作为调节变量，以检验信息共享对结构重构的作用方式。

模型 3 在模型 2 的回归方程基础上再加入网络能力与信息共享的交互项来检验自变量网络能力与调节变量信息共享的交互作用方式。

从网络能力、信息共享以及它们之间的交互项分别对因变量结构重构的回归作用中可以看出（见表 4.53），三个模型的 F 统计量分别在 0.01、0.001、0.001 的水平上显著。从模型 3 分析数据可知，网络能力对结构重构的标准化系数为 0.114，在 0.05 的水平上显著，说明网络能力正向作用于结构重构。调节变量信息共享对结构重构的标准化系数为 0.253，在 0.001 的水平上显著，说明信息共享正向作用于结构重构。而网络能力和信息共享的交互项对结构重构的标准化系数为 0.02，对结构重构不起显著性作用。信息共享在网络能力和结构重构的关系中不发挥调节作用。

（2）信息共享在网络密度影响结构重构过程中的调节作用检验

为验证信息共享在网络密度和结构重构关系中的调节作用，以网络密度为自变量、结构重构为因变量、信息共享为调节变量，建立回归模型，对信息共享的调节作用进行检验，模型结构如图 4.27 所示。

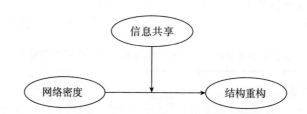

图 4.27 信息共享对网络密度影响结构重构的调节作用路径
资料来源：笔者绘制。

对信息共享、网络密度、结构重构的数据进行中心化处理并建立层级回归模型后得到的结果如表 4.54 所示。

表 4. 54　　　　　**信息共享对网络密度影响结构重构的调节作用回归模型**

变量		回归模型		
		模型 1	模型 2	模型 3
自变量	网络密度	0.216 ***	0.146 **	0.143 **
调节变量	信息共享		0.212 ***	0.166 **
交互项	网络密度 × 信息共享			− 0.100 +
模型统计量	R^2	0.047	0.087	0.095
	调整后的 R^2	0.044	0.082	0.088
	F	12.591 ***	17.020 ***	11.704 ***

注：*** 表示显著水平 $P \leqslant 0.001$；** 表示显著水平 $P \leqslant 0.01$；* 表示显著水平 $P \leqslant 0.05$；+ 表示显著水平 $P \leqslant 0.1$。

资料来源：笔者依据分析结果总结。

　　由表 4. 54 可知，网络密度、信息共享以及它们之间的交互项分别对因变量结构重构的回归作用中可以看出，三个模型的 F 统计量在 0. 001 的水平上显著。从模型 3 分析数据来看，网络密度对结构重构的标准化系数为 0. 143，网络密度与结构重构在 0. 01 的水平上具有显著性作用。调节变量信息共享对结构重构的标准化系数为 0. 166，在 0. 01 的水平上显著，说明信息共享正向作用于结构重构。而网络密度和信息共享的交互项对结构重构的标准化系数为 − 0. 100，在 0. 1 的水平上显著，故信息共享在网络密度和结构重构的关系中发挥调节作用，同时，可进行下一步的有中介的调节作用检验。

　　总结信息共享的调节效应检验结果如表 4. 55 所示。

表 4. 55　　　　　　　　　**信息共享的调节作用检验结果汇总**

假设	具体内容	检验结果
H4. 3. 1. 1	信息共享在网络能力影响知识重构的过程中发挥调节作用	成立
H4. 3. 3. 3	信息共享在网络密度影响结构重构的过程中发挥调节作用	成立

资料来源：笔者依据分析结果总结。

结论4.3.1.1：信息共享在网络能力影响知识重构的过程中发挥调节作用。后发企业的网络能力是其实现价值网络知识重构的重要内在驱动因素，而信息共享在网络能力影响知识重构的过程中发挥负向调节作用。即后发企业网络能力越强，当其所嵌入的价值网络中的信息共享水平较低时，其凭借自身网络能力的提升和对关键知识和信息的控制更容易实现价值网络知识重构。

结论4.3.3.3：信息共享在网络密度影响结构重构的过程中发挥调节作用。价值网络的网络密度是后发企业结构重构的结构影响要素，信息共享在网络密度作用于结构重构过程中发挥正向调节作用。即价值网络的网络密度越大，当价值网络中信息共享水平越高时，后发企业更容易实现价值网络中的结构重构。

（二）信息共享的有中介的调节作用检验

1. 信息共享在网络能力影响知识重构过程中的有中介的调节作用检验

（1）资源获取能力作为中介变量的有中介的调节作用检验

自变量为网络能力，中介变量为资源获取能力，调节变量为信息共享，因变量为知识重构，以此建立回归模型。依据温忠麟等（2006）提出的有中介的调节效应检验程序，验证信息共享在网络能力通过资源获取能力作用于知识重构过程中的调节效应，建立回归模型的过程如下。

模型1将自变量网络能力、调节变量信息共享及其两者的交互项纳入回归模型，以检验信息共享在自变量网络能力影响因变量知识重构过程中的调节效应。

模型2将资源获取能力作为中介变量，引入对自变量网络能力、调节变量信息共享及其交互项进行回归分析。

模型3以知识重构为因变量，将网络能力作为自变量、信息共享作为调节变量，资源获取能力作为中介变量，并且将自变量网络能力和调节变量信息共享的交互项引入回归模型进行分析。

对信息共享有中介的调节作用检验的结果如表4.56所示。经过计算，模型1中的网络能力与信息共享的交互项回归系数为-0.070（$p < 0.1$）显著，模型2中的网络能力与信息共享的交互项回归系数不显著。模型3中资源获取能力作为中介变量其回归系数为-0.005不显著。说明信息共享在网络能力通过资源获取能力影响知识重构的过程中没有发挥有中介的调节作用。

表 4.56　　　　　网络能力影响知识重构以资源获取能力为中介的信息
共享有中介的调节作用检验回归模型

变量		模型		
		模型 1	模型 2	模型 3
自变量	网络能力	0.723 ***	0.094 +	0.724 **
调节变量	信息共享	− 0.060 +	0.270 ***	− 0.059
中介变量	资源获取能力			− 0.005
交互项	网络能力 × 信息共享	− 0.070 +	0.052	− 0.070 +
模型统计量	R^2	0.517	0.088	0.517
	调整后的 R^2	0.513	0.081	0.512

注： *** 表示显著水平 $P \leqslant 0.001$；** 表示显著水平 $P \leqslant 0.01$；* 表示显著水平 $P \leqslant 0.05$；+ 表示显著水平 $P \leqslant 0.1$。

资料来源：笔者依据分析结果总结。

（2）资源获取结果作为中介变量的有中介的调节作用检验

自变量为网络能力，中介变量为资源获取结果，调节变量为信息共享，因变量为知识重构，以此建立回归模型。依据温忠麟等（2006）提出的有中介的调节效应检验程序，验证信息共享在网络能力通过资源获取结果作用于知识重构过程中的调节效应，建立回归模型的过程如下。

模型 1 将自变量网络能力、调节变量信息共享及其两者的交互项纳入回归模型，以检验信息共享在自变量网络能力影响因变量知识重构过程中的调节效应。

模型 2 将资源获取结果作为中介变量，引入对自变量网络能力、调节变量信息共享及其交互项进行回归分析。

模型 3 以知识重构为因变量，将网络能力作为自变量、信息共享作为调节变量，资源获取结果作为中介变量，并且将自变量网络能力和调节变量信息共享的交互项引入回归模型进行分析。

对信息共享有中介的调节作用检验的结果如表 4.57 所示。经过计算，模型 1 中的网络能力与信息共享的交互项回归系数为 − 0.070（$P < 0.1$）显著，模型 2 中的网络能力与信息共享的交互项回归系数不显著。模型 3 中资源获取结果作为中介变量其回归系数为 0.663（$P < 0.001$）显著。说明信息共享在网络能力通过资源获取结果影响知识重构的过程中没有发挥有中介的调节作用。

表 4.57　　　　网络能力影响知识重构以资源获取结果为中介的信息
共享有中介的调节作用检验回归模型

变量		模型		
		模型 1	模型 2	模型 3
自变量	网络能力	0.723 ***	0.694 ***	0.263 ***
调节变量	信息共享	− 0.060 +	− 0.040	− 0.034
中介变量	资源获取结果			0.663 ***
交互项	网络能力 × 信息共享	− 0.070 +	− 0.025	− 0.054 *
模型统计量	R^2	0.517	0.477	0.746
	调整后的 R^2	0.513	0.473	0.744

注： *** 表示显著水平 $P \leqslant 0.001$；** 表示显著水平 $P \leqslant 0.01$；* 表示显著水平 $P \leqslant 0.05$；+ 表示显著水平 $P \leqslant 0.1$。

资料来源：笔者依据分析结果总结。

2. 信息共享在网络密度影响结构重构过程中的有中介的调节作用检验

（1）以资源获取能力为中介变量的有中介的调节作用检验

自变量为网络密度，中介变量为资源获取能力，调节变量为信息共享，因变量为结构重构，以此建立回归模型。为了检验信息共享在网络密度通过资源获取能力作用于结构重构过程中的调节效应，建立回归模型的过程如下。

模型 1 将自变量网络密度、调节变量信息共享及其两者的交互项纳入回归模型，以检验信息共享在自变量网络密度影响因变量结构重构过程中的调节效应。

模型 2 将资源获取能力作为中介变量，引入对自变量网络密度、调节变量信息共享及其交互项进行回归分析。

模型 3 以结构重构为因变量，将网络密度作为自变量、信息共享为调节变量，并且将两者的交互项、中介变量资源获取能力引入回归模型进行分析。

对信息共享有中介的调节作用检验的结果如表 4.58 所示。经过计算，模型 1 和模型 2 中的网络密度与信息共享的交互项回归系数显著。模型 3 中资源获取能力作为中介变量其回归系数为 0.105（$P < 0.05$）显著，说明信息共享在网络密度通过资源获取能力影响结构重构的过程中发挥了有中介的调节作用。

表 4.58 网络密度影响结构重构以资源获取能力为中介的信息

共享有中介的调节作用检验回归模型

变量		模型		
		模型 1	模型 2	模型 3
自变量	网络密度	0.143 **	0.239 ***	0.118 *
调节变量	信息共享	0.166 **	0.244 ***	0.140 *
中介变量	资源获取能力			0.105 *
交互项	网络密度 × 信息共享	− 0.100 +	0.099 +	− 0.111 *
模型统计量	R^2	0.095	0.133	0.104
	调整后的 R^2	0.088	0.126	0.095

注: *** 表示显著水平 $P \leqslant 0.001$; ** 表示显著水平 $P \leqslant 0.01$; * 表示显著水平 $P \leqslant 0.05$; + 表示显著水平 $P \leqslant 0.1$。

资料来源: 笔者依据分析结果总结。

(2) 以资源获取结果为中介变量的有中介的调节作用检验

自变量为网络密度,中介变量为资源获取结果,调节变量为信息共享,因变量为结构重构,以此建立回归模型。为了验证信息共享在网络密度通过资源获取结果作用于结构重构过程中的调节效应,建立回归模型的过程如下。

模型 1 将自变量网络密度、调节变量信息共享及其两者的交互项纳入回归模型,以检验信息共享在自变量网络密度影响因变量结构重构过程中的调节效应。

模型 2 将资源获取结果作为中介变量,引入对自变量网络密度、调节变量信息共享及其交互项进行回归分析。

模型 3 以结构重构为因变量,将网络密度作为自变量、信息共享为调节变量,并且将两者的交互项、中介变量资源获取结果引入回归模型进行分析。

对信息共享有中介的调节作用检验的结果如表 4.59 所示。经过计算,模型 1 的网络密度与信息共享的交互项回归系数显著,模型 2 的网络密度与信息共享的交互项回归系数不显著。模型 3 中资源获取结果作为中介变量其回归系数为 0.057,证明中介效应不显著,说明信息共享在网络密度通过资源获取结果影响结构重构的过程中没有发挥有中介的调节作用。

表 4.59　　　　　网络密度影响结构重构以资源获取结果为中介的信息
共享有中介的调节作用检验回归模型

变量		模型		
		模型 1	模型 2	模型 3
自变量	网络密度	0.143 **	0.081	0.138 **
调节变量	信息共享	0.166 **	0.021	0.165 **
中介变量	资源获取结果			0.057
交互项	网络密度 × 信息共享	− 0.100 +	0.096	− 0.106 +
模型统计量	R^2	0.095	0.012	0.098
	调整后的 R^2	0.088	0.004	0.088

注：*** 表示显著水平 $P \leqslant 0.001$；** 表示显著水平 $P \leqslant 0.01$；* 表示显著水平 $P \leqslant 0.05$；+ 表示显著水平 $P \leqslant 0.1$。

资料来源：笔者依据分析结果总结。

综上所述，经过以上检验过程可知，信息共享的有中介的调节作用检验结果如表 4.60 所示。

表 4.60　　　　　　信息共享的有中介的调节作用检验结果汇总

假设	具体内容	检验结果
H6.1.3.3	信息共享在网络密度通过资源获取能力影响结构重构的过程发挥了有中介的调节作用	成立

资料来源：笔者依据分析结果总结。

结论 6.1.3.3：信息共享在网络密度通过资源获取能力影响结构重构的过程发挥有中介的调节作用。网络密度作为价值网络结构重构的结构驱动要素，对结构重构实现受到网络中信息共享水平的调节，且其调节作用的发挥通过资源获取能力的中介传导实现。即在网络密度较高的价值网络中，在较高信息共享水平的调节下，后发企业越容易通过自身较高的资源获取能力实现价值网络结构变革。

第四节　本章小结

为深入解析后发企业价值网络重构机理，首先在前文基于扎根理论的探索性案例分析的基础上结合已有文献研究结论，形成理论模型和研究假设。进而对模型中涉及的变量的测度量表进行归纳和筛选，基于选择量表设计问卷。通过问卷星平台结合后发企业特征发放问卷，选择有效问卷。通过对回收问卷数据的效度和信度检验、结构方程模型检验和多元回归分析等分析，检验了变量间的直接影响、中介作用和调节作用、有调节的中介作用和有中介的调节作用，得到重构要素影响价值网络重构的一系列结论。

具体而言，变量间直接影响作用检验结果显示，网络能力、网络中心性对价值网络知识重构具有直接显著影响；网络能力、网络密度和网络中心性对价值网络关系重构具有直接显著影响；网络能力、网络密度对价值网络结构重构具有直接显著影响。研究结果说明，网络能力、网络密度和网络中心性均直接作用于价值网络重构。同时检验了重构要素对资源获取的直接影响和资源获取对价值网络重构的直接影响。

为进一步解析后发企业价值网络重构机理，发现中介和调节变量的中介调节效应，检验了资源获取能力和效果的中介作用进而分析有调节的中介作用，检验结果显示，资源获取能力在网络密度影响关系重构过程中发挥完全中介作用；在网络能力、网络密度和网络中心性影响结构重构的过程中分别发挥部分和完全中介作用。资源获取结果在网络能力、网络中心性对知识重构的影响过程发挥完全中介作用；在网络能力、网络中心性对关系重构影响过程分别发挥完全中介和部分中介作用。研究结果说明，资源获取能力的中介作用的发挥主要基于结构层面重构要素对结构重构的影响，是结构重构实现的能力转化器。资源获取结果的中介作用的发挥主要作用于知识重构和关系重构，是知识重构和关系重构实现的结果加速器。在此基础上检验了有调节的中介作用，资源获取能力在网络能力、网络密度作用于结构重构的过程中考虑信息共享调节作用时，发挥有调节的中介作用。资源获取结果则不发挥有调节的中介作用。

通过对信息共享调节作用的检验，结果显示，信息共享在网络能力影响知识重构的过程中发挥调节作用；信息共享在网络密度影响结构重构的过程中发挥调节作用。研究结果说明，信息共享调节企业层面网络能力要素作用于知识重构的过程，是后发企业知识重构的节点层催化剂；信息共享调节结构层面反映网络特征的网络密度作用于结构重构的过程，是后发企业结构重构的结构层协调剂。此外，信息共享在网络密度通过资源获取能力影响结构重构的过程中发挥有中介的调节作用。结果说明，价值网络的密度和网络中信息共享的交互作用通过后发企业资源获取能力提升实现结构重构。

综上所述，通过变量间直接作用检验、中介作用检验、调节作用检验、有调节的中介作用检验和有中介的调节作用检验，深化了构建的理论模型，逐层剖析后发企业价值网络重构机理。

第五章 后发企业价值网络结构演化与跃迁过程

第一节 价值网络知识结构演化

一、价值网络知识结构演化模型构建

（一）价值网络知识结构特征分析

价值网络知识结构作为共同实践知识管理的载体，反映了价值网络中节点企业的知识关系，伴随价值网络中知识的流动，其结构也在不断变化。因此，价值网络知识结构特征分析是知识结构演化模型构建的前提。

1. 结构特征

（1）度与度分布

度是指与某节点相连接的边的数目，同时代表了与该节点建立连接关系的节点的数目。一般用 k_i 表示节点 i 在网络中的度值，度值 k_i 越大，节点 i 与其他节点之间建立的连接数目越多。在知识网络中可用度表示此节点的知识交流广度，度值越大，表示节点的知识合作范围越广，节点在网络中的地位越重要。

度分布函数 P（k）表示通过随机选择网络中的节点，测度被选择的节点的度值等于 k 的概率，在数值上恰好等于度值为 k 的节点数和网络中所有的节点数目 N 的比例关系，可测度网络是否具备无标度网络特性。度分布函数 P（k）的计算公式如公式（5.1）。

$$P(k) = \frac{\sum_{i=1}^{N} \delta(k - k_i)}{N} \qquad (5.1)$$

（2）平均路径长度

两个节点 i 和 j 之间的最短路径 d_{ij} 指的是连接这两个节点边数最少的路径。平均路径长度 l 则为网络中所有节点最短路径长度的平均值。节点 i 通过最短的路径到达节点 j 说明节点企业间知识合作关系距离最短，所以可用平均最短路径来衡量基于企业知识网络中合作关系的知识交流效率。平均最短路径越小，知识交流效率越高，即平均最短路径与知识交流效率呈反比关系，因此用平均最短路径长度的倒数表示知识交流效率。平均路径长度计算如公式（5.2）。

$$l = \frac{1}{\frac{1}{2}N(N+1)} \sum_{i>j} d_{ij} \tag{5.2}$$

（3）聚类系数

聚类系数反映网络的紧密和稳定程度，聚类系数越大，网络的聚集程度越高，节点间的联系更紧密，相应地网络的稳定性更好。而聚类系数越小，节点之间的联系越松散。在企业知识网络中，节点 i 的聚类系数可以刻画与其相连的节点也互连的概率。网络的平均聚类系数反映了网络整体的联系紧密程度。

设 E_i 是节点 i 的 σ_i 个邻居节点之间实际存在的边的条数，聚类系数 C_i 的计算如公式（5.3）。

$$C_i = \sum_i \frac{2E_i}{\sigma_i(\sigma_i - 1)} \tag{5.3}$$

对于整个网络，网络的平均聚类系数如公式（5.4）。

$$C = \frac{1}{N} \sum_i^N C_i \tag{5.4}$$

2. 知识特征

（1）知识存量

知识存量是指企业在价值网络发展中到达某一时刻时自身积累、获取与创造的所有知识资源的总和（王斌，2014）。价值网络中的后发企业知识存量的变化，是知识结构演化的节点存量变化。而知识结构整体知识存量则是网络内所有企业知识存量的总和，反映网络储存知识的能力和生成知识的潜力（谢永平等，2011）。

在 t 时刻网络知识水平 S_t 为 t 时刻所有节点的知识存量值 $s_{i,t}$ 的平均数，如公式（5.5）。

$$S_t = \frac{\sum_{i=1}^{N} S_{i,t}}{N} \tag{5.5}$$

（2）节点间知识水平离散程度

在 t 时刻，知识结构中节点企业间知识水平离散程度，用知识存量的标准差表示，如公式（5.6）。

$$\sigma = \sqrt{\frac{1}{N} \sum_{i=1}^{N} (S_{i,t} - S_t)^2} \tag{5.6}$$

（二）价值网络知识结构连接退出机制

为探究价值网络知识结构演化规律，首先需要分析知识结构的节点连接与节点退出机制，并在此基础上建立匹配实际的价值网络知识结构演化模型。在文献综述基础上，本书结合知识结构特征及其发展实际，通过对 BA 模型进行改进，形成节点连接机制与节点退出机制。

1. 节点连接机制

新进入企业在加入知识结构时会搜索建立知识合作关系的目标企业，那些网络中建立链接较多的企业表明其在网络中具较高的知识交流广度，新加入企业与之建立链接的概率较大。此外，知识存量较多的企业表明其在网络中具有更多的知识资源能够满足新加入企业对知识资源的需求，尤其对于知识密集型企业而言，是其选择构建合作关系的依据。

区别于 BA 无标度网络中节点连接时的度择优连接机制，本书探讨价值网络知识结构演化，综合考虑节点度和知识存量的择优连接机制：

$$\Pi_i = \frac{1}{2}\left(\frac{k_i}{\sum_j k_i} + \frac{s_i}{\sum_j s_i} \right) \tag{5.7}$$

其中，Π_i 为节点 i 的择优连接概率，k_i 为节点 i 的度数，S_i 为节点 i 的知识存量。

在实际知识结构中，节点企业在知识合作关系的搭建过程中，除了优先考虑以连接度和知识存量作为关系建立依据，企业在知识结构中的影响力，也是形成知识合作关系的重要依据。因此，引入节点度、知识存量和节点影响力三者综合的择优连接机制。

$$\Pi_i = \frac{1}{3}\left(\frac{k_i}{\sum_j k_i} + \frac{s_i}{\sum_j s_i} + \frac{\beta_i}{\sum_j \beta_i} \right) \tag{5.8}$$

其中，Π_i 为节点 i 的择优连接概率，k_i 为节点 i 的度数，S_i 为节点 i 的知识存量，β_i 则为节点 i 的影响力水平。

企业在知识结构中产生知识合作关系并进行知识交流时，抽象为网络中两节点建立链接，两节点的知识存量会不同程度增长，节点 i 在 t 时刻的知识存量 $S_{i,t}$ 为：

$$S_{i,t} = \frac{S_{i,t-1}}{S_{i,t-1} + S_{j,t-1}} \times S_{j,t-1} + S_{i,t-1} \tag{5.9}$$

2. 节点退出机制

知识结构中企业间知识合作关系是变化的，新的企业加入与既有企业不断建立知识合作关系，推动网络的演化与发展。但网络规模不会无限增大，在网络发展过程中除了新企业的加入，同时伴随原有企业的退出。当价值网络中的知识合作关系产生问题或不能再从网络中获取新的知识资源时，则可能会出现合作关系终止现象，当企业与其他企业间不存在合作关系时，则退出网络，节点企业退出知识结构也会发生相应调整。价值网络知识结构中节点退出的退出机制遵循反择优概率进行。

$$P(k_i) = \frac{1}{N(t) - 1}(1 - \Pi_i) \tag{5.10}$$

其中，$P(k_i)$ 代表节点 i 的反择优连接概率，即与节点断开链接的概率，$N(t)$ 为 t 时刻网络中总的节点数，Π_i 为公式（5.8）中的择优连接概率。

当企业退出网络时，网络整体的知识水平会有所下降。当节点 j 在 t 时刻退出网络时，网络的平均知识存量 S_t 为：

$$S_t = \frac{\sum_{i=1}^{N-1} S_{i,t}}{N - 1} \tag{5.11}$$

（三）价值网络知识结构演化模型

以价值网络知识结构中知识主体作为节点，并以知识合作关系作为边，考虑节点进入和退出机制，构建价值网络知识结构的四种演化模型：无标度网络模型（BA）、小世界网络模型（NW）、考虑知识存量的改进无标度网络模型（KS）、考虑知识存量和影响力的无标度网络模型（KN）。

1. BA 知识结构模型

BA 知识结构模型（BA）作为一个无向图，知识在企业间交流，且每个企业具有一定的知识存量。因此，将 BA 网络表示为无向图 G =（V，E，S），其中 V = {v_i | i=1，2，…，n}，表示企业知识网络中的节点集合，v_i 代表第 i 个节点企业。E = {$e_{i,j}$ | i=1，2，…，n；j=1，2，…，n；i≠j}，表示网络中企业间的知识合作关系状态，$e_{i,j}$ = 1 代表节点 i 与 j 间存在连边，即存在知识关

系，$e_{i,j} = 0$ 则表示两者之间无知识交流情况。$S = \{s_{i,t} \mid i = 1, 2, \cdots, n\}$，表示节点 i 在 t 时刻的知识存量。

BA 知识结构形成演化过程：

形成初期，是一个存在 n_0 个节点，m_0 条边的随机网络，网络处于连通状态；

发展过程中，每个时刻 t 增加 n_1 个节点，且每个节点遵循公式（5.12）的择优连接概率 Π_i 与 m 个节点相连，最终增长至 n 个节点。

$$\Pi_i = \frac{k_i}{\sum_j k_i} \tag{5.12}$$

知识存量的增长，如果两点连接，则会发生知识交流，两节点的知识存量会不同程度增长，节点 i 在 t 时刻的节点的知识存量如公式（5.9）所示。

删除，当网络发展进入更新阶段，则每个时刻 t：

在网络中随机选择 m_1 个节点，遵循反择优概率 $P(k_i)$ 删除 1 条边，当节点的边为 0 时，退出网络。

加入 n_2 个新节点，仍遵循择优连接概率 Π_i 选取 m_2 个节点各连 1 条边。

执行 t 个时间间隔后，网络中有：

$$节点：N(t) = n + n_2 t \tag{5.13}$$

$$边：E(t) = m_0 + m(n - n_0) + m_2 n_2 t - m_1 t \tag{5.14}$$

2. NW 知识结构模型

NW 知识结构模型（NW）作为一个无向图，知识在企业间交流，且每个企业具有一定的知识存量。因此，将 NW 网络表示为无向图 $G = (V, E, S)$，其中 $V = \{v_i \mid i = 1, 2, \cdots, n\}$，表示企业知识网络中的节点集合，$v_i$ 代表第 i 个节点企业。$E = \{e_{i,j} \mid i = 1, 2, \cdots, n; j = 1, 2, \cdots, n; i \neq j\}$，表示网络中企业间的知识合作关系状态，$e_{i,j} = 1$ 代表节点 i 与 j 间存在连边，即存在知识关系，$e_{i,j} = 0$ 则表示两者之间无知识交流情况。$S = \{s_{i,t} \mid i = 1, 2, \cdots, n\}$，表示节点 i 在 t 时刻的知识存量。

NW 知识结构形成演化过程：

形成初期，是一个存在 n_0 个节点，m_0 条边的随机网络，网络处于连通状态；

发展过程中，每个时刻 t 增加 n_1 个节点遵循公式（5.12）的选择概率 Π_i，选择是否加入网络。

$$p = 0.45 \tag{5.15}$$

知识存量的增长，如果两点连接，则会发生知识交流，两节点的知识存量会不同程度增长，节点 i 在 t 时刻的节点的知识存量为公式（5.9）。

删除，当网络发展进入更新阶段，则每个时刻 t：

在网络中随机选择 m_1 个节点，遵循反择优概率 P（k_i）删除 1 条边，当节点的边为 0 时，退出网络。

加入 n_2 个新节点，仍遵循择优连接概率 Π_i 选取 m_2 个节点各连 1 条边。

3. KS 知识结构模型

KS 知识结构模型（KS）作为一个无向图，知识在企业间交流，且每个企业具有一定的知识存量以及影响力。因此，将企业知识网络（KS）表示为无向图 G =（V，E，S），其中 V = {v_i | i = 1，2，…，n}，表示企业知识网络中的节点集合，v_i 代表第 i 个节点企业。E = {$e_{i,j}$ | i = 1，2，…，n；j = 1，2，…，n；i≠j}，表示网络中企业间的知识交流关系，$e_{i,j}$ = 1 代表节点 i 与 j 间存在连边，即知识交流，$e_{i,j}$ = 0 则表示两者直接无知识交流情况。S = {$s_{i,t}$ | i = 1，2，…，n}，表示节点 i 在 t 时刻的知识存量。

KS 知识结构形成演化过程：

形成初期，是一个存在 n_0 个节点，m_0 条边的随机网络，网络处于连通状态；

发展过程中，每个时刻 t 增加 n_1 个节点，且每个节点遵循公式（5.7）的择优连接概率 Π_i 与 m 个节点相连，最终增长至 n 个节点。

知识存量的增长，如果两点连接，则会发生知识交流，两节点的知识存量会不同程度增长，节点 i 在 t 时刻的节点的知识存量如公式（5.9）。

删除，当网络发展进入更新阶段，则每个时刻 t：

在网络中随机选择 m_1 个节点，遵循反择优概率 P（k_i）删除 1 条边，当节点的边为 0 时，退出网络。

加入 n_2 个新节点，仍遵循择优连接概率 Π_i 选取 m_2 个节点各连 1 条边。

执行 t 个时间间隔后，网络中节点和边如公式（5.13）和公式（5.14）。

4. KN 知识结构模型

KN 知识结构模型（KN）表示为无向图 G =（V，E，S，B），其中 V = {v_i | i = 1，2，…，n}，表示企业知识网络中的节点集合，v_i 代表第 i 个节点企业。E = {$e_{i,j}$ | i = 1，2，…，n；j = 1，2，…，n；i≠j}，表示网络中企业间的

知识交流关系，$e_{i,j}=1$ 代表节点 i 与 j 间存在连边，即存在知识交流关系，$e_{i,j}=0$ 则表示两者直接无知识交流情况。$S=\{s_{i,t} \mid i=1, 2, \cdots, n\}$，表示节点 i 在 t 时刻的知识存量。$B=\{\beta_i \mid i=1, 2, \cdots, n\}$，表示节点 i 的影响力。

KN 知识结构形成演化过程：

形成初期，是一个存在 n_0 个节点，m_0 条边的随机网络，网络处于连通状态；

发展过程中，每个时刻 t 增加 n_1 个节点，且每个节点遵循公式（5.8）的择优连接概率 Π_i 与 m 个节点相连，最终增长至 n 个节点。

知识存量的增长，如果两点连接，则会发生知识交流，两节点的知识存量会不同程度增长，节点 i 在 t 时刻的节点的知识存量如公式（5.9）。

删除，当网络发展进入更新阶段，则每个时刻 t：

在网络中随机选择 m_1 个节点，遵循反择优概率 $P(k_i)$ 删除 1 条边，当节点的边为 0 时，退出网络。

加入 n_2 个新节点，仍遵循择优连接概率 Π_i 选取 m_2 个节点各连 1 条边。

执行 t 个时间间隔后，网络节点和边遵循公式（5.13）和公式（5.14）。

综上所述，本书构建了四种价值网络知识结构模型，其连接和退出机制如表 5.1 所示。

表 5.1　　　　　　　四种价值网络知识结构模型及其连接退出机制

网络结构模型	择优连接概率	反择优概率
BA	$\Pi_i = \dfrac{k_i}{\sum_j k_i}$	$P(k_i) = \dfrac{1}{N(t)-1}(1-\Pi_t)$
NW	$p=0.45$	$p=0.45$
KS	$\Pi_i = \dfrac{1}{2}\left(\dfrac{k_i}{\sum_j k_i} + \dfrac{s_i}{\sum_j s_i}\right)$	$P(k_i) = \dfrac{1}{N(t)-1}(1-\Pi_t)$
KN	$\Pi_i = \dfrac{1}{3}\left(\dfrac{k_i}{\sum_j k_i} + \dfrac{s_i}{\sum_j s_i} + \dfrac{\beta_i}{\sum_j \beta_i}\right)$	$P(k_i) = \dfrac{1}{N(t)-1}(1-\Pi_t)$

二、价值网络知识结构演化模型仿真

(一) 仿真实验设计

为对比四种价值网络知识结构演化过程，设计仿真实验如下：

选取 N 个节点参与价值网络知识结构演化，设置 t = [0, 10] 构建一个 N_0 个节点随机相连的初始网络。

价值网络知识结构的发展符合生命周期理论，根据知识结构形成和演化发展的规律，将知识结构演化从生命周期角度划分为形成期、成长期、成熟期和更新期。四个阶段的演化周期为 t = [10, 50]、t = [50, 200]、t = [200, 350]、t = [350, 400]。t = 400 时刻，网络演化全过程结束。

(二) 模型参数设定

根据演化模型的增长机制，以及已有研究仿真实验以及参数设置，本书设计仿真实验从初始 $N_0 = 10$ 个节点开始，经过 400 个时间步，演化结束。参数设定如下：

形成期，$m_0 = 10$，$n_1 = 1$，$m_1 = 1$；成长期，$n_2 = 1$，$m_2 = 2$；成熟期，$n_3 = 1$，$m_3 = 1$；更新期，$n_4 = 1$，$m_4 = 1$，$n_5 = 1$，$m_5 = 1$。知识存量与节点影响力均取 (0, 1) 之间的随机数。

综上所述，本书涉及数据选取和参数设定如下：

(1) 初始网络 (t = [0, 10])，构建初始网络。t = 10 时刻网络中有 $N_0 = 10$ 个节点，这 10 个节点之间随机连接。

(2) 形成期 (t = [10, 50])，从 t = 10 时刻开始，每个时刻加入 1 个节点与网络中的 1 个节点相连产生 1 条边，代表发生知识交流。

(3) 成长期 (t = [50, 200])，每个时刻 t 加入 1 个新节点，选择 2 个网络中节点与之相连。

(4) 成熟期 (t = [200, 350])，每个时刻加入 1 个节点与网络中的 1 个节点相连。

(5) 更新期 (t = [350, 400])，①节点退出，随机选取 1 个节点，根据反择优连接概率选择 1 个节点与之断开链接，若因删除此条边导致小团体的出现，则一并删除这些节点和边；②增边连接，同一时刻，新加入个 1 节点，与网络中的 1 个节点相连。

（三）阶段仿真结果

1. 形成期价值网络知识结构仿真结果

在形成期末（t = 50 时刻）四种类型知识结构模型的拓扑结构图如图 5.1 所示，图（a）代表 KN 网络，图（b）代表 KS 网络，图（c）代表 BA 网络，图（d）代表 NW 网络。

在形成期（t =［10，50］）知识结构中新节点不断加入，网络中各节点间尝试建立知识合作。在这一时期，节点之间的知识合作关系有限，网络结构较为松散，整个网络中的节点之间知识合作关系简单，新进入企业遵循择优连接机制与已有企业构建知识合作关系，已有企业之间同样遵循择优连接机制形成知识合作关系，知识网络中少部分节点开始形成以其为中心的知识合作团体，呈现一定的集聚效应。如 KN 网络中的节点 3、4、5，KS 网络中的节点 0、1、6，BA 网络中的节点 1、5、8，而 NW 网络基于随机概率连接，因此并未体现明显的聚集效应。

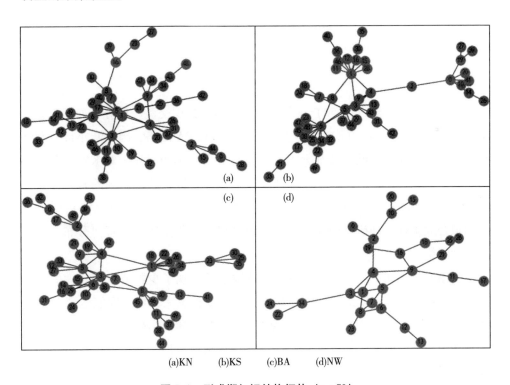

(a)KN　　　(b)KS　　　(c)BA　　　(d)NW

图 5.1　形成期知识结构拓扑（t = 50）

资料来源：笔者依据分析结果绘制。

四种知识结构的结构特征和知识特征如表 5.2 所示。在形成期 KN、KS、BA 网络都为新增 1 个节点与网络中节点连 1 条边，即网络在每个时间步新增 1 个节点与 1 条边，所以网络中节点数、边的数量和平均度都相同。但择优连接概率的不同导致网络结构存在差异，其中 KN 网络与 BA 网络的平均最短路径较小，知识结构中知识交流效率较高，平均聚类系数较小，网络联系紧密程度较低。

表 5.2　　　　　　　　　形成期末网络结构特征和知识特征 （t = 50）

知识结构模型	N	E	K	D	C	S	σ
KN	50	55	2.200	3.660	0.016	1.284	1.169
KS	50	55	2.200	3.861	0.032	1.280	1.595
BA	50	55	2.200	3.660	0.016	1.279	1.098
NW	27	32	2.370	3.695	0.056	0.595	0.817

　　注：N 表示节点数，E 表示边的数目，k 表示平均度，D 表示平均最短路径长度，C 表示平均聚类系数，S 表示平均知识存量，σ 表示知识离散程度。

　　资料来源：笔者依据分析结果总结。

　　形成期结束时刻（t = 50）三种网络模型节点知识交流广度分布如图 5.2 所示。其中图（a）（b）（c）分别表示 KN、KS 和 BA 网络，因 NW 小世界网络度分布不符合无标度网络特征，不具备参考意义，不予对比。对 KN 模型、KS 模型和 BA 模型网络中节点度进行幂律分布拟合。拟合结果得到的幂律分布指数分别为 1.842、2.043 和 2.315，可决系数 R^2 分别为 0.989、0.993 和 0.987，说明拟合效果好，即研究构建的企业知识网络在成长阶段服从幂律分布，属于无标度网络。

　　由图 5.2 可知，三种价值网络知识结构中都出现了少数节点度较大的中心节点，这些中心节点对应的企业其知识交流广度也更大，最大度值达到 11、13 和 10，而网络中大部分节点的度都为 1。这说明在知识结构中存在少数中心企业其知识交流广度更大，占据中心地位，具有高连通性，与多数企业建立知识合作关系，占据网络中大部分的知识资源。

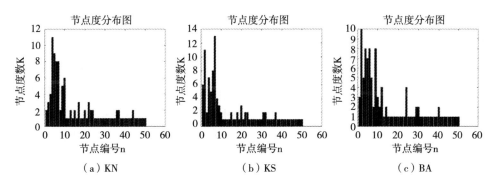

（a）KN　　　　　　（b）KS　　　　　　（c）BA

图 5.2　形成期节点知识交流广度分布（t = 50）

资料来源：笔者依据分析结果绘制。

形成期网络知识交流效率和网络联系紧密程度如图 5.3 所示。在网络形成阶段（t = [10，50]）随着新的企业不断加入知识网络，导致网络中节点间距离增加，网络的平均最短路径长度迅速提升，网络知识交流效率迅速降低。其中以 KS 网络更加明显，这是因为 KS 网络聚类系数较高，知识交流关系集中于少数节点间，使这些节点的最短路径变短，但其他大多数节点间的距离较大，网络平均最短路径长度因此提升。中心企业在 KS 网络中能够与更多的企业建立知识合作关系，从而获取更多的知识资源。相较而言，KN 网络与 BA 网络知识交流效率下降较慢，网络联系紧密程度较低，网络更为松散，有更多机会与新企业建立知识交流关系。

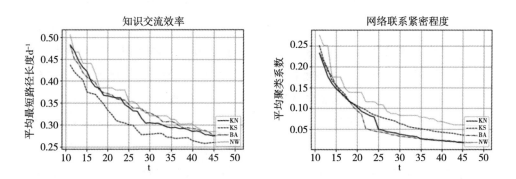

图 5.3　形成期知识交流效率和联系紧密程度（t = 50）

资料来源：笔者依据分析结果绘制。

形成期价值网络中知识水平与各节点知识水平离散程度如图 5.4 所示。随着知识结构在形成期的发展，新节点的加入给网络中注入新的知识资源，并与建立知识合作关系的企业进行知识交流，网络知识水平不断提高。但形成期网络节点间交流关系不够充分，网络知识水平的增长速率逐渐下降。形成期结束时（t = 50）网络以 KN 网络结构下的知识水平最高，达到 1.284，且知识离散程度较小，说明知识分布较为均匀，企业在网络中均衡发展。KS 网络虽然知识水平与 KN 网络相当，但各节点知识水平离散程度较高，节点间知识存量差距明显，在 KS 网络中中心企业知识存量具有明显优势。

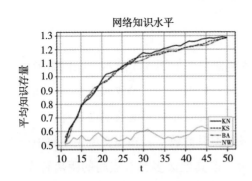
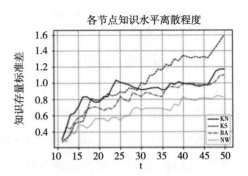

图 5.4　形成期知识水平及各节点知识水平离散程度（t = 50）

资料来源：笔者依据分析结果绘制。

2. 成长期价值网络知识结构仿真结果

在成长期末（t = 200 时刻）四种结构模型价值网络知识结构如图 5.5 所示。

在成长阶段（t = [50, 200]）知识结构迅速发展，大量节点加入网络与网络中节点建立知识合作关系，使节点间关系更加复杂，网络规模迅速增大。部分企业之间经过长时间的发展建立了稳定的知识合作关系，逐渐形成在网络中的知识核心地位，增加了联系紧密程度，知识结构显现一定的聚集效应。

四种知识结构的结构特征以及知识特征如表 5.3 所示。因为在成长期 KN、KS、BA 网络在每个时间步都新增 1 个节点与 2 条边，所以网络中节点数、边的数量和平均度都相同。但择优连接概率的不同导致网络结构存在差异，与形成期网络相同，相较于 KN 网络与 BA 网络，KS 网络的平均最短路径较小，网络知识交流效率较高。与形成期知识结构存在差异，平均聚类系数在三种结构间出现差异，KS 网络聚类系数最高，网络联系紧密程度较强，而 KN 网络聚类系

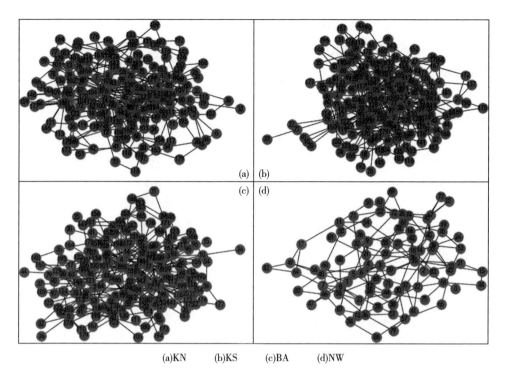

(a)KN　　　(b)KS　　　(c)BA　　　(d)NW

图 5.5　成长期知识结构拓扑（t = 200）

资料来源：笔者依据分析结果绘制。

数最低，网络联系紧密程度较弱。结果说明，在成长期 KS 知识网络结构中心企业知识存量优势明显，KN 知识网络结构中，整体知识水平更高。

表 5.3　　　　　　　　成长期末网络结构特征和知识特征（t = 200）

知识结构模型	N	E	K	D	C	S	σ
KN	200	355	3.550	3.714	0.051	2.197	2.970
KS	200	355	3.550	3.466	0.070	2.196	3.842
BA	200	355	3.550	3.633	0.061	2.164	2.872
NW	89	153	3.438	3.755	0.044	1.084	1.17

注：N 表示节点数，E 表示边的数目，k 表示平均度，D 表示平均最短路径长度，C 表示平均聚类系数，S 表示平均知识存量，σ 表示知识离散程度。

资料来源：笔者依据分析结果总结。

成长期结束时刻（t = 200）三种知识结构模型节点知识交流广度分布如图 5.6 所示。对三种模型节点度进行幂律分布拟合结果均属于无标度网络。由图 5.6 可知，相较于形成期三种知识结构，中心节点的知识交流广度持续增大，最大值达到 32、42 和 24。三种知识网络中节点度大于 5 的节点数比例增加，具有高知识交流广度的节点增加。

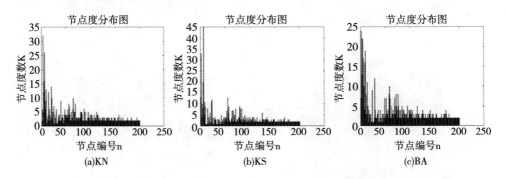

图 5.6　成长期节点知识交流广度分布（t = 200）

资料来源：笔者依据分析结果绘制。

　　成长期知识交流效率和网络联系紧密程度如图 5.7 所示。价值网络知识结构演化进入成长阶段（t = [50, 200]），网络规模迅速扩大，企业间广泛建立知识合作关系。NW 网络中平均最短路径迅速上升至 3.7 并在 3.7 附近上下震荡演进，说明在成长期 NW 网络中，各节点企业之间知识合作距离变化不明显，但要比其他三种网络长度大，知识交流效率相较 BA、KS 和 KN 知识网络更低。企业知识网络在 KN、KS、BA 三种网络中，平均最短路径长度都经历了先降后升的过程，曲线呈 "U" 形，说明成长期前期新节点加入带来的知识合作关系大于节点增加对平均路径长度增长的影响，而后期优势消失平均最短路径长度转为增长。三种结构中，BA 网络中平均最短路径长度降幅较小但转变为增长的时间更靠后，说明 BA 网络中，成长期知识合作关系平均距离的变化趋于平稳，知识交流效率变化不大。KN、KS 网络中平均最短路径长度降幅明显，网络在此时期知识交流效率大幅提高。但 KN 网络回升较快且回升幅度明显。分析其原因为，受择优连接机制影响，KN 网络中新进入企业知识合作关系形成，并非仅考虑度择优，而是综合考虑度和知识存量择优连接。新节点并未与中心节点连接，网络的平均最短路径长度明显提升，知识交流效率显著小于 KS 网络。

成长期网络联系紧密程度方面，KS 与 BA 结构下变化趋势基本相同，都经历急剧升高后缓慢回落，而 KN 结构下为缓慢上升再缓慢回落，研究结果说明，KN 知识网络中知识合作关系更均衡，KS 知识网络中，知识合作关系主要围绕中心企业。

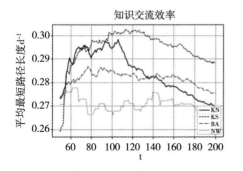
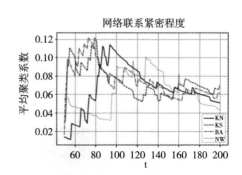

图 5.7　成长期知识交流效率和网络联系紧密程度（t = 200）

资料来源：笔者依据分析结果绘制。

成长期知识水平与各节点知识水平离散程度如图 5.8 所示。价值网络知识结构演化进入成长期后，网络知识水平增长速率呈现先快后慢的趋势。成长期结束时（t = 200）四种知识结构中，KN 网络的知识水平最高达到 2.197，且知识离散程度较小，知识分布较为均匀。KS 网络知识水平与 KN 网络相当，但各节点知识水平离散程度较高，节点间知识存量差距明显，中心企业知识存量优势明显。BA 知识网络中，因为新节点在加入网络时只考虑网络中节点的度，新进入企业优先与合作数量大的企业建立知识合作关系，所以网络中大部分的知识资源集中于极少的中心节点中，大部分节点的知识存量很少且差距不大，节点企业知识水平离散程度不高。

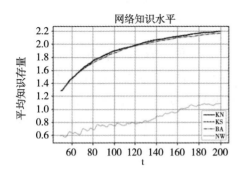
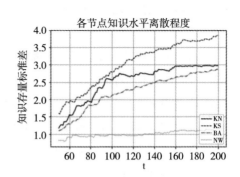

图 5.8　成长期网络知识水平及各节点知识水平离散程度（t = 200）

资料来源：笔者依据分析结果绘制。

3. 成熟期价值网络知识结构仿真结果

在成熟期末（t=350 时刻）四种价值网络知识结构模型的知识结构拓扑如图 5.9 所示。在成熟阶段（t=[200，350]）知识结构演化继续发展，节点间建立了稳定的知识合作关系，企业间知识合作分工格局逐步形成，节点数量趋于饱和，网络结构趋于稳定。

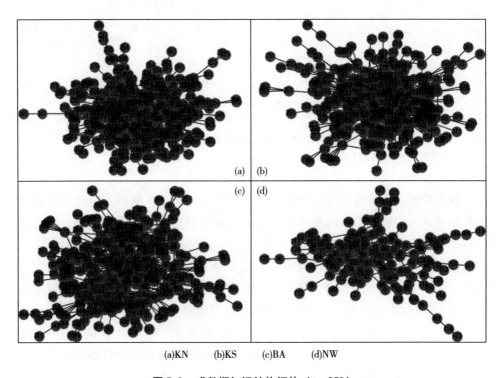

(a)KN   (b)KS   (c)BA   (d)NW

图 5.9 成熟期知识结构拓扑（t=350）

资料来源：笔者依据分析结果绘制。

四种价值网络知识结构的结构特征和知识特征如表 5.4 所示。在成熟期 KN、KS、BA 网络都为新增 1 个节点与网络中 1 个节点相连，网络中节点数、边的数量和平均度都相同，择优连接概率的不同使得网络结构存在差异。其中 KS 网络的平均最短路径最小，网络知识交流效率较高，平均聚类系数最大，网络联系紧密程度最高。网络平均知识水平方面仍是 KN 网络较高且分布均匀，KS 网络知识水平较低且节点间差异明显。

表 5.4　　　　　　　　成熟期末网络结构特征和知识特征（t = 350）

知识结构模型	N	E	K	D	C	S	σ
KN	350	505	2.886	4.518	0.024	1.900	2.868
KS	350	505	2.886	4.169	0.028	1.881	3.927
BA	350	505	2.886	4.338	0.024	1.885	2.998
NW	154	218	2.831	4.798	0.021	0.901	1.246

资料来源：笔者依据分析结果总结。

成熟期结束时刻（t = 350）KN、KS、BA 三种知识结构模型节点知识交流广度分布如图 5.10 所示。对 KN 模型、KS 模型和 BA 模型中节点度进行幂律分布拟合，结果显示三种知识结构模型均属于无标度网络。由图 5.10 可知，三种知识结构中中心节点的知识交流广度仍在增大，但相较于成长期，KN 和 BA 中心节点知识合作关系增幅较小分别为 5 和 6，最大值仅为 37 和 30。而 KS 网络最大中心节点知识合作关系则增加了 19 达到了 61，中心节点知识交流广度迅速提升。

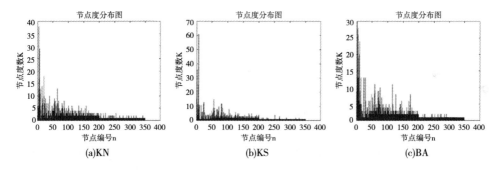

图 5.10　成熟期节点知识交流广度分布（t = 350）
资料来源：笔者依据分析结果绘制。

成熟期知识结构中知识交流效率和网络联系紧密程度如图 5.11 所示。价值网络知识结构在整个成熟期平均最短路径长度逐渐上升，知识交流效率则逐渐降低，四种结构下知识交流效率由高到低的排序为：KS、BA、KN 和 NW，网络联系紧密程度也符合此排序。

成熟期知识结构中知识水平与各节点知识水平离散程度如图 5.12 所示。知识结构发展进入成熟期后网络知识水平呈下降趋势，成熟期结束时（t = 350）

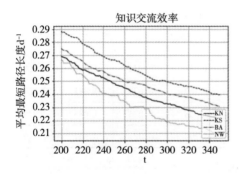
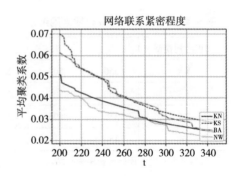

图 5.11　成熟期知识交流效率和网络联系紧密程度（t = 350）

资料来源：笔者依据分析结果绘制。

四种类型的知识结构中知识水平最高的为 KN 网络，由成长期末的 2.197 减少到成熟期末的1.900，KS 网络由2.196 降到1.881。各节点知识水平离散程度趋于稳定，不再扩大，且 BA、KS、KN 三类知识结构中 KS 网络离散程度最高，BA 网络次之，KN 网络最低。说明此时期知识结构逐渐稳定，各节点企业知识水平不再有明显变化。

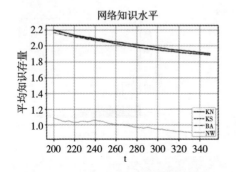
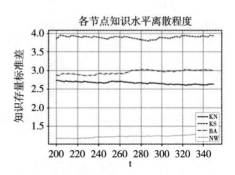

图 5.12　成熟期网络知识水平及各节点知识水平离散程度（t = 350）

资料来源：笔者依据分析结果绘制。

4. 更新期价值网络知识结构仿真结果

在更新期末（t = 400 时刻）四种类型价值网络知识结构模型的知识结构拓扑如图 5.13 所示。

由图 5.13 可知节点间链接关系复杂，且呈现一定程度的聚集效应。相对于（c）BA 结构网络的单一部分聚集程度高，（a）和（b）中有较多部分聚集程度

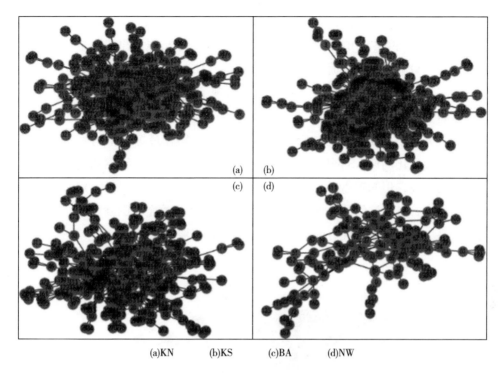

(a)KN 　　　 (b)KS 　　　 (c)BA 　　　 (d)NW

图 5.13　更新期知识结构拓扑（t＝400）

资料来源：笔者依据分析结果绘制。

高，形成一些的小团体。而（d）NW 结构网络因为连接概率 p＝0.45，表示企业加入网络的概率为 0.45，导致网络中节点数目相对较少，网络结构较为松散。四种价值网络知识结构的结构特征以及知识特征如表5.5所示。

表 5.5　　　　　　　　**更新期末网络结构特征和知识特征（t＝400）**

网络结构模型	N	E	K	D	C	S	σ
KN	370	446	2.411	4.900	0.010	1.728	2.991
KS	386	469	2.430	4.418	0.026	1.786	4.055
BA	386	436	2.259	5.037	0.016	1.778	2.948
NW	161	186	2.311	5.308	0.014	0.827	1.306

注：N 表示节点数，E 表示边的数目，k 表示平均度，D 表示平均最短路径长度，C 表示平均聚类系数，S 表示平均知识存量，σ 表示知识离散程度。

资料来源：笔者依据分析结果总结。

从表 5.5 中可以看出，KN 结构价值网络在更新期有大量节点退出网络，致使节点数比 KS 网络和 BA 网络少了 16 个，这是由于节点退出机制造成的。当网络演化至更新期的某一时刻 t，根据公式（5.10）中反择优连接概率 P（k_i）删除随机选取的一个节点的一条边，导致出现了小团体（如图 5.14 中的节点 233 与 249），从而被一并删除，导致网络中节点数迅速减少，网络知识水平下降。四种知识结构模型相比，KS 网络的平均最短路径最短且平均聚类系数最大，说明此演化周期 KS 网络的知识传播速度最快。同时，KS 网络的平均知识存量也为最高，但知识离散程度最高，平均聚类系数最大，表示节点间知识水平差距较大，且此网络的平均聚类系数最大，说明多数企业围绕中心企业建立合作关系，中心企业掌握着网络中大多数的知识资源和网络关系。

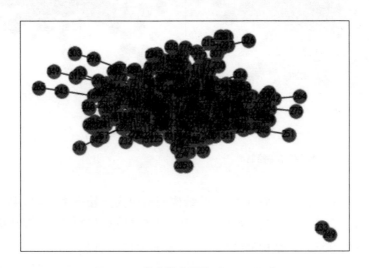

图 5.14　游离的小团体（233，249）

资料来源：笔者依据分析结果绘制。

从 KN 网络与 BA 网络中边的数目对比可知，即使 KN 网络中节点数较少，但边的数目和平均度都要大于 BA 网络。这是由于相对于 BA 网络只考虑节点度的择优连接概率导致新节点加入时只考虑与节点度高的节点相连，改进的择优连接概率给了 KN 网络中节点企业更加公平的机会。节点企业可通过高知识水平或者高影响力水平弥补知识合作关系不足，使其能够与新加入的节点建立知识合作关系，从而有更多的节点拥有较高的节点度，同时形成更多知识合作关系边。同样，KN 网络中平均最短路径长度要比 BA 网络的短，知识传播的效率更快；平均聚类系数比 BA 网络小，网络联系紧密程度较低。因此，KN 结构会使网络中具有高连接水平与高知识存量的节点较 BA 网络更多，知识的分布水平更均衡，企业间可更灵活地建立知识交流关系，有效提高网络整体的知识水平、知识交流效率和网络的稳定性。

图 5.15 表示演化结束时节点知识交流广度分布。知识结构演化末期，节点中最大知识交流广度值为 KN 的 33、KS 的 58 和 BA 的 25，其他节点的知识交流广度值主要集中在 2～4。KN 网络中低知识交流广度的节点分布较均匀，结果表明节点间普遍存在较多的知识交流。KN 网络结构更适合多企业均衡发展，而 KS 和 BA 网络更适合少数高知识水平网络发展。

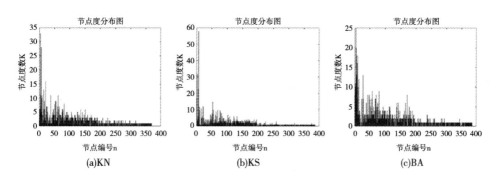

图 5.15　更新期节点知识交流广度分布（t = 400）

资料来源：笔者依据分析结果绘制。

更新期知识交流效率和网络联系紧密程度如图 5.16 所示。企业知识网络在更新期中平均最短路径长度呈震荡上升趋势，即知识交流效率呈震荡下降趋势。与之对应的网络联系紧密程度也呈下降趋势，当有重要节点退出时，网络联系紧密程度还会呈现剧烈下降趋势。其中 BA 网络的知识交流效率降幅明显，KN 与 KS 网络的知识流动效率下降趋势相近，但 KN 网络的联系紧密程度有明显下降趋势。

更新期知识水平与各节点知识水平离散程度如图 5.17 所示。价值网络知识结构进入更新期时网络结构逐渐稳定，网络规模达到饱和，知识发展缓慢，网络知识水平呈现下降趋势，各节点间知识水平不再有明显变化。为了维持网络以及自身的发展，与一些节点终止知识合作关系以改善自身知识水平和获取效率。此时被终止知识合作的企业将会被淘汰出知识结构，同时知识结构引入新的企业以期带来新的知识资源实现知识更新。

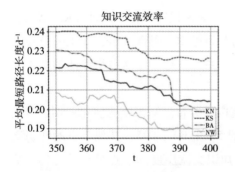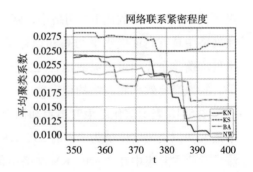

图 5.16　更新期知识交流效率和网络联系紧密程度（t = 400）

资料来源：笔者依据分析结果绘制。

进入更新期后，网络知识水平仍然呈下降趋势，其中 KN 网络的知识水平下降幅度大于其他网络，由成熟期末的 1.900 降到 1.728，且 KN 网络的各节点知识水平离散程度有所提高。KS 和 BA 网络的知识水平也有所下降，但下降趋势较为稳定，且各节点知识水平离散程度较为稳定。

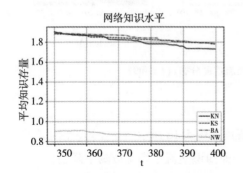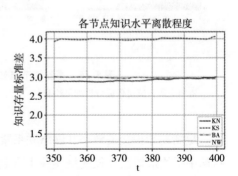

图 5.17　更新期网络知识水平及各节点知识水平离散程度（t = 400）

资料来源：笔者依据分析结果绘制。

三、价值网络知识结构演化结果分析

（一）知识交流效率

价值网络知识结构演化过程中，四种知识结构的知识交流效率的变化过程如图 5.18 所示。

在形成阶段（t = [10, 50]），随着新节点加入网络，网络规模迅速扩大，节点间知识交流路径增长，网络平均路径长度呈增长趋势，导致知识交流效率呈降低趋势。四种类型知识网络中，KS网络平均最短路径长度最长，知识交流效率最低，KN网络次之。

在成长阶段（t＝［50，200］），NW网络的平均最短路径长度围绕3.7震荡变化，而BA、KS、KN网络的平均最短路径长度呈现先下降后上升的趋势，知识交流效率呈现先上升后下降的趋势。平均最短路径缩短说明节点企业间进行知识交流的距离缩短，企业间知识交流效率提高。四种类型知识结构中，KS网络的知识交流效率由成长期的最低变为最高。KN网络知识交流效率由最高逐渐低于KS与BA网络。

在成熟阶段（t＝［200，350］），四种类型知识结构的平均最短路径长度呈上升趋势，知识交流效率呈现下降趋势。表明此阶段各节点间知识交流的路径相对固定，网络结构正趋于稳定。四种类型知识网络中，以KS网络知识交流效率最高。

在更新阶段（t＝［350，400］），四种类型知识网络的平均最短路径长度仍然呈现上升趋势，知识交流效率呈现下降趋势，但四种结构的知识交流效率差距逐渐扩大。KS网络知识交流效率仍为最高，且保持相对稳定，但KN网络在t＝375时刻平均最短路径长度突然加大，知识交流效率突然降低，与BS网络的差距骤然扩大。

平均路径长度变化趋势为先迅速变长后短期变短再缓慢变长。相应的知识交流效率则为先迅速减缓后短期加快再逐渐减缓的变化趋势。其中在成长期，知识交流效率会短期加快。

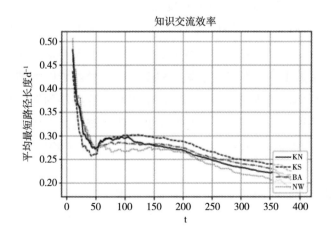

图5.18　知识交流效率变化过程（t＝400）

资料来源：笔者依据分析结果绘制。

（二）联系紧密程度

价值网络知识结构演化过程中，四种知识结构的联系紧密程度的变化趋势如图5.19所示。

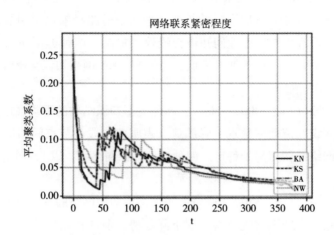

图5.19 联系紧密程度变化过程（t=400）

资料来源：笔者依据分析结果绘制。

在形成阶段（t=［10，50］），随着新节点加入网络，网络规模迅速扩大，节点间联系减弱，网络联系紧密程度迅速减弱，导致平均聚类系数呈现下降趋势。四种知识结构中，NW网络因节点数量少，联系紧密程度高于其他网络。除NW网络外，KS网络的联系紧密程度最高。

在成长阶段（t=［50，200］），平均聚类系数总体呈现先上升后下降的趋势，成长阶段前期节点间开始在网络中逐步建立自己的知识合作网络，聚集程度提高，聚类系数上升，网络联系紧密程度提高，稳固了网络结构。但是在网络成长阶段的后期，新节点的不断加入逐渐稀释了这些小的知识合作网络，使得网络整体平均聚类系数降低，网络联系紧密程度降低。在成长阶段前期，以BA网络和KS网络紧密程度较高，中期KS网络联系紧密程度较高，后期以KS网络联系紧密程度最高。

在成熟阶段（t=［200，350］），网络平均聚类系数降低的速度减缓，表明此阶段网络结构已经相对稳固，大量节点间的知识交流处于稳定状态，新节点的加入并不会对网络结构产生冲击。其中KS网络联系紧密程度降幅明显但仍是四种类型知识网络中最高。

在更新阶段（t = [350，400]），KN 与 BA 网络的平均聚类系数再次迅速降低，网络中一些重要节点退出，以此类节点为中心的知识结构遭到破坏，网络联系紧密程度降低。而 KS 网络的平均聚类系数则趋于平稳，旧节点的退出与新节点的加入形成平衡，网络进入稳定状态，网络联系紧密程度趋于平稳。

平均聚类系数变化趋势为先迅速降低后迅速升高再逐渐降低。相应的网络联系紧密程度同样为先迅速降低后迅速升高再逐渐降低的变化趋势。其中，网络在成长期，网络联系紧密程度会短期升高。

随着价值网络知识结构演化，知识交流效率呈现先降后升再降的变化规律，即知识交流效率从形成期迅速下降到成长期前期的短时间上升最终从成长期中后期到演化期末持续上升，联系紧密程度也对应遵循此变化规律。当新加入节点带来的边对最短路径的降低不足以抵消新节点对最短路径长度的提高时，网络平均最短路径变长，知识交流效率降低，平均聚类系数降低，网络联系紧密程度降低。反之则会降低网络平均最短路径，知识交流效率和联系紧密程度均提高。

（三）网络知识水平

参照实验设计设定的初始参数，初始参数设定相同、知识存量获取方式相同，当新节点加入知识结构的策略不同，四种知识结构知识水平变化情况如图 5.20 所示。

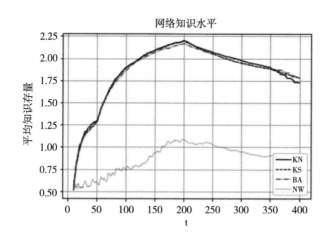

图 5.20　网络知识水平变化过程　（t = 400）

资料来源：笔者依据分析结果绘制。

由图 5.20 中可知，四种知识结构的平均知识存量都经历了先增后减的过程。在形成期与成长期（t = [10，200]）平均知识水平呈上升趋势，这是因为新节点加入带来的总体知识水平的上升大于新加入节点对平均知识水平的影响，而成熟期和更新期（t = [200，400]）平均知识水平呈下降趋势，这是因为新节点加入带来的总体知识水平的上升小于新加入节点对平均知识水平的影响。在 t = 200 时刻即网络的成长期末与成熟期初时刻平均知识存量最高，其中 KN 网络为 2.197，KS 网络为 2.196，BA 网络为 2.164，NW 网络为 1.084，可见 KN 网络知识水平较高。相较于初始网络平均知识存量 0.557，网络平均知识存量增长量为 1.640。整体知识水平变化规律为先迅速升高再缓慢升高，到达顶点后逐渐下降，到更新期可能出现知识水平迅速下降的情况。

各节点知识水平的离散程度如图 5.21 所示。从图 5.21 中可以看出，四种知识结构中各节点知识水平离散程度先扩大再趋于平稳并保持在一定的数值上下浮动。其中，KN 网络在 t = 160 时刻趋于平稳，标准差保持在 3.0 左右，在 t = 250 时刻有所下降，维持在 2.8 左右而 KS、BA 网络都是进入成熟期（t = 200）后才开始进入平稳期。相较于其他三种网络 KN 网络更早进入平稳期，并且在成熟期后有一定的缩小。说明在 KN 网络中可以有更多的企业增加知识存量，每个企业的知识存量与网络平均知识水平相差较少，且随着网络演化，在成熟期后期和更新期早期缩小了差距。

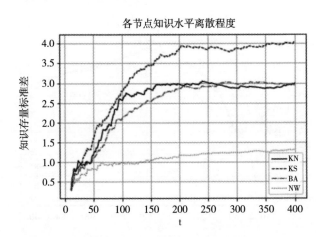

图 5.21　各节点知识水平离散程度变化过程（t = 400）

资料来源：笔者依据分析结果绘制。

BA 网络知识存量标准差始终大于其他三者,在成熟期(t = 200)后围绕 3.9 上下浮动,这符合 BA 网络的结构特征,即知识资源集中在少数中心节点企业中,而大多数节点企业只有少数的知识交流情况,知识水平较低。相对而言,KN 网络通过改变择优连接概率使企业在加入网络时除了要考虑目标企业节点度的大小,还应考虑其知识水平和影响力大小。这在一定程度上削减了中心企业的吸引力,从而给了更多企业进行知识交流的机会。

KS 网络相较于 KN 网络,新企业在加入网络时只考虑目标企业的节点度大小和知识水平高低,少了企业影响力的作用,导致部分影响力较大但节点度较小和知识水平较低的企业失去了竞争力。同时,由于择优连接概率影响,知识水平对企业决策时的影响力提高,拥有较高知识水平的节点往往更能被选择进行知识交流,网络中高知识存量的节点企业增多,网络中各节点知识水平离散程度较低。

NW 网络由于节点在每个时间步都有 0.55 的概率选择不加入网络,在整个演化过程中节点数逐渐与其他三种网络产生差距,导致知识水平和离散程度都与其他三者存在较大差别,但总体趋势一致。

综上所述,本书引入节点知识存量和影响力两种价值网络知识结构的节点属性,结合节点度对 BA 无标度模型增长的择优连接机制进行改进,并引入节点退出机制构建了四种价值网络知识结构演化模型。通过 Python 实现四种知识结构的仿真实验,探究知识结构的结构演化过程和知识水平变化规律。仿真结果表明,价值网络的 BA、NW、KS、KN 四种知识结构演化均经历形成期、成长期、成熟期和更新期四个阶段。KS 结构,中心企业知识水平可以得到有效提升;KN 结构,知识网络整体知识水平优势更突出。

第二节 价值网络组织结构演化

随着全球化程度加深,企业间合作更加频繁和深入,价值网络的组织结构呈现复杂性和动态性的特征。从组织维度解析价值网络的结构演化,是在聚焦价值网络中价值增值核心知识创新的基础上,从组织间关系视角解析价值网络的结构演化过程。本书聚焦价值网络的组织间供应关系,构建改进的 BBV 模型,进行仿真分析,并以东风汽车供应网络为例,对价值网络组织结构演化进行解析。

一、价值网络组织结构演化模型构建

（一）BBV 模型

巴拉特和巴特勒米（Barrat & Barthélemy，2004）创造性地建立了含权网络增长的一般模型，即 BBV 网络模型。该模型考虑了边的权重在网络中的影响，基于权重驱动动力学与网络增长耦合的权重增强机制，其结构增长与边权值动态演化相耦合可以较好地刻画现实网络的演化规则。

BBV 网络模型的具体步骤如下：

将加权网络的拓扑性质编码在矩阵 W 中，给出连接顶点 i 到 j 的边的权值为 W_{ij}，如果节点 i 和 j 不连接则 $W_{ij}=0$。索引 i，j 从 1 运行到 N，其中 N 是网络的大小。因该模型的无向性，故有 $W_{ij}=W_{ji}$。此外默认网络是不存在环的，即 $W_{ii}=0$。

根据简单无权网络中节点适应度的定义，在加权 BBV 网络中，引入节点的强度（即权重）S_i 这一概念见公式（5.16）。

$$S_i = \sum_{j \in \tau(i)} W_{ij} \tag{5.16}$$

其中，$\tau(i)$ 表示节点 i 的邻居节点所组成的集合。

加权 BBV 网络模型演化规则如下所示：

（1）初始设定：给定 m_0 个节点，组成一个彼此相连的全局耦合网络，并给每条边赋予相同的权重值 w_0。

（2）增长：每加入一个新节点 n 时，伴随着与新节点相连的 m 条边也加入原有网络中，故每加入一个节点时，这个节点会与原网络中的 m 个节点相连，这时，$m < m_0$。另外，新节点在选取与原网络中旧节点相连时是按照权重的大小进行选择的，一个旧节点 i 被选为新节点 n 相连的另一端的概率见公式（5.17）。

$$\prod_{n \to i} = \frac{S_i}{\sum_j S_j} \tag{5.17}$$

由公式（5.17）可知，点强度大的节点更有可能被连接。

（3）边权值的动态演化：每条新加入的边（n，i）的初始权值都赋为 w_0。为简化模型，认为新加入的边只会产生局部影响，即引发连接节点 i 的其他邻边的强度进行重新调整。调整规则见公式（5.18）和公式（5.19）。

$$W_{ij} \rightarrow W_{ij} + \Delta W_{ij} \tag{5.18}$$

$$\Delta W_{ij} = \delta_i \frac{W_{ij}}{S_i} \tag{5.19}$$

由上可知，每新引入一条边（n,i），都会给节点 i 带来额外的流量增量 δ_i，而与节点 i 相连的其他边会按照它们自身的权值比重共同负担流量增量 δ_i。因此，节点 i 的强度调整见公式（5.20）。

$$S_i \rightarrow S_i + \delta + w_0 \tag{5.20}$$

综上所述，加权 BBV 网络模型认为网络是一直增长的，即网络的规模可以逐渐扩大，网络之间也可以产生新的连边，且已经存在的连边的流量也将随着网络的生长而不断变化。价值网络的供应关系构成的组织结构中，添加新的顶点和链接将会至少在局部影响现有的权重，并且供应关系具有明显的方向性，因此需要对经典 BBV 模型进行改进。

（二）BBV 模型的改进

1. 规则改进

将价值网络组织结构的每一个企业主体视为复杂网络中的"节点"，而将企业间的供应关系视为复杂网络中的"边"，节点企业间的交易量视为"权重"。为了更好地理解组织结构的演化机制，从节点企业供应关系入手，研究组织结构中节点进入、退出和供应关系。

（1）增长规则

随着供应网络的不断发展，产业优势会吸引大量的零部件供应商、零售分销商加入网络中，与网络中的企业建立多种形式的供应关系。随着新企业的加入，供应网络的规模逐渐增长，企业间的关系也变得日益复杂。网络中新企业的不断加入，网络节点数量越来越多，节点之间的连边也随之增加，进而促进供应网络逐步演变成规模庞大、结构复杂的供应网络系统（Vazquez et al.，2016）。

（2）新加入节点择优连接规则

BBV 模型中，新加入供应网络的节点企业在选择上下游合作企业时，会综合考虑系统中各个顶点的强度和其所拥有的所有链路的权重，与强度和权重更高的顶点相连。新增节点选取位置更为核心，拥有更多供应关系，交易量更大的节点进行连接的意愿更强。

（3）已有节点择优连接规则

供应网络内部的节点企业，会存在已有节点互联的情况，即企业与其他企业之间由于扩展业务或者技术资源等需求，也会在原始网络中寻找符合要求的合作企业，建立新的供应连接，这种已有节点产生新的连边也会遵循节点强度择优的连接方式。这种建立联系的行为导致网络的连边数量逐渐增加，网络规模也相应得到扩充。

（4）权重变化规则

在供应网络中，每一家企业的进入或退出，每一条链路的连通或断裂都至少会在局部改变现有的权重。例如企业进入网络时，会带来新的业务资源，致使其他企业经营范围和交易量扩大。而某企业退出网络时，也会带走一部分供应资源，原本与其有供应关系的伙伴只能通过建立其他链路来保证自身的供应需求，这就引发了供应网络的权值变化。

（5）退出规则

供应网络内部各层级之间会存在部分同质节点，这些同质节点之间的竞争会导致一些节点被迫断开部分供应关系，以保证自身利益不受损。当网络中节点与其他节点的连接全部断裂时，该节点就会退出供应网络。节点连边的断裂是逐步断裂的过程，当该节点与供应网络内的所有节点的供应关系都终止时，就表示该节点从供应网络中删除。节点连边断裂也是遵循节点强度的反择优断开，即节点的连接越多、交易量越大，节点强度越大，其拥有的连边越不容易被断开；节点强度越小，越有可能被其他节点终止供应关系。

2. 算法改进

假设：w_{ij}为有向边$<i, j>$的权值，且没有必然的$w_{ij} = w_{ji}$成立；各顶点的强度分为入度和出度两个方向，i的入度$S_{ii} = \sum_{j \in \tau(ii)} w_{ji}$，出度$S_{i0} = \sum_{j \in \tau(i0)} w_{ij}$，其中，$\tau(ii)$是所有以$i$为终点的连线另一端点的集合，$\tau(i0)$是所有以$i$为起点的连线另一端点的集合。

模型构建有以下三个具体步骤。

（1）初始形态：给定m_0个顶点和e_0条全耦合网络边，给定初始权重w_0到每条边。

（2）动态演化：每个时间步如下。

①节点增加：将具有 p1 概率的新顶点加入网络中，连接到 m（m≤m₀）个

顶点以生成 m 条链路。每个顶点不允许自连接和重新连接。每条新链路的权值为 w_0。

节点 i 被连接的概率满足以下方程：

选择节点 i 作为新边入节点的概率见公式（5.21）。

$$\prod_{ii} = \frac{S_{ii}}{\sum S_{ji}} \tag{5.21}$$

选择节点 i 作为新边出节点的概率见公式（5.22）。

$$\prod_{io} = \frac{S_{i0}}{\sum S_{j0}} \tag{5.22}$$

②节点退出：以 p2 的概率任意删除网络中的一个节点，并删除 n 条与之相连的边，完成节点的退出。连边增加：以概率 p3 向网络中添加 h 条新边，新边的一端随机选择；连边删除：以 p4 的概率随机选择一个节点，根据公式（5.23）和公式（5.24）从连接到该节点的节点中确定其他 r 个节点，然后断开 r 条连边。

选择节点 i 作为删除边入节点的概率见公式（5.23）。

$$\prod_{ii}' = \frac{1 - \prod_{ii}}{N_t - 1} \tag{5.23}$$

选择节点 i 作为删除边出节点的概率见公式（5.24）。

$$\prod_{io}' = \frac{1 - \prod_{io}}{N_t - 1} \tag{5.24}$$

N_t 表示网络中经过 t 个时间间隔的节点总数。

（3）边权值的动态演化：每次新加入的边赋予一个初始权值 w_0，同 BBV。

①节点增加：每个时间步增加的新的节点都会伴有新的边的增加，新边的存在将在整个网络中引起现有权重的变化，变化规则如下：

若新加入的边为入边，则 i 及 i 的邻居节点量值调整规则见公式（5.25）和公式（5.26）。

$$S_{ii} = S_{ii} + w_0 + \delta_i \tag{5.25}$$

$$w_{ji} = w_{ji} + \Delta w_{ji} \tag{5.26}$$

其中，$\Delta w_{ji} = \delta_i w_{ji}/S_{ii}$，$\delta_i$ 为给 i 新增加一条入边所给 i 带来的额外权重。

若新加入的边为出边，则 i 及 i 的邻居节点量值调整规则见公式（5.27）和公式（5.28）。

$$S_{i0} = S_{i0} + w_0 + \delta_i \tag{5.27}$$

$$w_{ij} = w_{ij} + \Delta w_{ij} \tag{5.28}$$

其中，$\Delta w_{ij} = \delta_i w_{ij}/S_{i0}$，$\delta_i$ 为给 i 新增加一条出边所给 i 带来的额外权重。

②连边增加：设只在现有网络的节点中增加新的连接，只影响连接的两个端点的权值发生变化，故增加新边〈i，j〉，权值调整规则见公式（5.29）至公式（5.31）。

$$S_{i0} = S_{i0} + w_0 \tag{5.29}$$

$$S_{ji} = S_{ji} + w_0 \tag{5.30}$$

$$w_{ij} = w_{ij} + w_0 \tag{5.31}$$

③节点退出和连边删除：发生节点退出或连边删除时，网络中其余节点就会重新安排权重进行权值更新。设退出一个入强度为 S_{iv}，出强度为 S_{ov} 的节点 v，节点 i 的入边权重 Δw_{ji} 见公式（5.32），出边权重 Δw_{ij} 见公式（5.33）。

$$\Delta w_{ji} = S_{iv} \frac{w_{ji}}{\sum_{a,b} w_{ab}} \tag{5.32}$$

$$\Delta w_{ij} = S_{ov} \frac{w_{ij}}{\sum_{a,b} w_{ab}} \tag{5.33}$$

二、价值网络组织结构演化模型仿真

本书运用 Matlab 工具模拟价值网络组织结构演化过程，聚焦价值网络的组织间供应关系，以供应网络为研究对象。参考徐兴（2012）对供应网络无标度结构的构建，设定仿真的初始状态为 $m_0 = 5$，$N = 130$，$w_0 = 1$。同时借鉴托莫米和坎基（Tomomi & Kanji，2014）基于复杂网络视角对供应网络的结构特征及其时间过渡的研究以及丁飞等（2018）对供应网络演化进程的研究进行参数设定。本书将网络规模从 5 增长到 130 个节点的演化过程划分为四个时期，即网络的初生期、成长期、成熟期和更新期，分析演化过程。

（一）初生期价值网络组织结构

在初生阶段，设 m = 3，n = 1，h = 2，r = 0，N = 40，通过分析仿真生成网络的拓扑、度分布、$\bar{d}$、L 和 C 等基本特征量归纳其演变规律。

1. 拓扑结构

在初生期，网络规模增长至 20 和 40 时的拓扑结构如图 5.22 所示。

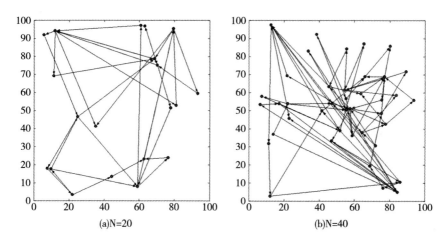

(a)N=20　　　　(b)N=40

图 5.22　初生期拓扑结构（N=40）

资料来源：笔者依据分析结果绘制。

图 5.22 中 a、b 两图分别是节点规模达到 20、40 时，对应的供应网络演化仿真的拓扑结构，在供应网络的初生状态有新企业加入，是整个网络供应关系快速发展的阶段。从网络结构来看，在这一时期，节点之间的关系是较为松散的。由于企业的快速生长和择优机制的存在，新企业不断加入网络中来，选择网络中拥有较强交易能力即权重大，或者交易范围广、供应关系数量多即度值大的汽车企业进行相连，有向选择更加明确，部分核心节点企业占据结构洞位置，自身不断成为具有影响力的网络节点，出现部分度值较大的核心企业。

从网络规模来看，企业在进入网络之中，经过多次交易之后，逐步形成较稳定的供应关系，彼此之间的供应次数增多，交易量不断提高，连边权重不断增加，促使网络的集聚系数逐渐增大。同时，随着企业之间的关系强度不断加大，网络规模也在不断优化，外部主体加入网络，成为新的网络节点，增加新的网络连边，使得整体网络节点规模和连边数呈现快速增长的趋势，供应网络规模不断加大。

2. 度分布

对仿真得到的网络各节点的度值进行统计，得到各节点的度值分布图，如图 5.23 所示。从整体上看，一方面，网络中出现少数度值较大的节点，其度值最大达到 9，这表明在供应网络中存在少数核心节点，与其他节点相比，在交易市场中占据着结构洞的位置，与众多的网络伙伴有供应关系；另一方面，大部分节点的度值都较小，集中在 2~4，说明在供应网络的初生阶段，企业的能力和业务范围有限，大部分的企业都只与很少的企业存在交易往来。

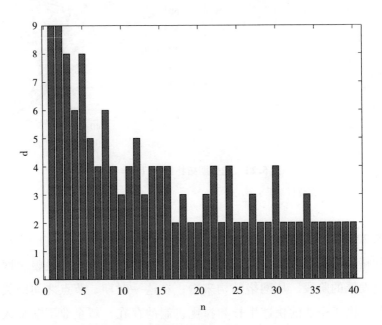

图 5.23　初生期节点度值分布 （N=40）
资料来源：笔者依据分析结果绘制。

仿真网络的度分布如图 5.24 所示，其中（a）表示为各节点的入度分布，（b）表示为各节点的出度分布，在初生期网络的度分布符合幂律分布。这一时期 80% 的节点分布在度值为 2~4，20% 的节点分布在 5~9，节点的最大入度和出度均为 5。初生期虽然整体节点的连接度都还处于较低的水平，但是每个节点都与自己最临近的企业发生连边，交易数量和交流频率正在提高，整个网络是一个发展上升的趋势。另外，网络中也出现了节点度为 9 的度值大的点，成为网络的核心节点。

借助 Matlab 的幂律拟合工具箱对供应网络初生期的节点度分布进行数据拟合，如图 5.25 所示。在图 5.25 中，x 轴是度数 d，y 轴取 d 的概率 p（d），得到相应指标 $\gamma=1.681$，R^2 为 0.903，数值接近 1 说明拟合程度较高，网络在初生期的度分布具有幂律性，符合无标度特征。

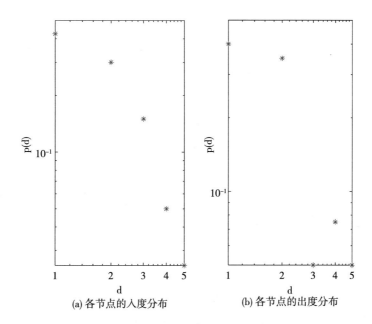

(a) 各节点的入度分布　　　　　　(b) 各节点的出度分布

图 5.24　初生期节点出入度分布（N = 40）

资料来源：笔者依据分析结果绘制。

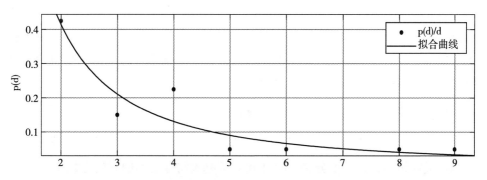

图 5.25　初生期节点度的概率拟合曲线（N = 40）

资料来源：笔者依据分析结果绘制。

3. 平均度$\bar{d}$

当网络规模生长到节点数 N = 40 时，其$\bar{d}$ = 3.600，即每个节点有直接连边的数量为 3.600。说明在网络的初生期，每个节点平均有 3.600 条业务连边，即有 3.6 个供应伙伴。

4. 集聚系数 C

集聚系数反映的是供应网络中企业相互联系的密切程度，代表网络的连通性。当网络规模增长到 N = 40 时，C 为 0.165。初生期网络的集聚系数偏大，密切程度较高。这是由于在初生期，网络节点较少，早期进入网络的核心企业掌握着关键资源，大部分的新企业只能通过核心企业与周边的企业建立供应关系，才能获得更多的市场信息和技术交流，实现迅速发展壮大，与初生期供应网络规模呈现增长趋势相符。

5. 平均最短路径$\bar{L}$

对于复杂供应网络来说，网络平均最短路径体现的是产品从供应网络的上游到流入终端市场完成全部供应环节所经过的平均最小中转节点数。当供应网络演化到节点 N = 40 时，其平均最短路径$\bar{L}$为 2.921，说明各节点企业供应关系的达成至少要经过 3 个节点。在网络初生期 N ∈（5，40），供应网络平均最短路径相对偏小，表明在网络初生期，企业之间的供应关系较少的状态。表现在网络效率方面，众多新加入网络的企业迅速扩充了网络规模，网络扩张的速度超过了供应关系建立的速度，导致了平均最短路径变大，网络效率的变化表现为节点之间开始进行资源和信息的扩散，即部分核心主体在发展过程中不断建立供应关系，吸收外部的互补性资源，并利用供应伙伴带来的信息、政策等服务。但由于此阶段整体业务范围有限，网络还处于探索、适应的初生阶段，网络整体的协调性和效率处于较低水平。

（二）成长期价值网络组织结构

在供应网络的成长阶段，设 m = 2，n = 2，h = 2，r = 2，N = 70，通过分析仿真生成网络的拓扑、度分布、$\bar{d}$、$\bar{L}$和 C 等基本特征量归纳其演变规律。

1. 拓扑结构

在成长期，网络规模增长到 55 和 70 时的拓扑结构如图 5.26 所示。

图 5.26 中（a）（b）两幅图分别是节点规模达到 55、70 时，对应的供应网络演化仿真的拓扑结构，在网络节点数从 55 发展到 70 的阶段，网络结构出现明显的密集化。表明在成长期，供应网络的集聚效应形成良性循环，即集聚效应所带来的规模经济增加的供应网络，吸引了更多成员进入供应网络，大量的新增成员又进一步地加剧了这种集聚效应的影响力。由于择优连接机制的存在，新企业倾向于连接已有多个连接的节点，出现"簇"的形态，即核心节点

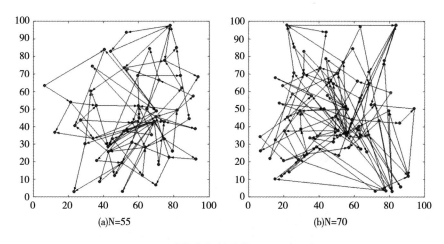

(a)N=55　　　　　　　　　(b)N=70

图 5.26　成长期拓扑结构（N=55－70）

资料来源：笔者依据分析结果绘制。

的发展速度较快，交易联系较大。

成长期的网络结构与初生期对比，网络的密集程度和边的数量有了显著的提高，并在有向选择机制的作用下，节点之间迅速建立联系，供应网络规模迅速增大。

2. 度分布

仿真中得到的成长期网络，即网络规模 N=70 时，统计各节点的度值如图 5.27 所示，各节点的入度分布和出度分布如图 5.28（a）（b）所示。分布图显示，此时出现了连接数量为 17 的节点，连接边数量远超过剩余节点。与初生期的度分布相比，在成长阶段，节点度值普遍有所增加，并出现了度值为 17 的核心节点，度值处于 2~7 的节点概率较大，节点的最大入度为 8，最大出度为 9。供应网络在经历了初生阶段基于交流成本和业务扩展的需求，与近邻企业建立供应关系，完成了初步的资源获取后，网络的规模和核心企业的度值都有了很大的增长。在成长期，网络中有方向的优先附着机制对各个节点的影响开始显著，网络节点更加有目的性地选取连接多、交易量大的节点，以提高自己的网络地位。新的节点的加入让网络内部节点的竞争力更大，从而吸引更多的外部节点加入。因此产生了度值远远大于其他节点的核心节点。

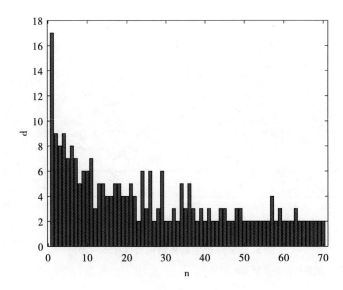

图 5. 27　成长期节点度值分布（N = 70）

资料来源：笔者依据分析结果绘制。

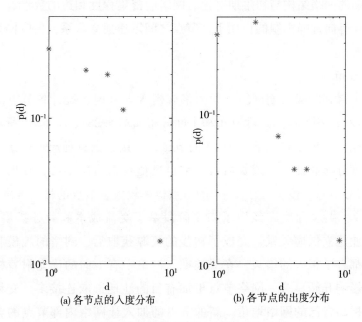

(a) 各节点的入度分布　　　　　　　(b) 各节点的出度分布

图 5. 28　成长期节点出入度分布（N = 70）

资料来源：笔者依据分析结果绘制。

借助 Matlab 的幂律拟合工具箱对汽车供应网络成长期的节点度分布进行数据拟合，如图 5.29 所示。x 轴是度数 d，y 轴取 d 的概率 p（d），得到相应指标

$\gamma = 1.772$，R^2 为 0.980，数值接近 1 说明拟合程度较高，网络在成长期的度分布具有幂律性，符合无标度特征。

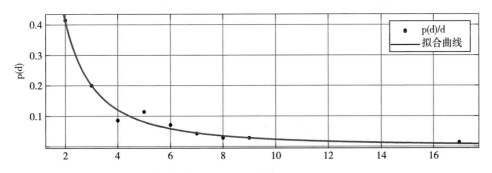

图 5.29　成长期节点度的概率拟合曲线 （N = 70）

资料来源：笔者依据分析结果绘制。

3. 平均度$\bar{d}$

用 Matlab 软件，在不改变网络演化规则情况下，统计网络规模在 45 ~ 70 的平均度值，绘制平均度$\bar{d}$随网络节点数量而变化的折线图，如图 5.30 所示。图中每个网络规模 N 所对应的$\bar{d}$值均为 Matlab 模拟 10 次后所取均值。

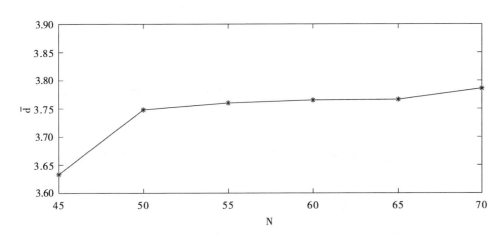

图 5.30　成长期平均度$\bar{d}$与网络规模 N 的关系

资料来源：笔者依据分析结果绘制。

由图 5.30 可知，伴随网络规模 N 的扩大，$\bar{d}$呈现增长趋势。在网络规模为 45 增长到 55 时，出现陡增，随后平稳上升，且斜率逐渐降低。成长阶段的平均度范围为 3.633～3.786。在该时期，供应网络内外部环境的优化，以及信息技术、专业技能等知识的溢出为处于成长期的供应网络带来了积极影响。随之而来的也有一些弊端，如网络规模急速扩张使内部资源不断被消耗，内部资源不足的情况下，新加入的节点不能满足其正常的运营需求。此外，网络内也存在着同质企业较多等问题，因此导致了成长阶段的平均度较初生期仅有微小的增长。

4. 集聚系数 C

用 Matlab 软件，在不改变网络演化规则情况下，统计网络规模在 45～70 的集聚系数 C，绘制集聚系数 C 随网络节点数量而变化的折线图，如图 5.31 所示。图中每个网络规模 N 所对应的 C 值均为 Matlab 模拟 10 次后所取均值。

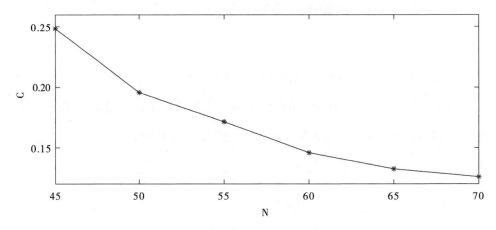

图 5.31　成长期集聚系数 C 与网络规模 N 的关系

资料来源：笔者依据分析结果绘制。

随着网络规模 N 的增加，集聚系数 C 呈现出逐渐减少的趋势，由 0.248 下降至 0.126。成长阶段的集聚系数达到了供应网络演化各阶段的峰值，此时网络的集群趋势明显，连通性提升，节点或边受到破坏后，由于同质企业的存在，有多条备用路径确保供应网络的正常运转，此时网络的灵活性高，技术资源的扩散和信息的传播更加高效。随着网络的不断发展，也开始出现上下游供需层次的划分，因此集聚系数呈现逐渐下降的态势。

5. 平均最短路径 L

用 Matlab 软件，在不改变网络演化规则情况下，统计网络规模在 45～70 的平均最短路径 L̄，绘制平均最短路径 L̄ 随网络节点数量而变化的折线图，如图 5.32 所示。图中每个网络规模 N 所对应的 L̄ 的数值均为 Matlab 模拟 10 次后所取均值。

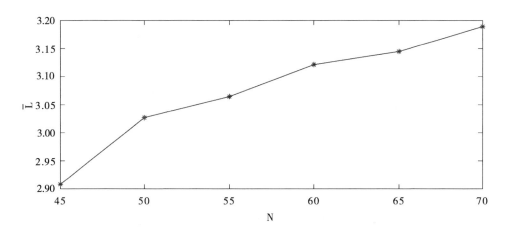

图 5.32　成长期平均最短路径 L̄ 与网络规模 N 的关系
资料来源：笔者依据分析结果绘制。

随着网络规模 N 的增加，平均最短路径持续上升，且斜率下降，增速变缓，由 2.908 增加到 3.190。成长期的汽车供应网络，节点之间的供应关系要经过 3 个节点完成，较初生期的平均最短路径有所增加。此时供应网络规模极速扩张，网络成员也在持续发展，旧节点也会不断满足新节点的需求，不同类型的供应商不断建立合作链接，各节点间通过频繁紧密的贸易往来，整合优化自身的资源获取结构，扩大网络中的合作范围。

（三）成熟期价值网络组织结构

在成熟阶段，设 m=2，n=2，h=2，r=2，N=100，通过分析仿真生成网络的拓扑图、度分布、d̄、L̄ 和 C 等基本特征量归纳其演变规律。

1. 拓扑结构

在成熟期，网络规模增长到 85 和 100 时的拓扑结构如图 5.33 所示。

图 5.33 中（a）（b）两幅图分别是网络规模 N 达到 85、100 时，对应的供应网络演化仿真的拓扑结构，由图可知，在节点数为 85、100 的阶段，网络的密集程度增加得并不明显，大部分密集出现在原本聚集程度高的区域。在此阶

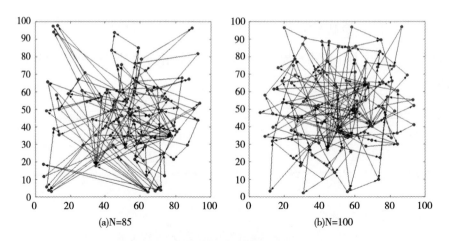

图 5.33　成熟期拓扑结构（N＝85－100）

资料来源：笔者依据分析结果绘制。

段，供应网络的发展已经经历了成长期的节点数量的量变过程，步入了发生质变的成熟期。质变的出现是在供应网络前阶段的持续积累、渐进式的发展过程中出现的突破式的演进，即供应网络各节点都形成了成熟的交互方式，网络内的规则和制度已经成熟，其相互关系更加协调，这一阶段供应网络发展的主要特点为供应网络规模和网络结构更加稳定。

2. 度分布

仿真中得到的成熟期网络，即网络规模 N＝100 时，统计各节点的度值如图5.34 所示。各节点的入度分布和出度分布如图 5.35（a）（b）所示。在成熟阶段，节点度值普遍有所增加，并出现了度值为 20 的核心节点，有 96% 的节点度值分布在 2～9，节点的最大入度是 9，最大出度是 11，在分布上，度值在 7 以上的节点所占比重增大。表明在经历了成长期迅速扩张之后，网络进入成熟阶段，每个企业的经营模式和主营业务已经固定，有固定的上下游供需伙伴。早期进入网络的企业与网络中大部分企业都形成了大量的交易往来联系，其能力得到大幅度提升，具备一定的吸引力，而新加入的节点在这种吸引力的作用下，根据自身能力择优连接。因此呈现出成熟期的节点度值的分布向右偏移，度值分布范围增大，核心节点愈发凸显的状态。

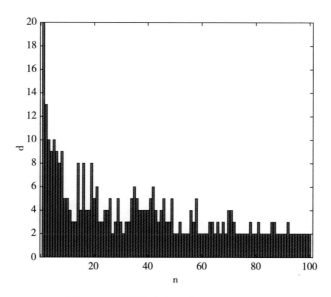

图 5. 34　成熟期节点度分布（N = 100）

资料来源：笔者依据分析结果绘制。

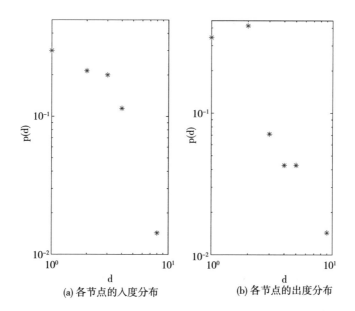

(a) 各节点的入度分布　　　　　　(b) 各节点的出度分布

图 5. 35　成熟期节点出入度分布（N = 100）

资料来源：笔者依据分析结果绘制。

借助 Matlab 的幂律拟合工具箱对供应网络成熟期的节点度分布进行数据拟合，如图 5. 36 所示。x 轴是度数 d，y 轴取 d 的概率 p（d），得到相应指标 γ =

1.536，R^2 为 0.973 5，数值接近 1 说明拟合程度较高，网络在成熟期的度分布具有幂律性，符合无标度特征。

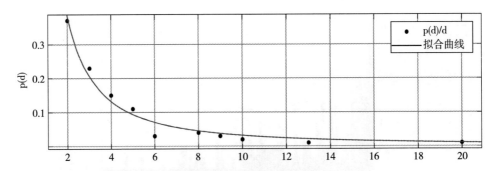

图 5.36 成熟期节点度的概率拟合曲线（N=100）

资料来源：笔者依据分析结果绘制。

3. 平均度 $\bar{d}$

用 Matlab 软件，在不改变网络演化规则情况下，统计网络规模在 70～100 的平均度 $\bar{d}$ 值，绘制平均度 $\bar{d}$ 随网络节点数量而变化的折线图，如图 5.37 所示。图中每个网络规模 N 所对应的 $\bar{d}$ 的数值均为 Matlab 模拟 10 次后所取均值。

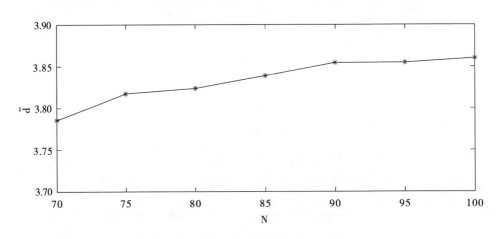

图 5.37 成熟期平均度 $\bar{d}$ 与网络规模 N 的关系

资料来源：笔者依据分析结果绘制。

随着网络规模 N 的增加，平均度 $\bar{d}$ 增长平缓，最终在网络规模到达 90～100

时，稳定在 3.861，在供应网络的成熟阶段，每个企业平均与约 4 个的企业发生供应关系。成熟期的网络中新增节点和删除节点的速度保持一致，受到负反馈调节的影响，维持供应网络环境的稳态。各企业在考虑自身经营目标和成本的前提下，受到有向择优连接的影响，完成并保持着稳定的供需关系。与此同时，该时期存在某些企业断开网络中链路，退出供应网络。

4. 集聚系数 C

用 Matlab 软件，在不改变网络演化规则情况下，统计网络规模在 70~100 的集聚系数 C，绘制集聚系数 C 随网络节点数量而变化的折线图，如图 5.38 所示。图中每个网络规模 N 所对应的 C 的数值均为 Matlab 模拟 10 次后所取均值。

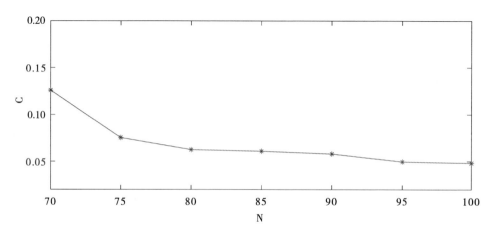

图 5.38　成熟期集聚系数 C 与网络规模 N 的关系

资料来源：笔者依据分析结果绘制。

随着网络规模 N 的增加，集聚系数 C 呈现出逐渐下降的趋势，在网络规模达到 80~100 时趋于平稳，整体由 0.126 下降至 0.048。在成熟的供应网络中，企业在相邻层级中一般有固定的供应商和客户，但在同一层级中，由于同质企业提供的产品和服务类似，业务和交易互动不充分，集聚系数整体有所下降。

5. 平均最短路径 L

用 Matlab 软件，在不改变网络演化规则情况下，统计网络规模在 70~100 的平均最短路径 L，绘制平均最短路径 L 随网络节点数量而变化的折线图，如图 5.39 所示。图中每个网络规模 N 所对应的 L 的数值均为 Matlab 模拟 10 次后所取均值。

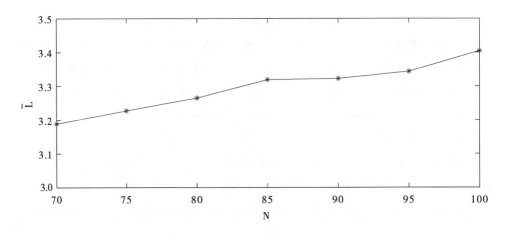

图 5. 39   成熟期平均最短路径$\bar{L}$与网络规模 N 的关系
资料来源：笔者依据分析结果绘制。

随着网络规模 N 的增加，平均最短路径持续上升，网络规模增加到 85 ~ 100 时，L 的上升速度缓慢，平稳在 3.300 ~ 3.400。节点之间的供应关系要经过 4 个节点完成，该网络的业务范围广，相邻层级之间传输频率高，成熟期的平均最短路径较前两个阶段有所增长。此时的供应网络新增节点与退出节点的速度基本一致，网络结构稳定，组织结构呈现扁平化，各节点间通过择优机制选择贸易往来对象，整合优化自身的资源获取结构，保持稳定的供需关系，呈现成熟期平均最短路径缓慢上升的趋势。

（四）更新期价值网络组织结构

在供应网络的更新阶段，设 m = 1，n = 4，h = 1，r = 1，N = 130，通过分析仿真生成网络的拓扑、度分布、$\bar{d}$、$\bar{L}$ 和 C 等基本特征量归纳其演变规律。

1. 拓扑结构

在更新期，网络规模增长到 130 时的拓扑结构如图 5.40 所示。

更新阶段时，新增节点数量开始减少，断开连边数量开始增加，网络结构相较成熟期没有出现显著变化。此时，供应网络在经历了成熟发展阶段后，网络已发展为高度连通的内部化网络，与外部的信息交汇减少。与此同时，网络开始出现结构性冻结，结构僵化和初步封闭状态显现。

2. 度分布

仿真网络规模 N = 130 时，统计各节点的度值，如图 5.41 所示，各节点的

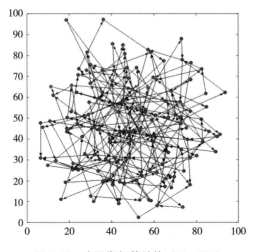

图 5.40 衰退期拓扑结构（N = 130）

资料来源：笔者依据分析结果绘制。

入度分布和出度分布，如图 5.42（a）（b）所示。核心节点的连接度最高为 15，其余大部分分布在 2 ~ 4，节点的最大入度为 7，最大出度为 8。

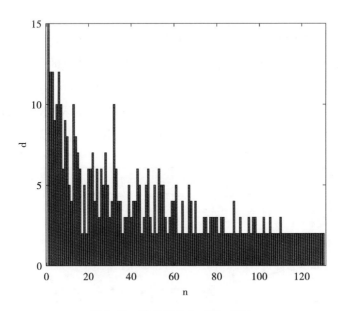

图 5.41 节点度分布（N = 130）

资料来源：笔者依据分析结果绘制。

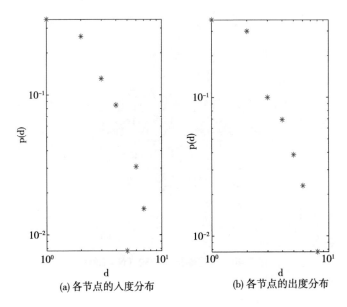

(a) 各节点的入度分布 (b) 各节点的出度分布

图 5. 42 节点出入度分布（N =130）

资料来源：笔者依据分析结果绘制。

与成熟期的度分布相比，网络内占据结构洞位置的核心节点存在退出的现象，导致部分节点的度值急剧下降，度值为 5 ~ 11 的节点数量明显减少，度值较大的节点消失，如成熟期节点度为 20 的节点消失，节点的最大度值仅为 15。

借助 Matlab 的幂律拟合工具箱对供应网络节点度分布进行数据拟合，如图 5.43 所示。x 轴是度数 d，y 轴取 d 的概率 p（d），得到相应指标 $\gamma = 1.932$，R^2 为 0.987，数值接近 1 说明拟合程度较高，网络的度分布具有幂律性，符合无标度特征。

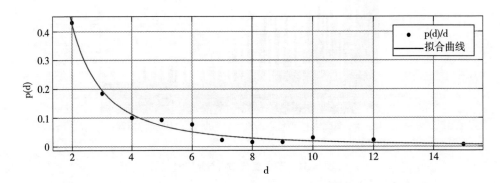

图 5. 43 节点度的概率拟合曲线（N =130）

资料来源：笔者依据分析结果绘制。

3. 平均度d̄

当供应网络演化到节点 N = 130 时，网络的平均度d̄为 3.862，相比于成熟期网络规模为 100 时，平均度没有增加，反映出网络节点的度值普遍下降，此时的供应网络往往面临结构上的负面锁定。网络中的核心节点会尽可能选择保持原有的生产经营模式，应对外部环境变化能力降低，一些节点退出网络。

4. 集聚系数 C

当供应网络演化到节点 N = 130 时，网络的集聚系数 C 为 0.054。此阶段，虽然网络规模不断增加，集聚系数一直处于较低的水平，由于部分核心节点从网络中退出，大量的网络供应连接断开，供需不稳定，网络呈现松散化的趋势。

5. 平均最短路径L̄

当供应网络演化到节点 N = 130 时，网络的平均最短路径L̄为 3.454。相较于成熟期的网络特性，网络规模的增长对网络的平均最短路径影响不大，没有出现明显的变化。节点之间的联系从稳定趋于固化，即使有新加入的企业，原有企业也不愿意拓展新业务，建立新供应关系，网络结构弹性降低。

三、价值网络组织结构演化实例分析

通过对东风汽车供应网络的复杂特征进行分析，得出各年度东风汽车供应网络特征量与模型对比分析如表 5.6 所示。通过对比供应网络演化仿真过程与东风汽车供应网络发展过程，发现模型仿真的初生阶段，即网络规模从 0 成长为 40 时，供应网络d̄为 3.600，C 为 0.165，L̄为 2.921，网络特征指标值与 2009 年底东风汽车供应网络特征基本一致；模型仿真成长阶段，d̄增加至 3.786，C 为 0.126，L̄为 3.190，与 2015 年底东风汽车供应网络特征基本一致；在模型仿真的成熟阶段，供应网络d̄稳定在 3.860 左右，C 为稳定在 0.048 左右，L̄在 3.400 左右，与 2019 年底东风汽车供应网络特征基本一致。综上所述，可以对标模型仿真结果与东风汽车供应网络发展过程，1969～2009 年是供应网络的初生阶段，2010～2015 年是供应网络的成长阶段，2016～2019 年是供应网络的成熟阶段。

表 5.6　　　　　　　　各阶段东风汽车供应网络的模型对比分析

网络发展阶段		网络规模 N	平均度 $\bar{d}$	集聚系数 C	平均最短路径 $\bar{L}$	幂律系数 γ
仿真模型	初生期	40	3.600	0.165	2.921	1.681
	成长期	70	3.786	0.126	3.190	1.772
	成熟期	100	3.861	0.048	3.400	1.536
	衰退期	130	3.862	0.054	3.454	1.932
东风汽车 供应网络	1969~2009 年	37	3.081	0.120	2.833	1.059
	2010~2015 年	68	3.706	0.122	3.298	0.941
	2016~2019 年	90	3.867	0.041	3.321	0.942

资料来源：笔者依据分析结果总结。

对比仿真模型和东风汽车供应网络演化可知，2019 年底东风汽车供应网络的各个指标中平均度为 3.867，高于成熟期和衰退期，集聚系数为 0.041，略低于成熟期且远低于衰退期，平均最短路径为 3.321，略低于成熟期和衰退期。根据模型仿真结果，结合东风汽车供应网络现状分析，研究认为目前东风汽车供应网络处于成熟阶段，同时也意味着东风汽车供应网络发展进入关键期。随着东风汽车的网络规模 N 的增加，集聚系数 C 会呈现逐渐降低的趋势，网络的平均最短距离 L 逐渐增加。

为了维持东风汽车供应网络的持续发展，基于价值网络组织结构视角，提供以下建议。

（1）优化网络中的供应关系

2019 年的东风汽车供应网络平均度为 3.867，略高于模型仿真成熟期的 3.861 且接近更新期的 3.862，因此应适当优化网络中的供应关系，将平均度保持在合理的范围内。由于网络中同质性的企业可能较多，核心企业应有效地控制和优化配置供应网络中的资源流动，慎重考虑每一条供应连边的有效性，识别无效冗余的供应连边和经营不善的企业节点。对效用较低的供应连边适当断开，降低供应成本，对经营不善的节点适当分配资源或给予帮助，如转为无效连边后，可以选择适时淘汰掉该节点。

（2）增加供应关系的紧密程度

2019 年底的东风汽车供应网络集聚系数为 0.041，而仿真结果显示成熟期的 C 为 0.048，更新期的 C 为 0.054。为使网络维持在成熟阶段，应适当增加其供应关系的紧密程度。紧密的供应关系会让网络更加协调，物质的流通更加顺畅。东风汽车由于其有多条产品线，可根据每条产品线的特点，与供应商一起制定平等的供需规划，供应商之间也可以形成战略联盟，进行优势互补。当网络中某些节点受到一定的市场影响时，这种组织结构也会增加供应网络的抗风险能力。

（3）保持节点间的传输效率

2019 年底的东风汽车供应网络平均最短路径为 3.321，略低于模型仿真的成熟期的 3.400 和更新期的 3.454 的参数值。由于平均最短路径与网络的传输效率存在反比关系，所以即使当前指标与成熟期略有出入，尽量保持目前网络较短的平均路径，在未来网络规模增加的情况下，仍然保证较高的传输效率和网络的通达程度。

综上所述，价值网络组织结构的演化过程呈现核心依赖聚集型的初生阶段，规模扩张调整型的成长阶段，高度连通稳定型的成熟阶段和结构僵化封闭型的更新阶段。在初生阶段，网络规模较小，度值偏低，集聚系数偏大，平均最短路径短，组织结构依赖核心企业，交易密切程度较高。在成长阶段，网络规模迅速扩大，度值大幅度增加，集聚系数逐渐下降，平均路径增加，网络成员在扩大业务范围的同时会调整组织结构。在成熟阶段，形成高连通的网络，度值较成长期变化不大，集聚系数和平均路径均变化平缓，有明显的供需层级划分，组织结构基本稳定。在更新阶段，核心节点度值减少，集聚系数低，平均最短路径高，大量连接断开，开始出现组织结构僵化和封闭状态。

第三节　价值网络空间结构演化

生产过程的分离及无国界生产体系的形成，反映了产业垂直分离和地区生产空间再分配的关系，打破了产品的传统生产过程，即不同的生产与供应环节在不同的国家和地区进行。分散化的生产与供应所形成的价值网络在空间上逐渐分化和延伸。系统性地借助复杂网络及复杂系统理论探究价值网络的空间结构演化有助于解析价值网络的结构演化规律，为后续后发企业价值网络结构跃迁提供网络整体平台基础。

一、价值网络空间结构演化模型构建

(一) 演化模型构建

基于复杂网络经典 BA 无标度网络模型建立价值网络的空间结构演化模型，价值网络空间结构的演化是一个由多种因素影响的复杂过程。其中，网络中节点之间的距离因素和节点自身的吸引力是空间演化过程中较为重要的两个因素。为此，本书考虑节点间距离因素和节点自身吸引力，建立价值网络空间结构演化模型，通过仿真分析网络的空间演化规律。

1. 节点间距离因素

节点间距离因素是网络中新加入节点与已存在节点建立连接的考虑因素之一，由于距离变长，节点之间进行"联系"的成本会增加。因此，在同等条件下，节点通常会选择距离更近的节点建立联系。降低节点间距离是节点实现高效、低成本"交流"的有效方法，故价值空间网络演化影响因素将地理距离（DI）考虑在内。节点间地理距离通过计算节点坐标的直线距离获得，表达式如公式（5.34）。

$$DI_i = \sqrt{(x_i - x_j)^2 + (y_i - y_j)^2} \tag{5.34}$$

其中，x 代表节点横坐标，y 代表节点纵坐标，i，j 分别代表两个不同的节点。

2. 节点吸引力

在实际情况中，网络中节点之间建立连接不仅要考虑到距离问题，节点自身的吸引度对节点连接也具有一定影响。本书以节点的度值（DC）来表示节点吸引力。节点 i 的度值等于与其直接相连的节点数 k_i，其反映出如果节点的邻居数越多，节点的重要性越大，因此，该节点拥有较大吸引力。经标准化处理，度值如公式（5.35）。

$$DC_i = \frac{k_i}{n - 1} \tag{5.35}$$

其中，n 为节点数量，k_i 为与节点相连接的邻居节点数。

新节点在选择连接节点加入网络的时候，将根据以上两个属性的不同重要程度取合理的权系数计算得到。熵权法是根据特征参数变化程度所反映的信息量大小来确定权值的客观赋权法，可以根据网络节点的节点间距离及节点度值的变化程度设置不同的权值，进而得到一个更加可靠的综合评价体系。

（二）结构指标选取

随着网络演化的进行，网络的指标会发生相应改变，本书通过网络的平均度、平均路径长度、结构熵来反映不同阶段网络演化情况，根据指标变化分析价值网络空间演化状态。

1. 平均度

网络中所有节点 i 的度 k_i 的平均值称为网络的节点平均度，记为 $\langle k \rangle$。平均度 $\langle k \rangle$ 可以反映网络中连边的紧密程度，平均度 $\langle k \rangle$ 越大，网络中价值流动的可达性和连接度越强。平均度表达式见公式（5.36）。

$$\langle k \rangle = \frac{\sum_{i=1}^{n} DC_i}{n} \tag{5.36}$$

式中，n 代表节点个数，DC_i 代表节点 i 的度值。

2. 平均路径长度

平均路径长度（L）是指价值空间网络中任意两个节点之间距离（L_{ij}）的平均值，衡量网络的传输效率和性能，平均路径长度越小，网络的易达性越好，传输效率越高。平均路径长度的表达式为公式（5.37）。

$$L = \frac{1}{\frac{1}{2}n(n+1)} \sum_{i \geqslant j} L_{ij} \tag{5.37}$$

其中，n 代表节点数，L_{ij} 代表节点 i 和节点 j 的距离之间的距离。

3. 结构熵

结构熵反映的是价值空间网络的异构性，网络异构性表示网络各部分间的差异（Hu et al., 2017），网络各部分间的差异越大，异构性越强，反之意味着网络结构越趋于均衡，异构性越弱。网络的异构性可以通过结构熵的变化反映，结构熵（Q）计算方式见公式（5.38）和公式（5.39）。

$$I_i = \frac{K_i}{\sum_{i=1}^{n} K_i} \tag{5.38}$$

$$Q = -\sum_{i=1}^{n} I_i \ln I_i \tag{5.39}$$

其中，n 为网络中节点数目，k_i 为第 i 个节点的度值。

二、价值网络空间结构演化模型仿真

（一）仿真环境及参数设置

本书基于 BA 无标度模型，考虑节点间距离及节点自身影响力，研究价值网络的空间结构演化过程。使用 Matlab 软件进行仿真，生成 1 000 个节点的网络，网络演化过程中取节点个数分别为 50、200、500、1 000 形成四个阶段。

（二）仿真步骤

不同仿真参数的实验步骤如下。

步骤 1：初始化仿真参数，设定初始的仿真参数 n、m0、m；

步骤 2：生成具有 m0 个节点的初始网络；

步骤 3：生成一个待加入网络的新节点；

步骤 4：计算网络已有节点的自身影响力（度值），由大到小进行排序，计算新节点与已有各节点的地理距离，由近及远排序；

步骤 5：使用熵权法为节点间距离与节点度值两个指标赋权，并进行综合排序；

步骤 6：新节点从已排序节点中选择 m 个节点择优连接，加入网络；

步骤 7：重复步骤 3~6，直至网络演化至设置的规模 n；

步骤 8：在网络演化的过程中分 4 个阶段取出当下指标进行分析，为减小随机性带来的干扰，本书对仿真进行 100 次平均处理。

（三）仿真结果分析

依据演化过程的阶段性，将价值网络演化过程划分为四个阶段，并对平均度、平均路径长度和结构熵进行 100 次仿真值取平均值，结果如表 5.7 所示。

由表 5.7 可知，网络演化过程中，平均度基本稳定在〈K〉=6，符合"六度分离"定律，但平均度在逐渐变大，一方面，说明随着网络规模的增长，网络节点间的连接增加，节点联系更加紧密；另一方面，也说明平均度数增加意味着网络中逐渐衍生出重要节点，这些节点自身与较多节点连接，提高了网络的平均度。此外，由第一阶段形成期向第二阶段成长期演化的过程中，网络平均度有较大程度的增加，由 5.667 增长为 5.900，说明初始阶段的演化网络节点是一个由简单联系快速建立起较为复杂联系的过程。

平均路径长度 L 随着网络规模的增加在逐渐变长，第一阶段形成期平均路径长度最短，说明此时为网络演化初期，网络内任意节点平均通过一个节点就可以连接到目标节点。此时，网络规模较小，节点之间连接较为简单，网络节点之间连通性较强。随着网络演化且网络规模增加，平均路径长度逐渐增大，说明节点间联系逐渐复杂，节点需要通过更长的路径才能连接到目标节点。

结构熵呈现上升的趋势，这说明，随着网络规模的增加，网络的异构性逐渐减弱，即越来越呈现出均匀的状态。节点之间的差别在逐渐减小，在一个区域内当节点越来越多，呈现出越来越密集的状态时，节点自身影响力与距离因素将会降低对新节点加入的影响。这说明，考虑节点间距离与节点自身影响力的价值空间网络会逐渐向着越来越均匀的方向演化。

表 5.7　　　　　　　　　　　　**价值网络空间演化特征**

演化阶段	形成期	成长期	成熟期	更新期
平均度〈K〉	5.667	5.900	5.980	5.990
平均路径长度（L）	2.201	2.971	4.376	5.104
结构熵（Q）	0.859	0.892	0.908	0.943

三、价值网络空间结构演化实例分析

结合新能源汽车价值网络的统计特性，通过引入节点平均度值、平均路径长度和结构熵等拓扑指标来测度网络空间结构的演化，并与新能源汽车价值网络的实际拓扑指标进行阶段对比，从而验证演化模型的有效性。现实的中国新能源汽车价值网络空间结构与演化模型下的价值网络空间结构的各参数指标比较如表 5.8 所示。

表 5.8　　　　　　　　　　**模拟网络与现实网络拓扑结构指标对比**

时间节点/阶段	网络	平均度值	平均路径长度	结构熵
2014 年形成期	现实网络	2.571	3.529	0.553
	模拟网络	5.667	2.201	0.859
2016 年成长期	现实网络	2.575	3.373	0.838
	模拟网络	5.900	2.971	0.892
2018 年成熟期	现实网络	2.632	3.302	0.859
	模拟网络	5.980	4.376	0.908
2020 年更新期	现实网络	3.723	3.163	0.873
	模拟网络	5.990	5.104	0.943

资料来源：笔者依据分析结果总结。

由表5.8中网络结构特征统计结果来看，模拟网络的结构特征值统计比较接近现实网络，两者的平均路径长度和结构熵均比较一致，但现实网络的平均度值均小于模拟网络的平均值。模拟网络的平均度值较高主要是由于在模拟网络的演化中，演化模型的建立是以各节点的自身吸引力大小与距离远近来排序的，且每次引入的边连接次数有限，这些都在一定程度上限制了网络的无序化发展。

通过对比网络拓扑结构，模拟网络与现实网络在统计特征上存在着高度的相似性。结果说明，地理邻近是影响企业间构建合作关系的关键因素，地理邻近择优连接和度择优连接的共同作用使得价值网络的小世界特征逐渐增强，无标度特征持续显现。

综上所述，首先根据价值网络中主体参与价值创造活动的基本理论，以及新能源汽车产业价值网络发展初期阶段的特征，结合复杂网络理论的研究成果，提出了基于复杂网络的价值网络空间结构演化概念模型。在此基础上，分析了价值网络空间结构演化中的影响因素，将地理邻近择优连接与度择优连接机制进行组合，并结合网络连边增长机制，提出了基于地理邻近性的价值网络空间结构演化模型。最后，将仿真结果与我国新能源汽车价值网络进行对比，通过实证研究检验了模型的有效性。研究发现：

（1）地理邻近与节点度组合择优连接机制共同作用于价值网络空间结构演化过程

结合新能源汽车价值网络供应合作实际数据，印证了构建的价值网络空间结构演化模型的连接机制和演化过程，即价值网络中的主体供应合作关系形成具有典型的地理邻近属性，城市之间联系紧密，空间网络结构紧凑，空间溢出效应明显。

（2）随着价值网络规模的逐渐增长，网络始终具有无标度特征，节点度值服从幂律分布

同时网络拥有较小的平均路径长度，小世界特征明显，显示出较强的连通能力和较高的组织效率。随着网络中节点连接度增加，价值交互效率和组织效率进一步提高，整体网络无序性呈现出增强的趋势。

第四节　基于纵向案例分析的后发企业结构跃迁轨迹

一、比亚迪的价值网络结构跃迁①

（一）比亚迪价值网络结构演化阶段划分

价值网络的形态与特点伴随企业的发展呈现动态的演变过程。无论是价值链向价值网络的演变历程，还是价值网络的形成、扩展直至成熟的变化过程，价值网络的演变核心是为用户需求提供支持，并实现企业利益的最大化。基于上述分析，本书提出将比亚迪后发企业价值网络的演化过程划分为垂直整合、战略合作、网络升级、生态系统共享四个阶段。

1. 价值网络形成期——整合价值链

新能源汽车的普及和相关的电池生产要求意味着汽车领域对新材料的需求更大，因此需要更加关注原材料供应。原材料供应链的可追溯性和透明度是通过促进矿产可持续采购来帮助比亚迪解决与原材料供应相关的关键问题的关键工具。电池、电芯等对于减少新能源汽车所需的关键器件的数量并限制短缺的风险也至关重要。因此，价值链必须整合，以最大限度地提高材料的价值，并尽量降低成本。

实现成本领先的关键在于成本动因的控制和价值链的结合。就把控成本驱动因素而言，比亚迪参照日本企业研发设计的经验，从设计伊始便纳入成本因素，对新能源汽车各元器件的生产研发进行整合。而就价值链组合这一路径，比亚迪则是借助垂直整合手段实现价值的提高，如今比亚迪企业的许多技术和配件都是自己研发创造的，包括发动机、倒车雷达、风机系统、车身等。

2. 价值网络成长期——业内战略合作

新能源市场竞争愈演愈烈，比亚迪为了提高企业的综合竞争力，选择通过战略合作的方式来进行企业价值网络的成长，在战略合作的进程中与各企业形成协作联系，以此减少在市场上遭遇到的贸易摩擦以及信息壁垒，从而达到最

---

① 资料来源：（1）比亚迪集团官网，https：//www. bydglobal. com/cn/index. html；（2）汽车产业正从"封闭时代"走向"开放平台时代" [EB/OL]，新浪财经，http：//finance. sina. com. cn/stock/relnews/us/2019－04－15/doc-ihvhiqax2912058. shtml。

大限度地利用生产要素，大大提高生产效率的目的。比亚迪公司在业内与多家业务供应商企业或者与世界级的汽车名企进行战略合作，在比亚迪专注于手机电池研发的阶段，就先后与世界级名企苹果、诺基亚和三星实现了战略的合作，极大地提高了电池研发效率和成品的质量。在传统内燃汽车领域，曾与奔驰汽车公司进行合作，按照德系汽车为消费者提供舒适开车体验的标准提供汽车零配件，革新了比亚迪内部原来的零配件生产的标准，同时实现了将企业内业务与行业产业链之间的接轨，完成比亚迪自身价值的成长发展。

3. 价值网络成熟期——价值网络升级

比亚迪延伸其产业链以覆盖电子产品和电气化等多个行业进行价值网络升级，通过电池、芯片等研发生产，比亚迪实现了在原价值网络结构的突破，通过对其所在的价值网络内部结构优化，达到企业价值网络的成熟发展，并积极寻求实现电池到新能源汽车跨越的最佳方案。一方面，比亚迪从外延扩张的角度出发，通过整合电子元件资源以为其新能源整车生产大量适配的软硬件，进一步开辟了更多的降低成本的空间；另一方面，比亚迪逐步将电池、电芯等产业从原价值网络中独立出来，构造新的利润空间。

4. 价值网络更新期——企业生态系统

2018 年 6 月 26 日，比亚迪董事长王传福在全新一代车型"唐"的上市发布会上，宣布将平台的所有技术与全球同行们共享。其中，驱动三合一将使汽车扭矩密度提升 17%，功率密度提升 20%，重量降低 25%，体积降低 30%，总成成本降低 33%；高压三合一将会使汽车重量降低 25%，功率密度提升 25%，产品成本降低 43%；集成的 PCB 板则可以减少配件，降低成本，提升稳定性，标准化扩展应用。此外，比亚迪还开放了智能网联系统 DiLink 进行企业间的互惠共利。随着互联网、大数据等信息技术的发展，企业间的合作也越来越趋向于共享和共赢，以后发企业为核心的价值网络逐渐演变为企业生态系统，共同抵御竞争对手。比亚迪在进行企业战略制定的过程中，不仅从企业自身考虑，还通过与供应商、经销商、关键技术提供商、互补和替代产品制造商，甚至包括竞争对手等企业利益相关者进行默契合作，根据企业间相互信任构建企业生态体系命运共同体。该企业生态系统是综合了价值链、产业链、人才链、资金链的动态体系，在加快比亚迪经济发展，促进其高效循环，提升原有的企业利润的基础上，还从全局考虑，使以比亚迪为核心的集群企业成员共同受益，从而形成生态链上的良性循环，使企业得以持续健康发展。

（二）比亚迪价值网络结构跃迁三维解析

比亚迪价值网络演化的过程中，其技术创新能力、组织以及空间结构在价值网络形成期、成长期、成熟期和更新期具有不同的表现形式。价值网络演化的不同的阶段内，比亚迪通过逆向研发、合作研发、自主研发以及企业知识共享的不同途径来增加企业知识存量，提高企业知识水平以及创新技术能力。在组织结构形态方面，基于价值网络演化过程中各阶段的形态变化，本书提出"点—线—面—体"的四阶段模型来表征不同的演化时期。在价值网络空间跃迁的过程中，比亚迪从单一产业向复合产业转变，逐步从广度和深度实施全球化战略，实现多产品的全球化路径。

1. 知识结构跃迁

（1）逆向研发

价值网络形成初期，在王传福决定造车时，当时国内汽车工业起步晚，比亚迪欠缺各类生产技术条件，还不能进行自主设计制造，所以一切只能从头开始。在控制成本的初期背景下，为了能短时间工业化造车，比亚迪开始对丰田、宝马等高端车进行逆向研发，将买到的汽车全部拆解，对零部件进行细致研究和仿造。该阶段，比亚迪通过模仿其他企业逆向研发引入技术，增加企业知识，价值网络中的企业知识存量少，技术创新能力较低。

（2）合作研发

初期的时候采用借鉴设计是最好的积累，等到积累一定的基础之后，还是要通过创新研发来增加企业知识。价值网络成长期的过程中，比亚迪选择采取业内战略合作的策略，不仅减少了比亚迪在市场上遭遇到的信息壁垒，快速增加企业知识水平，同时积极和行业内各企业进行合作研发，实现技术创新的突破。如与苹果、诺基亚和三星的联合研发，极大地提高了电池研发效率和成品的质量等。该阶段，比亚迪通过与行业内企业的合作研发，不仅有利于减少信息壁垒，快速增加企业知识水平，同时有利于增强企业技术创新水平，价值网络中的企业知识存量显著增加，技术创新能力有所提高。

（3）自主研发

在价值网络的发展演化过程中，比亚迪始终秉持"技术为王，创新为本"的发展理念。技术创新是企业发展的先决保证，也只有掌握了自主知识产权和核心技术，企业才能生产具有核心竞争力的产品，在激烈的竞争中立于不败之地，实现长远发展。价值网络成熟期阶段内，比亚迪在进行价值网络升级的过程中，不断进行核心技术的创新发展，设立了比亚迪中央研究院、汽车工程研究院以及电力科学研究院，负责高科技产品和技术的自主创新研发，独立研发了刀片电池、IGBT 芯片和 DM－i 超级混动等多项核心技术，相关专利数量位列中国汽车行业第一。该阶段，比亚迪通过自主研发提高企业核心技术水平，价值网络中的企业知识存量多，技术创新能力显著提高。

（4）共享知识

价值网络更新期，比亚迪及其产业集群通过相互信任的合作关系形成企业生态系统。价值网络更新期内，企业间信息壁垒小，知识流动性高，传播迅速，由于形成命运共同体，比亚迪等开放［e］平台，进行知识共享，实现互利共赢。此外，在比亚迪企业生态系统中，知识水平的快速发展是其运动变化的根源，而运动变化的过程又可以促进新知识的产生和创造，这种正向反馈的螺旋上升过程极大地提高了比亚迪的知识水平发展与创新能力。该阶段，比亚迪知识存量多且快速增长，创新能力增强，达到新的高峰。

2. 组织结构跃迁

"点"：比亚迪价值网络演化初期，企业受资源、环境的限制，采取垂直整合战略。该阶段比亚迪通过自主生产企业所需的各种零部件，控制成本，较少与行业内其他企业展开广泛深度的合作，因而企业呈现"点"的组织形态。该组织形态下，比亚迪具有较小的企业规模，在行业价值网络中处于非核心的企业地位。

"线"：形成期过后，随着比亚迪价值网络的演化发展，企业快速积累资源、扩大规模、抢占市场份额，比亚迪制定业内战略合作的策略，选择通过战略合作的方式来进行企业价值网络的成长，在战略合作的进程中与各企业形成协作联系，以此减少在市场上遭遇到的贸易摩擦以及信息壁垒。该阶段，比亚迪通过企业间合作的方式拓展自身价值网络，呈现组织形态由"点"到"线"的转变，价值网络表现出链状的结构形态。

"面"：成长期的快速发展使得比亚迪完成了企业资源、市场的高度积累，基于已形成的链式价值网络，接下来比亚迪通过对其价值网络的升级实现企业的成熟发展。该阶段，比亚迪一方面从外延扩张的角度出发，整合电子元件资源以为其新能源整车生产大量适配的软硬件，进行纵向拓展其价值网络；另一方面，比亚迪逐步将电池、电芯等产业从原价值网络中独立出来，横向扩张进行价值网络升级，构造新的企业价值链。纵向延伸和横向扩张使得比亚迪价值网络在组织形态上完成由"线"到"面"的转变，呈现网状结构形态。

"体"：经过两次演化，比亚迪形成了较为成熟的价值网络形态，随着数字化技术发展和市场环境的快速变化，企业急需对自身价值网络进行更新，以巩固和发展价值网络企业自身地位和市场规模。该阶段，比亚迪通过与供应商、经销商、关键技术提供商等企业利益相关者的默契合作，根据企业间信任关系构建企业生态体系命运共同体。比亚迪的"面"状价值网络从多个层次与维度展开演进，形成立体化的价值空间。本阶段，比亚迪作为核心企业成为价值网络中企业间合作互连的平台，将各领域内企业维系，价值网络组织形态实现由"面"到"体"的转变，呈现空间立体结构形态。

3. 空间结构跃迁

比亚迪价值网络空间跃迁的特征主要表现为产品复杂化背景下的销售市场全球化的不断深入和拓展，价值网络演化过程中，比亚迪在电池、电子、汽车等多领域深入拓展，在价值网络演化的不同时期不断强化全球化的广度和深度，表征出空间跃迁的特点。

价值网络形成期，比亚迪以动力电池领域的发展打开销售市场。比亚迪成立之初，"大哥大""汉显"等初代电子产品逐步迈入大陆市场，受到人们吹捧，王传福将企业市场聚焦到手提电话的发展导致的与日俱增的充电电池的需求。1995 年 12 月，比亚迪凭借其优秀的产品技术路线和低廉的成品优势，从日本著名企业三洋的手中夺得了中国台湾地区最大的无绳电话制造商大霸的订单，这是比亚迪走进全球市场的第一个步伐，开启了发展的暴走模式。1997年，金融风暴席卷亚洲，三洋等日系电池制造商受到波及，处于亏损边缘，时年，比亚迪借助其灵活多变的交易方式和低成本优势迅速抢占国际市场，先后获得了日本索尼、松下和荷兰飞利浦的大额订单，三年的时间比亚迪抢占了镍镉电池全球 40% 的占有率，年销售额增长到近 1 亿元。此后三年，比亚迪基于全球化视野，拓宽电池领域海外市场深度。1998 年，比亚迪欧洲分公司成立，1999 年 4 月和 11 月，比亚迪分别成立了中国香港和美国分公司，更是在 2000年和 2002 年分别成为摩托罗拉和诺基亚手机的第一个锂电池中国供应商，在市场全面铺开的基础上，延伸销售市场的全球化深度发展。现如今，比亚迪已经成为全球产能最大的磷酸铁锂电池厂商，电池产品广泛用于多种新能源储能电站，出口至日本、韩国、东南亚、美国、加拿大、澳大利亚、瑞士、德国等多个国家和地区。

2003 年，比亚迪收购秦川汽车公司，打开汽车行业敲门砖，着眼于乘用车和商务车两大产品系列的七大常规领域以及四大特殊领域，实现全领域覆盖。同年比亚迪在上海建造上海比亚迪工业园，并将汽车销售总部迁至深圳，形成上海、深圳、西安和北京东南西北辐射全国范围的布局。2005 年 3 月，比亚迪首款新车 F3 正式下线，与常规产品上市区别的是，F3 采取分站上市，在济南首发，经杭州、深圳逐步覆盖全国范围市场，8 月，比亚迪成立日本分公司。2006 年起，乌克兰开始大量采购 F3 型轿车，这是中国轿车产品首次进入乌克兰市场，也代表着对比亚迪产品的国际认可。2007 年 2 月 2 日，比亚迪汽车在上海与欧洲的葡萄牙，非洲的安哥拉、佛得角等国家和地区汽车贸易商正式签署汽车出口合作协议，这标志着比亚迪汽车的海外战略开始全面推进。与此同时，比亚迪还在印度建立分厂保证海外需求的满足，在罗马尼亚、芬兰等国家建立分公司。2008 年，比亚迪 F6、F0 相继在全国上市，实现了单一产业向复合产业全球化的跨越。该时期，比亚迪在巩固电池及 IT 零部件的基础上，从传统低端汽车入手，以国内为支点，全面推进海外战略的发展。

继 2006 年，比亚迪纯电动汽车 F3e 的成功研发，2008 年，比亚迪推出全球首款不依赖专业充电站的新能源汽车 F3DM，借助其稳定的性能以及零污染、零排放和零噪声的特征成为工信部发布的《节能与新能源汽车示范应用工程推荐车型目录》中唯一被推荐的轿车，比亚迪取得新能源汽车国内市场的认可。同年，股神巴菲特投资 2.3 亿美元入股比亚迪，极大地推动了国际市场对比亚迪品牌价值和发展前景的认可。近年来，借助国家政策以及先发优势，比亚迪在新能源汽车市场一马当先，2016 年首次突破 10 万辆，连续数年稳坐新能源汽车销量冠军宝座。同时，比亚迪继续走向全球：纯电动双层大巴伦敦交付、K9 首次登陆韩国、拿下美国最大的电动卡车订单、赢得意大利首个纯电动大巴招标。如今，比亚迪新能源汽车的足迹，已遍布全球六大洲的多个国家和地区，约 240 个城市，不仅在广度，也在深度上推动全球化战略的实施，其价值网络空间发展不断成熟。

（三）比亚迪价值网络结构跃迁轨迹

比亚迪价值网络构建的各个时期，其在技术创新能力、组织和空间维度呈现不同的变化特征和跃迁轨迹，如图 5.44 所示。

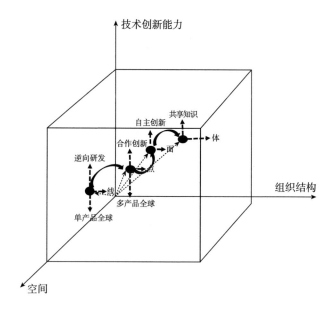

图 5.44　比亚迪价值网络结构跃迁

资料来源：笔者依据分析结果绘制。

价值网络形成期，比亚迪由于企业资源较少，产业单一，采取垂直整合的成本控制战略，在组织结构上呈现"点"的特征形态。这一时期的比亚迪技术创新能力较低，通过逆向研发缓慢增长，企业业务方面多进行企业电池贴牌供应，与行业中三洋、松下等电池制造商存在一定的技术创新能力差距，单一产品的全球化销售市场容易受到制约，在整个价值网络中影响能力小，企业势能低。

成长期后，比亚迪通过业内战略合作快速发展，与行业内企业共同合作，企业实现由"点"到"线"的组织结构转变。企业创新也由独自的逆向研发转变为合作创新，技术创新能力大幅提高，在巩固电池及 IT 零部件销售市场的同时，进入汽车行业的新发展点，拓宽全球市场的广度，这一时期比亚迪在价值网络中影响力得到提升，位置势能增强。

进入成熟期，比亚迪通过正向升级外延扩张，实现组织结构由"线"到"面"的转变。这一阶段，比亚迪不断进行核心技术的创新发展，进行自主研发以提高其核心技术水平以及企业知识存量，企业销售市场从单一产业向复合产业的全球化转变，价值网络中比亚迪位置核心提升，企业势能有了飞跃。

价值网络更新期，以比亚迪为核心的上下游企业集群通过互联互享形成了企业生态系统，企业间通过知识共享提高技术创新能力、增加知识存量，比亚迪在组织形态上实现了由"面"向"体"的转变,销售市场的空间跃迁中呈现多产品的全球化深度发展,价值网络中企业势能处于新的高度位置,且企业依靠其复合产业多产品的深度全球化市场外在表现以及高端的技术创新能力,不断促进价值网络的更新发展。

二、华为的价值网络结构跃迁①

(一) 华为价值网络结构演化阶段划分

在对华为发展战略阶段划分的基础上,基于对已有文献、华为资料的收集和整理,将华为公司价值网络结构演化过程划分成四个阶段:形成期、成长期、成熟期和更新期。

1. 价值网络的形成期:1987~1994年

这一时期是华为的起步阶段。1987年,华为公司成立,在识别市场机会基础上开始组建价值网络,以发现与自身发展情况相匹配的市场。在价值网络形成期,华为自身资源相对匮乏,难以独自构建价值网络。因此,这一时期,华为通过与上下游合作企业开展各项价值活动,初步建立了价值网络。这一时期华为的市场知名度和认可度较低,缺乏品牌效应,无法与行业内的领先企业达成深度合作关系,仅与少数高校、科研机构等组织建立起具有"弱连接"特征的合作与交流。因此,这一时期的华为与价值网络中其他合作伙伴的关系仍处于探索阶段,网络联结强度较弱,构建的价值网络是一种单向依赖关系。同时受到企业自身规模和发展水平的限制,该阶段华为的价值网络整体呈"地域局限、开放水平低"的特点,网络整体规模和网络密度都较小,网络比较稀疏,聚类情况不明显。

2. 价值网络的成长期:1995~2003年

这一时期是华为价值网络的成长阶段,价值网络开始得到有效扩张。1995年,随着华为一体化、全球化战略的实施,华为价值网络开始吸引越来越多的"旁观者"加入网络中,网络规模得到快速扩张。自1996年起,华为开始积极拓展资源,通过与国内多所知名高校合作、与国外机构建立联盟关系、在国内外设立研发机构和创新中心等方式不断深化与价值网络成员间的关系。1999年

① 资料来源:华为投资控股有限公司2021年年度报告 [EB/OL],https://www.huawei.com/cn/annual-report。

起，华为陆续在印度、瑞典、美国、达拉斯、俄罗斯等地设立多个研发中心。到 2003 年，华为分别与包括摩托罗拉、IBM、英特尔、Altera、高通、微软等在内的 10 家企业成立了联合研发实验室。与此同时，华为不断提高技术创新能力，通过快速迭代持续推出多款低端产品以丰富生产线，利用其改善用户痛点，提高了华为产品销量和市场占有率，进一步提高华为在价值网络中的地位。这一时期，华为价值网络成员间交流愈加频繁，部分"弱连接"关系开始向"双边强连接"转变，整体表现出"强弱联系共存"的特征，价值关系从单向依赖关系转变成了稳定合作的双向依赖关系。同时，凭借华为与全球多家领先企业建立的具有"双边强联系"的合作关系，逐渐吸引越来越多的企业加入价值网络，华为价值网络的开放度得到进一步的提高。

3. 价值网络的成熟期：2004～2012 年

2004～2012 年称为华为价值网络的成熟阶段。这一阶段，华为价值网络全球化进程取得举世闻名的成绩。全球价值网络布局得到有效改善的同时进一步强化了外部合作，与越来越多的企业在更加广泛的领域上达成紧密的长期战略合作伙伴关系，构建了更加多元化的价值网络。2007 年起，华为先后与 Symantec、Global Marine 等多家企业合作成立合资公司，利用多方资源使价值网络越来越成熟。2008 年，华为作为未来种子项目的发起人，与全球多个高等院校、科研机构等开展紧密合作。此外，华为在全球各地建立研发机构、创新中心等，通过这些中心与全球价值网络内其他合作伙伴紧密合作加强价值网络融合。至此，借助全球各地企业的资源，华为价值网络规模和网络密度均达到一定量级，在全球范围建立了一个高度整合的成熟价值网络。然而，这一时期华为与价值网络其他成员间的关系仍主要表现为"双边强联系"，较少为"多边强联系"关系。随着价值网络的不断成熟，网络关系也呈现出越来越强的开放度。

4. 价值网络的更新期：2013 年至今

随着外部市场环境日益动荡和新兴技术的迅猛发展，这一时期华为价值网络发生深刻变革，称为华为价值网络的更新期。2013 年起，华为与价值网络其他成员间的合作模式发生一些新的变化。2013 年，华为与多家企业合作，创建开放实验室，并开始在价值网络内部组建产业联盟，形成价值网络内的"价值网络"，价值网络成员间出现"多边强联系"关系。2014 年至今，华为陆续与价值网络内成员合作建立了 eLTE 产业联盟、VTM 解决方案联盟、智慧城市产业联盟等，促使价值网络成员间的关系由"双边联系"演变为"多边联系"，极大地提高了华为在价值网络中的地位。华为与价值网络成员联合建立的开放实验室和产业联盟推动了华为与合作伙伴的交流与合作。随着华为价值网络开放性不断加强，异质性资源源源不断地渗入价值网络中，价值网络各成员间的关系从"双边强联系"向"多边强联系"演变，推动华为价值网络的更新和升级。这一时期华为价值网络规模庞大，网络中节点数量非常多，节点间的连接强度以"多边强连接"为主。具体来说，这一时期华为与价值网络中其他伙伴的关系经历了三个层次：首先是"卖盒子"阶段，合作伙伴作为华为产品的销售通道，协助华为取得多类产品领先的市场份额；其次是"华为盒子+伙伴方案"阶段，华为盒子与合作伙伴解决方案相结合满足客户多方面的需求，进一步增加华为盒子的市场份额；最后是"数字化转型"阶段，提出"平台+生态"模式，和合作伙伴共同建设生态价值。

（二）华为价值网络结构跃迁三维解析

价值网络结构跃迁是企业在其价值链条或价值网络中的地位升级。这种地位升级不仅表现为企业经营方向、企业定位等网络横向升级，也表现为企业在价值链条上重要性变化等网络纵向升级。价值网络结构跃迁的横向与纵向升级涉及企业诸多方面的变化，本书将从技术创新能力、组织结构及空间三个维度解析华为在不同价值网络结构演化阶段的跃迁路径与跃迁态势。

1. 知识网络跃迁

华为作为提供基础设施与智能终端的创新型企业，知识要素是企业的核心资源，技术创新能力是反映企业知识要素存量的重要指标之一，专利数量则是技术创新能力的重要体现。

改革开放初期，我国的创新大环境落后，但摩托罗拉、诺基亚等开始走入国内市场，我国政府也在 1985 年推出"火炬计划"积极倡导科技企业发展。1994 年，华为开始申请第一个商标专利；1995 年，华为申请第一个技术性专利。华为在这一阶段主要以交换机代理业务与组装业务为主，企业市场受限，资金与技术人员有限，专利申请数量很少，技术创新能力也很薄弱，这一时期的创新主要是对当时主流产品的少量模仿创新。

1996 年，华为开始国际化进程，首先进入俄罗斯市场，随后逐步向拉美市场、欧洲市场、东南亚市场及非洲市场拓展，通过建立合资公司、本地化经营及与当地巨头公司合作等方式"破冰"新市场。2000 年，华为在美国申请的第一个海外专利获批；2001 年，华为与高通签订了专利许可协议；2002 年，华为与爱立信签订了无线通信领域的首个专利许可协议。这一阶段，华为开始邀请高校、科研机构的教授到华为参观，于 1997 年与中国科学技术大学联合成立中国科大—华为信息技术研究所，开启了华为校企合作的进程。这一时期，华为在很大程度上仍然处于"引进来"阶段，很大部分技术来源于对行业巨头专利技术的引进、模仿，以及校企合作过程中科研机构、高校教授的原创技术启发。此时，华为仍然处于模仿创新与合作创新为主的成长期，价值网络的知识存量快速增长，技术创新能力快速提升。

2005 年 3 月，沃达丰在与华为合作 10 年之后，与华为签订了《全球框架协议》，旨在深化合作，推进双方企业在全球的市场份额的额增长；4 月，华为与英国电信签订协议，成为英国电信 21 世纪优选供应商之一。这一年，华为的海外合同销售额首次超过国内合同销售额，华为的价值网络的全面建设框架基本搭建完成，迈入价值网络发展的成熟期。2007 年，华为获得沃达丰"2007 杰出表现奖"，成为当时唯一获得该奖的电信网络解决方案供应商，并于年底成为所有欧洲顶级电信运营商的合作伙伴。以成立最早的华为技术有限公司为例（见图 5.45），2008 年的专利申请总量达到 6536 个，专利申请公司（人）排名榜首，LTE 专利申请量占全球 10% 以上。到 2009 年，华为获得的 LTE 商用合同获取量居于全球首位，也成为首个成功交付 LTE/EPC 商用网络的电信设备供应商。截至 2012 年，华为在 3GPP – LTE 核心标准中贡献率占到全球提案总量的 20%。这样的占有率在当时的全球贡献率排行榜已经入围前 10 强，华为的专利申请数量以指数形式增加，技术创新能力也由合作创新逐步向自主创新转变。

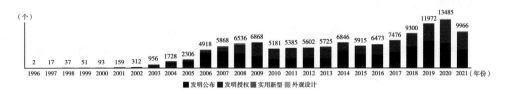

图 5.45　华为技术有限公司专利发布数量

资料来源：笔者依据统计数据绘制。

2013 年，华为已经成为全球第二大通信设备供应商，占据了稳定的国际市场，技术创新也在全球具有了强大的影响力。这一阶段，华为加大了对企业内组织效率提升的资金与资源的投入，并在贯穿始终的危机意识下开始寻找新赛道，对其价值网络内核进行丰富与更新。同样以华为技术有限公司专利发布数量为例（见图5.45），2013年前后，华为的专利发布数量在全球通信领域仍然具有绝对优势，但其增速放缓，其中不乏由内部比较传统的管理体制与高速发展的公司规模之间存在的一些矛盾所致。故从2013年开始，华为对业务BG进行划分，梳理企业与业务管理模式，逐渐使企业管理更符合企业发展需求。此间，华为在飞速增长的智能手机业务领域嗅到了危机，于2016年开始立项开发鸿蒙系统，瞄准了"万物互联"的新赛道，同时向硬件与软件领域发力。鸿蒙系统与海思麒麟芯片的研发，也成为华为应对美国2019年"实体限制清单"的重要筹码。截至2020年12月，华为在全球范围内共持有有效授权专利4万余族，总数超10万件，其中90%以上为发明专利。同样截至2020年底，华为从事研发的人员占公司全体员工总数的53.4%，研发费用支出占全年收入的15.3%，实际支出金额达到1317亿元人民币——华为对技术创新的重视程度也可见一斑。2021年，华为发布《华为创新和知识产权白皮书》，将从2021年起在全球范围内收取5G专利费，从华为5G专利申请量全球第一的排名看，这也将是一笔巨额收入。华为的发展势头在受到多方限制的局势下依然实现着稳步发展。目前，华为的价值网络已经十分稳固，且在网络中具有强大的影响力，华为在引领世界通信设备领域的同时，也在为价值网络不断注入新鲜血液。

2. 组织结构跃迁

华为价值网络的组织结构演变过程呈现出由"点"及"线"，由"线"到"面"，再由"面"发展为"体"的趋势。该过程的每次跃迁同样与价值网络的各发展时期保持一致，各阶段的变化体现在企业产品、客户群体、竞合关系、企业品牌等多个方面。

在价值网络的形成时期，华为的价值网络形态以零散的"点"为主，其客户为非主流客户群体，与同行企业也未建立复杂的竞合关系。华为以单一种类产品打开市场，采取"产品跟随"策略，以代理中国香港地区公司的交换机为起点，并在此基础上生产相似产品在内地地区销售。此时，华为的生产技术并不成熟，产品也未形成具有认可度的品牌，因此，华为将切入点锁定到国内的农村市场，以服务弥补产品质量缺陷。截至1995年，华为的销售额已经达到15亿元，主要来自中国农村市场。

经过价值网络形成期"点"的突破，华为度过了艰难的初创期，初期的产品研发尝试也逐步取得成功，华为的价值网络发展进入成长期。这一时期，华为一边巩固国内市场，一边尽可能地向国外市场扩张，并着手丰富产品线，在纵向一体化过程中逐渐将"点"延伸为"线"。1995 年，国际市场需求的下滑与国内需求的猛增形成强大差距，国际通信设备巨头都向中国市场倾注资源，华为借此机会向国际市场拓展。1997 年，俄罗斯通信行业受经济危机影响，发展几乎停滞，NEC、西门子、阿尔卡特等国际通信巨头陆续从俄罗斯撤资减员。华为反其道而行之，抓住俄罗斯市场空缺，与俄罗斯贝托康采恩、俄罗斯电信公司共同成立了合资企业"贝托—华为"，采取本地化模式经营战略。通过对国际"边缘客户"的争取，华为将国际化的"种子"撒向全球，陆续在拉美地区、非洲及东南亚地区等发展中国家与欠发达地区开展业务，将国内市场的"点"延伸为"线"。此外，在这一阶段，华为在印度、瑞典、美国等建立研发中心，在无线通信 GMS 解决方案、企业数据网络解决方案、时分同步码分多址解决方案等方面表现突出。华为的产品从最初的交换机代理、研发到整套通信设备的研发制造，定制化设备、服务的开展，使华为的产品线得到进一步延伸，华为的技术与品牌逐渐在国际市场得到认可。伴随着国际化进程，华为也逐步与全球通信企业建立了合作与联系。1997 年进军俄罗斯市场时与贝托康采恩、俄罗斯电信公司成立合资公司"贝托—华为"为始，2003 年，华为与 3Com 合作成立合资公司；2004 年，与西门子合作成立合资公司——华为的合资战略不仅成为打开本地市场的手段，也为企业间的联系与合作创造了更多契机。

2005 年，华为的海外合同销售额首次超过国内合同销售额，其价值网络的发展也迈入成熟期。这一时期，华为已经具有了一定的资本和实力展开全球竞争，更加注重供应链上下游合作伙伴的管理与整合，对客户服务水平的深化，将华为前两阶段在全球建立起的各条价值链进行纵横双向的拓展与链接，使华为的价值链发展为贯通的、相互支持的价值网络，独立的"线"向完整的"面"转化。早在 1994 年，华为就开始使用较为简单的 MRP（物料需求计划）系统，到 2005 年，华为的全球市场基本打开后，开始对全球的供应商及供应体系进行整合。华为开始 GSC（全球供应链）建设，八大地区部的供应链开启全面升级，华为建立了统一的供应商认证与考核体系，价值网络内部的交流与合作更加一致、畅通。在巩固和优化供应网络的基础上，华为也开始向欧美市场的通信巨头等"主流客户"进发。2005 年，华为与沃达丰签署《全球框架协议》，正式成为沃达丰优选通信设备供应商。同年，华为成为英国电信首选的 21 世纪网络供应商，为 BT21 世纪网络提供多业务网络接入节点部件和传输设备。2007 年，华为成为欧洲所有顶级运营商的合作伙伴。2008 年，华为在移动设备市场领域排名全球第三，首次在北美大规模商用 UMTS/增强型高速分组接入技术网络，为加拿大运营商 Telus 和 Bell 建设下一代无线网络。华为的研发能力与产品质量在这一时期逐步受到全球通信行业的认可，并形成了较强的品牌效应，其价值网络建设基本成熟。

2013 年，华为作为全球第二大通信设备供应商，其价值网络进入更新期，开始在已有业务与技术基础上将成功经验应用于更多"面"的"复制"，建立更加立体的业务生态。其中，鸿蒙系统所瞄准的"万物互联"，使华为的业务范围从电信设备、交换机及智能终端等硬件制造延伸向软件开发。从信号基站建立，到数据交换与传输技术，再到智能终端的研发制造，与智能音箱、智能电饭煲、智能窗帘等智能家居等场景配合，华为的业务生态已逐渐覆盖现代生活的方方面面，建立起一个全面的智能"立方体"。

3. 空间结构跃迁

华为价值网络的空间跃迁主要表现为销售市场的逐步国际化，空间跃迁路径与其国际化路径具有相同趋势。

华为的销售市场在价值网络形成阶段以"农村包围城市"战略为主，以深圳为"根据地"积极扩展国内市场，为华为建立了国内业务基础。在价值网络成长期，华为紧跟国家外交路线，以国家品牌提携企业品牌，抓住市场机会，积极推进国际化进程。1996 年，华为与和记电讯（长江实业旗下子公司）合作研发的 C & C08 窄带交换机进入香港市场，成为华为"出海"的第一步。1997 年，在亚洲金融危机冲击下，NEC、西门子、阿尔卡特等国际通信巨头陆续从俄罗斯撤资减员。华为反其道而行之，抓住俄罗斯市场空缺，与俄罗斯贝托康采恩、俄罗斯电信公司共同成立了合资企业"贝托—华为"，采取本地化模式经营战略。2001 年，华为在俄罗斯的销售额突破 1 亿美元。华为在拉美地区同样采取合资公司的方式进入市场。1997 年，华为首先在巴西建立了合资企业，并筹建了巴西地区部，随后陆续在厄瓜多尔等 9 个国家设立了 13 个办事处。但这一时期，华为在拉美地区的业绩表现并不乐观，到 2003 年，华为在拉美的市场销售额还未突破 1 亿美元。2000 年以后，华为开始全面推进国际化进程，先后在非洲、东南亚、北美、欧洲等地区开展业务活动并设立办事处。其中，北美作为通信设备巨头的大本营，电信设备行业的市场也几乎被阿尔卡特、爱立信、思科等巨头占领，华为在北美的市场开拓困难重重。2003 年，思科以侵犯知识产权、不正当竞争等为由起诉华为，引发了世界对该"世纪诉讼"的关注。华为在此次诉讼案件中的胜出是一次免费且规模宏大的宣传，不仅证明了企业的技术实力，同时也为华为在后续的海外市场拓展奠定了基础。此外，华为在欧洲市场也四处碰壁，与荷兰当时最小的一家运营商 Telfort 的合作也随着该公司被收购而告终，华为在欧洲市场的开拓也不得不暂时沉寂。

　　华为经历了价值网络的快速成长后，在世界智能终端设备市场的业务开始拓展和深入，华为价值网络构建进入成熟期。这一时期，华为借助已有的国际市场基础，深入构建华为在通信设备领域的渗透力与影响力。在拉美地区，华为凭着长远的目光和坚韧的毅力推动市场开拓，逐步在巴西扎稳根基，2012 年华为在巴西的销售额达到 20 亿美元，几乎占据了华为在拉美地区市场份额的 2/3。在东南亚地区，华为于 2001 年首先在泰国曼谷成立泰国分公司，连续拿下几个智能电信网络建设的大订单，并与泰国的电信运营商保持着良好的合作伙伴关系。之后，华为逐步将业务扩展到马来西亚、新加坡、菲律宾、越南等东南亚国家。在北美市场，华为在与思科的诉讼案件和解后声名大噪，暂时站稳了脚。但华为在北美的市场开拓并不顺利，其于 2008 年与贝恩资本的收购合作、2010 年 5 月的 3Leaf 专利收购、2010 年 8 月与 Sprint 公司的电信合同等一系列收购或投资行为都被美国政府以"可能危及国家通信与军事安全"为由被逼停。这一时期，华为价值网络的发展基本呈现出全面铺开与全面深入、局部拓展困难的态势，其价值网络基本构建成熟。

　　2013 年以后，随着智能手机等智能终端设备更新迭代的加速，华为在国际市场也面临着更多新兴企业的竞争，包括与小米、OPPO、VIVO 等国内品牌的国际竞争。这一时期，华为在牢固的国际市场基础上不断跟进市场变化，刺激华为的创新神经，创造更多市场价值，其价值网络也进入更新期。到 2015 年 9 月，华为智能手机销售额位列全球第三，在全球的市场份额为 9.7%，在拉美市场的市场份额为 13%。到目前为止，华为已经是非洲整体市场的第三大手机制造商，中东北非地区最大的通信设备供应商，南非地区仅次于爱立信的第二大通信设备供应商；在电信行业最开放的尼日利亚，华为和中兴已经占据了接近 90% 的市场份额。此外，华为的 5G 专利数量已经达到全球 5G 专利总量的 20%，而美国三大通信巨头的专利总量为 15%，华为俨然是全球通信设备行业的佼佼者。华为在通信技术上的不断发展与进步助长其发展势头，但也不得不面对新的发展困境。华为手机在美国市场的发展一直面临着美国政府的压力，更是在 2019 年 5 月 17 日被列进"实体限制清单"，禁止美国任何企业向华为出售相关技术及产品，使华为的芯片供应受到限制。2020 年第四季度，华为手机的全球市场份额已经从第一跌至第六，华为的市场空白被苹果、三星、小米、OPPO、VIVO 等竞争品牌瓜分。华为在智能手机和平板业务板块的受挫与5G 等通信技术领域的迅猛势头的交织也使华为在机遇和挑战中不断实现价值网络的更新与发展。

（三）华为价值网络结构跃迁轨迹

综上可知，华为价值网络构建的各个时期，其技术创新能力维度、组织结构维度与空间维度呈现不同的特质与跃迁路径，华为价值网络结构跃迁轨迹如图 5.46 所示。

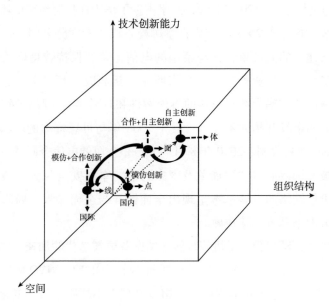

图 5.46 华为价值网络结构跃迁

资料来源：笔者依据分析结果绘制。

价值网络形成期时，华为拥有的技术创新能力、市场空间都比较局限，组织结构松散。因此，这一时期华为的势能也不足以其在市场和业绩表现等方面表现突出。

进入成长期后，华为急速扩张，但因企业自身体系并不完善，市场认可度不高，国际化进程虽不断推进，但所取得的成效并不明显。相较形成期，成长期的华为在技术创新能力和国际化程度具有较大提升，在国内外通信行业价值网络中的位置实现了一定提升，位置势能增强，但国际影响力仍然有限。

　　价值网络成熟期的华为主要巩固已构建的价值网络，并实现价值网络的局部升级，其国际市场的扩张得到稳固。这一时期，华为的技术创新能力大幅提升，自主创新使华为在全球价值网络中的位置急速提升，其相对势能实现质的飞跃。华为此时具有的势能吸引着全球的通信巨头企业与之合作，在全球成立研发中心或合资公司，其跃迁态势更加难以阻挡。

　　如今，处于价值网络更新期的华为开始对其业务范围不断扩充，业务生态建设更加全面，逐步呈现出包围性的"体"的形态，其技术创新能力在国际通信行业的强势地位也不言而喻。在此形势下，华为在全球价值网络中的势能较大，其"居高临下"之势，为华为带来了更多的机会与收益，也吸引着更多的企业和人才的合作。

三、海尔的价值网络结构跃迁[①]

（一）海尔价值网络结构演化阶段划分

　　基于对已有文献、海尔资料的收集和整理，本书将海尔价值网络结构演化过程划分成四个阶段：形成期、成长期、成熟期和更新期。

　　1. 价值网络形成期：1984～1991年

　　这一时期是海尔的起步阶段，开始组建价值网络。在价值网络形成初期，海尔的市场知名度和认可度较低，只能通过与上下游合作企业开展简单的价值活动来建立价值网络，海尔与这些企业之间仅仅是靠契约链接，构建的价值网络是一种单向依赖关系。同时受到企业自身规模和发展水平的限制，这一阶段海尔的价值网络整体呈现"规模小、地域局限、开放性低"的特点。俗话说"打铁还需自身硬"，为了进一步构建价值网络，海尔通过引进国外先进技术和学习先进质量管理经验提高了产品质量，拥有了核心竞争力，得以在国内电冰箱市场立足，并在行业占据领先地位，成功将自身打造成为价值网络中的核心节点，实现了价值增值，拥有了与更多企业链接的实力，为接下来价值网络的扩张奠定了基础。

　　2. 价值网络成长期：1992～1998年

　　这一时期是海尔的扩张阶段，其价值网络也得以扩大。海尔先后兼并了原青岛空调总厂和冷柜厂、红星电器、莱阳电器和黄山电子等十八家国内企业，

---

　　①　资料来源：（1）海尔集团官网，https：//www.haier.com/；（2）并购案例：海尔集团并购红星电器公司［EB/OL］，http：//www.capwhale.com/newsfile/details/20200925/53a4a99ea0d340e4abda6282b3056ac2.shtml。

增加了价值网络中的节点。并利用知识要素——具有海尔特色的 OEC 管理和激活休克鱼的方法与被兼并的企业链接，重新激发企业活力。通过企业兼并，海尔实现了规模扩张，开始进入空调、冰柜、洗衣机等家电相关产品领域，走上多元化经营的道路，海尔在价值网络中的地位进一步提高，与其他企业的价值关系逐渐由单向依赖关系转变为双向依赖关系。随着生产经营范围的扩大，海尔的上游供应商和下游分销商的数量层次增加，顾客群体也随之扩大，海尔价值网络中各主体频繁互动，加强协作，在一定程度上提高了价值网络的整体抗风险能力。这一阶段海尔价值网络中的节点大量增加，以海尔为核心节点辐射到了全国范围，整体呈现出明显的集聚性。海尔的价值网络因此得到扩张，实现了进一步的跃迁。

3. 价值网络成熟期：1999～2012 年

这一时期是海尔的强化阶段，其价值网络也逐渐成熟。2001 年中国加入世界贸易组织，国内企业纷纷走出国门，海尔也将目光瞄准了海外市场，进一步扩张其价值网络，并进行强化。海尔不仅实施国际化和全球化，还在国外实施本土化，就这样，以亚洲海尔为起点，逐渐建立起欧洲海尔、美国海尔和中东海尔，海尔的价值网络由此逐渐覆盖全球。除此之外，海尔不断满足市场需求创新产品，例如推出"小小神童"小型洗衣机；不断完善自己的品牌体系，推出针对年轻消费群体的定制家电品牌统帅，高端家电品牌卡萨帝、斐雪派克等，实现对全球家电市场的全覆盖。同时海尔加强客户关系管理，探索新的商业模式，海尔和一些企业共同设计研发，企业间的关系逐渐由契约型转变为关系型，增强了价值网络中节点间的链接。在这一阶段，海尔不再是简单地增加其价值网络中的节点和链接，而是有意识地在价值网络中布局。这时海尔的价值网络中存在不止一个核心节点，而是在亚洲海尔、欧洲海尔、美国海尔和中东海尔中各自存在核心节点，并围绕核心节点形成集群，社区结构明显，集聚性进一步增加。经过上一时期的纵向扩张和这一时期的横向扩张，海尔的价值网络不断扩大，变得更加紧密，并辐射全球。

4. 价值网络更新期：2013 年至今

这一时期是海尔当前正在经历的转型阶段，其价值网络也随之更新。海尔将整体拆分为多个小微企业，采用"企业平台化、员工创客化、用户个性化"的"三化"机制，把全球的人才和资源都吸引到了平台上，人才、资源、合作者等全部是以用户为核心，共同为用户创造价值，同时实现各方利益的最大化。此时的海尔致力于打造平台型的并联生态圈，企业演变为一个四通八达的共享价值网络。除此之外，海尔还打造了开放创新平台 HOPE 和工业互联网平台 COSMOPlat 来促进与用户、合作者、供应商的联系交流，实时掌握各参与者最新动态，增强了价值网络整体的动态性、开放性和创新性。在这一阶段，海尔的价值网络的结构发生了彻底的变化。以前的海尔内部分化为现在无数的小微，外部团队以创客形式进入其价值网络，小微、创客、合作者、供应商都是价值网络中的同质节点，他们以用户为核心进行自组织，价值网络中的集群数量增多，集聚性大大提高。任意两个节点之间都可以进行无障碍交流，产生链接，节点间关系变得更加复杂，价值网络整体紧密性进一步提高，价值网络的边界逐渐模糊。

（二）海尔价值网络结构跃迁三维解析

价值网络结构跃迁是企业在其价值链条或价值网络中的地位升级。这种地位升级不仅表现为企业经营方向、企业定位等网络横向升级，也表现为企业在价值链条上重要性变化等网络纵向升级。价值网络结构跃迁的横向与纵向升级涉及企业诸多方面的变化，本节将从技术创新能力、组织结构及空间三个维度分别解析海尔在不同价值网络结构演化阶段的跃迁路径与跃迁态势。

1. 知识结构跃迁

海尔作为提供智慧家庭、智慧家电的美好生活解决方案服务商，知识要素是它的核心资源，技术创新能力是核心竞争力，专利数量是技术创新能力的一个重要指标。

1984 年，海尔集团创立，此时的海尔处于刚刚起步的阶段，在本阶段，海尔价值网络中的知识存量在缓慢增加，因为此时的海尔在价值网络中只与上下游合作企业进行着简单的价值活动，彼此之间没有技术知识上的交流，但海尔自身已经开始进行技术创新和知识积累。1985 年海尔从德国利勃海尔引进世界领先的电冰箱生产技术和设备，打造了亚洲第一条四星级电冰箱生产线。同年海尔开始申请第一个商标专利。1988 年和 1991 年，海尔各申请了一项关于外观设计的专利。除专利以外，海尔还探索出一套具有海尔特色的 OEC 管理模式，创造了巨大的经济效益。海尔在这一阶段以生产制造电冰箱为主，市场受限，资金与技术人员有限，专利申请数量很少，先进技术全靠"引进来"，技术创新能力薄弱，这一时期的创新主要是对当时主流产品的少量模仿创新。

1992 年，海尔开始实施多元化战略，其价值网络进入成长期，同年海尔在全国家电行业率先通过了 ISO 9001 认证。1993 年，海尔与意大利梅洛尼家电集团合资生产滚筒式全自动洗衣机。1996 年，海尔冰箱通过了 ISO 14001 环保认证。此时的海尔技术标准和质量水平已经稳居行业领先地位。这一时期以成立最早的海尔集团公司为例，专利申请数量从 1992 年仅有 2 项实用新型专利猛增到 1997 年发明公布、发明授权、实用新型和外观设计共 407 项专利。1998 年底，海尔成立了海尔中央研究院，涉及 11 个研发领域，进行家电相关技术的超前研发。海尔还进行管理创新，通过企业兼并总结出了一套"激活休克鱼"的理论。在这一时期，海尔的技术在一定程度上仍然处于"引进来"阶段，延续上一阶段的模仿创新，同时开始探索合作创新，价值网络中的知识存量快速增长，技术创新能力得到显著提升。

随后海尔积极响应国家"走出去"的号召，在技术创新方面也积极和外界合作，强化技术创新能力。1999 年海尔建立海尔大学作为员工的培训基地。2001 年海尔与清华大学签约，共同研发数字电视机顶盒；同年海尔针对韩国市场研发出韩式双动力洗衣机并获得韩国知识产权局的 PCT 发明专利授权，接着在 2002 年，海尔的双动力洗衣机申报国际 PCT 发明专利。2006 年海尔与英特尔达成了战略合作联盟，并成立创新产品研发中心。海尔的技术创新在国家乃至国际上都得到了认可，截至 2007 年，海尔主持或参与了 152 项国家标准的制定和修改，还制定行业标准及其他标准 425 项，参与 9 项国际标准的制定。2011 年海尔与霍尼韦尔共同组建联合创新中心。同样以海尔集团公司为例，这一时期的专利申请数量逐年稳步上升，从 1999 年的 425 项到 2012 年的 1523 项（见图 5.47）。本阶段海尔顺应互联网经济，探索出"人单合一"商业发展模式。这一时期海尔在国内与高校建立联合开发网，在国外与微软、东芝等 9 家跨国公司成立技术联盟，并在当地建立配套的研发中心，"引进来"和"走出去"相结合，价值网络中以合作创新为主，同时开始走上自主创新的道路，积累了技术资本，在研发方面的综合能力有所提升，海尔在价值网络中也具有了一定的影响力。

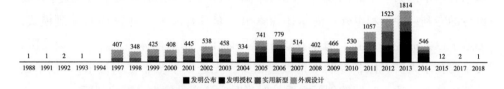

图 5.47　海尔集团公司专利申请数量

资料来源：笔者依据统计数据绘制。

2013年，海尔进行战略调整和转型，全面进入自主创新阶段。海尔利用互联网打造技术创新系统，创立HOPE平台提供全方位的技术交互，海创汇平台与政府园区和销售渠道等进行合作创新，众创汇平台为用户提供个性化家电定制，在这个技术创新系统下，企业、员工、创客和用户有了交互的平台。2013年，海尔的三名员工组建"雷神小微团队"，推出一款全新游戏本，三年时间完成多轮融资，估值超6亿元人民币。截至2018年，已有1160多个小微创业项目孵化成功，年收入过亿的小微达到了100多个，成功吸引到投资的小微有24个，还有14个市值估计上亿的小微。以本时期快速发展的海尔智家股份有限公司为例，专利申请数量从2013年的359项迅速增加到2019年的7371项。这一时期，海尔的价值网络广纳全球资金、技术和人才，海尔在价值网络中的地位稳固，平台和生态圈为技术创新提供了强有力的支持，不断为价值网络注入新鲜血液。

2. 组织结构跃迁

海尔价值网络的组织结构演化过程呈现出由"点"及"线"，由"线"到"面"，再由"面"发展为"体"的趋势。该过程的每次跃迁同样与价值网络的各发展时期保持一致，各阶段的变化体现在企业产品、客户群体、竞合关系、企业品牌等多个方面。

在海尔价值网络的形成期，由于海尔正处于起步阶段，实力和资源条件有限，选择了质量和管理作为发展的切入点，此时的海尔在价值网络中只与上下游合作企业进行着简单的价值活动，还没有与同行建立起复杂的竞合关系，因此在组织上呈现出规模较小、较为孤立的状态，可以抽象理解为零散的"点"。这一时期的海尔只专注于生产电冰箱这一种产品，针对的是非主流客户群体，通过严抓产品质量和内部管理，海尔得以在国内电冰箱市场站稳脚跟。在国内电冰箱市场萎缩的1989年和1990年，海尔仍保持着营业额逐年上升的态势。

从1992年开始，海尔价值网络进入快速成长阶段，为了进一步巩固企业的市场地位、扩大市场份额，海尔开始通过企业兼并进行扩张，并相应扩充产品品类。兼并的好处是可以避免由于迅速扩张而导致的企业资金不足、风险过高的问题，因此兼并是海尔在此阶段实现扩张和价值网络成长的最佳方式。海尔1995年7月兼并山东红星电器，12月控股武汉冷柜厂，1997年底相继兼并合肥黄山电子和贵州风华冰箱厂等等，从1984年时只有电冰箱这一种产品到1998年时扩充至几十种产品，目标针对主流客户群体。通过企业兼并、实施多元化战略，海尔价值网络中的节点开始增多，被兼并的企业通过海尔特色管理文化的输入与之链接，价值网络得以在原来的基础上进行纵向一体化延伸，众多节点组成了一维的线条，实现了"点"到"线"的突破，使价值网络整体结构呈现出一种链状的组织形态。

在价值网络的形成期和成长期，海尔的重点是建设内部价值网络，到了成熟期，海尔将重点转移到了外部价值网络的强化，进行横向扩张。基于已经形成的链状价值网络结构，海尔整合上游供应商的优势资源，并与合作伙伴之间交换资源进行互补，还积极与下游顾客进行互动，让顾客参与到产品的设计、研发环节等价值创造活动中去，海尔这些举措加快了物流、资金流和信息流在价值网络中的流动，加强了与价值网络中其他利益相关者的联系。1999 年海尔成立海尔物流，2000 年又建立日日顺物流，开始自建物流体系。2001 年，海尔荣获"中国物流示范基地"称号，成为中国第一家获得该称号的企业。2002 年海尔与日本三洋建立新型竞合关系，成立"三洋海尔株式会社"；同年海尔又与台湾声宝建立全方位竞合关系，互相代理彼此品牌。2011 年，海尔收购日本三洋。与此同时，海尔还在逐步完善品牌体系，从海尔到卡萨帝、统帅、斐雪派克，推出不同系列产品，实现各种客户群体的全覆盖。在经过价值网络成长期的纵向延伸和本时期的横向扩张后，海尔开始与同行建立起竞合关系，提升了价值网络整体的交互性和开放性，同时形成了较强的品牌效应，众多的"线"交错链接逐渐演变为复杂的"面"，价值网络结构趋于成熟。

2013 年，海尔宣布进行互联网转型。面对竞争激烈的市场环境，海尔的价值网络需要进行不断的升级、更新来维护在市场中的地位。海尔将自己打造为价值网络中进行所有价值创造活动的平台，与其他较为成熟的行业开展跨界融合，2014 年与高德地图携手以大数据布局传统零售行业，2015 年，海尔与华为合作布局智能家居，2021 年与吉利联手造车，将不同领域的企业链接到这个开放的价值网络中，打造"万物互联"，让这些企业自由地进行价值交换和交流，价值网络中的所有节点都围绕用户进行自服务、自组织和自迭代，整个价值网络的内部结构变得更加错综复杂。经过本时期的升级和更新，将上一时期价值网络的一个"面"复制推广成多个"面"，多个"面"之间互相耦合进而形成了一个多层次的"立方体"的价值网络组织结构。

3. 空间结构跃迁

海尔价值网络的空间跃迁路径与国际化和全球化路径一致，主要表现为市场从区域到全球的逐步扩大。

在价值网络形成期，由于海尔的自身规模较小，发展水平较低，企业实力尚未达到一定程度，在市场上也受到一定限制，因此在挑选上游供应商时，基本上都是在地理位置上距离海尔青岛工厂较近的供应商，下游分销商也由于交通运输等原因，所在地区也都是海尔所在地及其周围地区和省份。即便这样，在1990年海尔向德国出口了2万台冰箱，虽然数量不多，但这是海尔出口的第一批订单。受企业规模、发展水平、地理位置和交通运输等因素的制约，这一时期海尔的价值网络在空间上具有以青岛海尔为中心向周边辐射的区域性特点。

1993年，海尔与日本三菱重工合资成立三菱重工海尔（青岛）空调机有限公司，生产的空调全部出口。1995年7月海尔兼并山东红星电器，专门生产洗衣机，丰富了海尔的产品线，扩大了在洗衣机市场的占有率，同时还在香港成立了贸易公司。1995年12月海尔收购武汉蓝波希岛60%的股份对其控股，生产冰柜和空调，这是海尔首次迈出青岛实现跨地区经营。之后的两年海尔通过企业兼并使自身规模迅速扩大，实力得到提升，集团资产从几千万元发展至66.6亿元，成长为中国家电第一特大型企业，价值网络中的企业遍布全国。并且随着多元化战略的推进，海尔扩充相关家电产品，按产品和地理区域来划分事业部，生产营销范围也扩大至全国。海尔的价值网络进而在空间上发生了变化，从之前以青岛海尔为中心的区域性价值网络演化成了以青岛海尔为中心的覆盖全国的价值网络。

1999年4月，海尔的第一个海外工业园在美国南卡州正式建成，开始了逐步开拓美国市场的计划，之后在洛杉矶成立设计中心，2002年在纽约设立海尔总部，至此，海尔的三位一体格局在美国正式形成，成功开拓北美市场。2001年4月，海尔在巴基斯坦建立第二个海外工业园；同年6月，海尔并购意大利迈尼盖蒂冰箱厂作为生产制造中心，再加上海尔之前位于意大利米兰的营销中心以及在法国里昂和荷兰阿姆斯特丹的设计中心，在欧洲也实现了本土化经营。2003年10月，海尔在约旦的工厂正式投产，这是海尔在海外的第十三个工业园，同时开始了在中东的三位一体本土化布局。2006年11月，海尔和巴基斯坦合资，成立了首个中国境外经济贸易合作区——鲁巴经济贸易合作区，促进了海尔的生产能力和资本的输出，实现产品产地多元化。2007年海尔收购日本三洋在泰国的冰箱厂，并以此为据点大举进军东南亚市场。就这样，海尔按照三位一体在海外打造本土化海尔的思路，成功打造了亚洲海尔、欧洲海尔、美国海尔和中东海尔，生产营销网络扩大至全球，从以青岛海尔为中心覆盖全国的价值网络演化成了以亚洲海尔、欧洲海尔、美国海尔和中东海尔为中心覆盖全球的价值网络。

在形成了覆盖全球的价值网络的基础上，海尔的价值网络开始进一步升级和更新后，在空间上也发生了质的改变。截至 2021 年，海尔在全球的网络化布局进一步完善，已经拥有 28 个工业园、122 个制造中心、108 个营销中心，全球销售网络遍布 160 多个国家和地区。海尔将自身打造成进行价值创造活动的平台，链接各行各业的企业，运用互联网大数据，将价值网络所需资源、资金和人才从全球吸引到平台上来，跨越了国界和地理障碍，价值网络的边界和地理空间位置逐渐模糊。在这种形态下，海尔的价值网络可以触及世界上的任意角落，已经超越了地理意义上的空间。

（三）海尔价值网络结构跃迁轨迹

综上所述，海尔价值网络演化的各阶段，其技术创新能力维度、组织结构维度与空间维度都呈现不同的特质与跃迁路径，如图 5.48 所示。

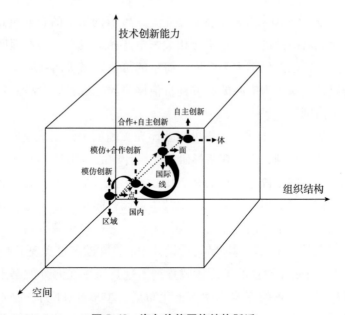

图 5.48　海尔价值网络结构跃迁

资料来源：笔者依据分析结果绘制。

在价值网络形成期，海尔的资源有限，技术创新能力薄弱，主要靠引进先进技术，走模仿创新的道路，在组织结构上也较为松散，只与上下游合作企业进行着简单的价值活动，价值网络中都是零散的"点"，由于只生产电冰箱一种产品，再加上只在青岛生产，所以在市场上也受到一定限制，进行区域性经营，此时的海尔在价值网络中影响力较小，在整个价值网络中处于低价值环节位置，势能也较低。

进入成长期后，海尔大幅扩张，通过兼并和多元化经营从一艘独立战舰迅速成长为一支庞大的联合舰队，在模仿创新的同时开始与其他企业合作进行研发创新，在组织结构上也由"点"到"线"得到了纵向延伸，开始了全国性的跨区域经营。与形成期相比，成长期的海尔在技术创新能力上有了较大提升，在国内家电行业市场具有了一定的地位和影响力，位置势能也相应增加，但国际影响力仍然有限。

价值网络进入成熟期，此时海尔的国内市场已经稳固，本阶段主要是开拓国外市场，实现价值网络由国内到国外的突破，海尔用三位一体的思路，成功在亚洲、北美、欧洲和中东布局，价值网络扩大至全球，这一时期的海尔展开与高校和跨国公司的合作创新，同时开始自主创新，技术创新能力较上一时期显著提升，在价值网络中的位置急剧提升，势能也有了大的飞跃，在国际上树立起了品牌形象，影响力持续增加。

价值网络更新期，海尔致力于物联网生态，业务范围不断拓展，与不同领域的企业展开跨界融合，组织结构逐渐呈现出"体"的包容性形态，技术创新能力还在不断提升，实力不容小觑，在价值网络中处于很高的位置，拥有强大的势能和影响力，吸引着全球更多的资源、人才和资金，在这种形势下，海尔的价值网络还在不断壮大。

第五节　本章小结

新工业革命契机下后发企业基于价值网络结构变革在价值网络中的结构跃迁研究，首先需要对价值网络结构演化规律进行归纳，进而总结后发企业的结构跃迁路径。

本书将价值网络结构解析为知识结构、组织结构和空间结构三维度，分别仿真知识结构演化、组织结构演化和空间结构演化过程，归纳演化规律。研究发现：价值网络的知识结构，BA、NW、KS、KN四种知识结构演化均经历形成期、成长期、成熟期和更新期四个阶段；伴随知识结构演化，KS知识结构中心企业知识水平可以得到有效提升；KN知识结构中，知识网络整体知识水平优势更突出。价值网络的组织结构，组织结构演化过程的连接退出机制遵循节点强度择优连接和反择优断开机制；组织结构演化过程可以划分为核心依赖聚集的初生期、规模扩张调整的成长期、高度连通稳定的成熟期和结构僵化封闭型的更新期。价值网络的空间结构、地理邻近与节点度组合择优连接机制共同作用于价值网络空间结构演化过程；随着价值网络规模的逐渐增长，网络始终具有无标度特征，节点度值服从幂律分布。

　　总结价值网络结构演化结论可知，价值网络三维结构演化经历了形成期、成长期、成熟期和更新期，在此基础上，选取后发企业的典型案例，通过对比亚迪、华为和海尔的纵向案例分析，归纳后发企业价值网络结构跃迁轨迹。在对案例企业价值网络结构演化阶段划分的基础上，对后发企业结构跃迁进行知识、组织和空间三维解析，进而勾勒后发企业价值网络结构跃迁轨迹，总结跃迁路径。研究结果显示，后发企业的价值网络结构跃迁是以知识维的技术创新能力提升为内在驱动，通过组织维的组织关系的调整和空间维的空间结构的改变，实现在价值网络中"位""势"提升。

第六章　后发企业价值网络升级路径归纳

第一节　研究结论

国际金融危机后全球产业竞争格局正在发生重大调整，发达国家纷纷实施"再工业化"战略，修正实体经济产业空心化问题（李玉梅等，2016），加速推进全球价值网络新格局。与此同时，中国传统制造经历了从成本领先优势的获益过程，积累了一定知识和能力，开始面临全球化背景下领先企业全方位的激烈竞争（刘洋等，2013）。以中国为代表的发展中国家制造企业开始尝试在全球价值链地理和组织重构过程中发挥作用（Azmeh & Nadvi，2014）并据此实现突破。新一代信息技术与制造业深度融合，正在引发影响深远的产业变革。新工业革命带来的资源配置和生产组织方式的变革，为后发企业价值网络体系重塑提供新驱动。因此系统解析价值网络重构要素，分析价值网络重构过程，明确价值网络结构演化机理，归纳后发企业结构跃迁路径，可为资源配置信息化和生产组织网络化背景下我国后发企业挣脱"双向挤压"实现升级提供理论依据。

本书以新工业革命带来的资源配置和生产组织方式变革为出发点，将后发企业结构跃迁界定为基于价值网络结构演化的企业位势跳跃式转变过程，从节点、关系和结构三维层面解析后发企业价值网络重构关键要素，进而通过实证分析探索重构要素作用于价值网络知识重构、关系重构和结构重构的重构机理。对应价值网络重构实现的知识、关系和结构维度，构建模型仿真价值网络知识结构、组织结构和空间结构演化过程，进而结合典型后发企业价值网络跃迁过程的纵向案例分析，归纳基于网络结构演化的后发企业跃迁路径。基于后发企业价值网络重构要素模型、后发企业价值网络重构机理和后发企业价值网络跃迁路径，形成后发企业价值网络升级策略。

具体而言，在相关理论和文献综述基础上，本书采用基于扎根理论的探索性案例分析方法，形成了价值网络重构要素编码数据结构，初步识别新工业革命背景下价值网络重构要素及其构成。进而采用定性比较分析方法解析价值网络重构要素前因构型，形成后发企业价值网络重构驱动要素模型。为解析后发企业价值网络重构机理，构建后发企业价值网络重构理论模型，并提出研究假设，在量表选取基础上设计调查问卷，通过问卷星平台向后发制造企业发放调查问卷。回收有效问卷并进行数据分析，在信效度检验基础上使用 SPSS 和 A-MOS 检验变量直接影响作用、中介作用、调节作用、有调节的中介作用和有中介的调节作用，深化重构要素作用于价值网络知识、关系和结构重构的内在机理。在明确价值网络重构三维度的基础上，通过构建价值网络结构演化模型，使用 Matlab 仿真价值网络知识结构、组织结构和空间结构演化过程，并使用 Pajek、Ucinet 等工具可视化价值网络的结构演化，归纳价值网络演化规律，结合典型后发企业案例的纵向分析，在价值网络结构整体演化分析基础上，追踪后发企业价值网络结构跃迁轨迹，归纳后发企业价值网络升级路径。

　　基于以上研究过程，通过对重构要素识别—重构机理解析—跃迁轨迹分析—升级路径归纳的递进式研究，总结研究结果，得到以下三个研究结论。

　　（1）以基础要素和支撑要素为核心的后发企业价值网络重构要素模型

　　鉴于后发企业价值网络重构驱动要素尚不清晰的研究现状，选取基于扎根理论的探索性案例研究方法，筛选样本，收集数据。通过对访谈资料的三级编码，得到包含 3 个核心范畴、9 个主范畴和 42 个副范畴的后发企业价值网络重构要素扎根研究的编码数据结构。明确了后发企业价值网络重构要素及其三层次来源，解析了基于重构内容的价值网络重构维度构成，进而归纳了三层次重构要素作用于价值网络内容重构的过程，同时发现了资源获取在重构要素作用于价值网络内容重构过程中发挥作用。

　　后发企业价值网络重构是多因素共同作用的结果，在明确后发企业价值网络重构要素基础上，基于结构重构视角，结合已有研究区分本网重构和本位重构。通过搜集筛选后发企业实施本网重构和本位重构典型案例，采用清晰集定性比较分析（csQCA）方法对其价值网络重构路径进行组态分析。研究发现，后发企业价值网络重构路径可分为技术能力主导型、信息共享驱动型、强关系引导型和点面共同推动型四种类型。技术能力主导型和信息共享驱动型是实现本网重构的主要方式；强关系引导型和点面共同推动型是实现本位重构的重要路径。基于内容重构视角，在扎根研究基础上从节点、关系和结构三个层级出发，将影响价值网络重构的要素进一步归纳为基础要素和支撑要素。聚焦制造业后发企业，运用模糊集定性比较分析（fsQCA）方法，分析 328 份后发制造企业样本数据，探索价值网络重构的前因构型。研究发现了后发制造企业实现价值网络重构的三条路径：多维—资源均衡路径、关系—结构资源路径、结构—获取支撑路径。

综上所述，本书区分价值网络重构的内容和结构的双重视角，在系统识别重构要素的基础上，形成了围绕重构要素和价值网络重构的扎根研究编码数据结构，进而通过定性比较分析，发现重构要素组态与价值网络重构的集合关系，据此进一步识别了基础要素和支撑要素，构建了后发企业价值网络重构要素模型。

（2）以价值网络重构理论模型为依据的后发企业价值网络重构机理

基于构建的后发企业价值网络重构要素模型，结合已有文献研究结论，提出理论模型和研究假设。对模型中涉及的变量的测度量表进行筛选，并据此设计问卷。通过对回收数据的效度和信度检验、结构方程模型检验和多元回归分析，检验了变量间的直接作用、中介作用和调节作用、有调节的中介作用和有中介的调节作用，得到网络能力、关系强度、网络密度、网络中心性重构要素影响价值网络知识重构、关系重构和结构重构的一系列结论。

变量间直接作用检验结果表明，网络能力、网络中心性对价值网络知识重构具有直接显著影响；网络能力、网络密度和网络中心性对价值网络关系重构具有直接显著影响；网络能力、网络密度对价值网络结构重构具有直接显著影响。研究结果说明，网络能力、网络密度和网络中心性均直接作用于价值网络重构。同时检验了重构要素对资源获取的直接影响和资源获取对价值网络重构的直接影响。

变量间中介作用检验结果显示，资源获取能力在网络密度影响关系重构过程中发挥完全中介作用；在网络能力、网络密度和网络中心性影响结构重构的过程中发挥分别发挥部分和完全中介作用。资源获取结果在网络能力、网络中心性对知识重构的影响过程中发挥完全中介作用；在网络能力、网络中心性对关系重构影响过程中分别发挥完全中介和部分中介作用。研究结果说明，资源获取能力的中介作用的发挥主要基于结构层面重构要素对结构重构的影响，是结构重构实现的能力转化器。资源获取结果的中介作用的发挥主要实现于知识重构和关系重构，是知识重构和关系重构实现的结果加速器。在此基础上检验了有调节的中介作用，结果显示资源获取能力在网络能力、网络密度作用于结构重构的过程中考虑信息共享调节作用时，发挥有调节的中介作用。资源获取结果则不发挥有调节的中介作用。

变量间调节作用检验结果说明，信息共享在网络能力影响知识重构的过程中发挥调节作用；信息共享在网络密度影响结构重构的过程中发挥调节作用。研究结果说明，信息共享调节企业层面网络能力要素作用于知识重构的过程，是后发企业知识重构的节点层催化剂；信息共享调节结构层面反映网络特征的网络密度作用于结构重构的过程，是后发企业结构重构的结构层协调剂。此外，信息共享在网络密度通过资源获取能力影响结构重构的过程中发挥有中介的调节作用。结果说明，价值网络的密度和网络中信息共享的交互影响通过后发企业资源获取能力提升实现结构重构。

综上所述，本书在形成后发企业价值网络重构要素模型的基础上，构建了价值网络三维重构的理论模型，通过对变量间直接作用、中介作用、调节作用、有调节的中介作用和有中介的调节作用检验，逐层深入对价值网络重构机理进行剖析，通过对检验结果的分析归纳，深化了构建的理论模型，解析后发企业价值网络三维重构机理。

（3）以价值网络三维结构演化为框架的后发企业价值网络结构跃迁轨迹

本书将价值网络结构演化解析为知识结构演化、组织结构演化和空间结构演化，分别仿真演化过程，归纳演化规律。研究发现：价值网络的知识结构，BA、NW、KS、KN 四种知识结构演化均经历形成期、成长期、成熟期和更新期四个阶段；伴随知识结构演化，KS 知识结构中心企业知识水平可以得到有效提升；KN 知识结构中知识网络整体知识水平优势更突出。价值网络的组织结构，演化过程可以划分为核心依赖聚集的初生期、规模扩张调整的成长期、高度连通稳定的成熟期和结构僵化封闭型的更新期；组织结构演化过程的连接退出机制遵循节点强度择优连接和反择优断开机制。价值网络的空间结构演化过程具有明显的形成期、成长期、成熟期和更新期的阶段性，且地理邻近与节点度组合择优连接机制共同作用于价值网络空间结构演化过程；随着价值网络规模的逐渐增长，节点度值服从幂律分布，网络始终具有无标度特征。

总结价值网络结构演化结论可知，价值网络三维结构演化经历了形成期、成长期、成熟期和更新期。在此基础上，选取后发企业的典型案例，通过对比亚迪、华为和海尔的纵向案例分析，归纳后发企业价值网络结构跃迁轨迹。本书在对案例企业价值网络结构演化阶段划分的基础上，对后发企业结构跃迁进行知识、组织和空间三维解析，进而勾勒后发企业价值网络结构跃迁轨迹，总结跃迁路径。

综上所述，本书在深化后发企业价值网络重构机理的基础上，从价值网络整体视角对价值网络知识、组织和空间三维结构演化进行仿真，总结阶段演化规律，并据此阶段解析典型案例后发企业价值网络结构跃迁路径。后发企业的价值网络结构跃迁伴随知识结构、组织结构和空间结构演化过程，是以知识维的技术创新能力提升为内在驱动，通过组织维的组织关系的调整和空间维的空间结构的改变，实现在价值网络中"位""势"提升。

第二节 升级路径

新工业革命背景下资源配置和生产组织方式的变革为后发企业带来机遇，在此背景下，为了我国后发企业能够把握发展机遇，有的放矢地参与全球生产互动，实现国际化成长，依据对后发企业价值网络重构要素模型的勾勒、对后发企业价值网络重构机理的分析和对后发企业价值网络结构跃迁路径的总结，提出后发企业价值网络结构升级路径。

后发企业价值网络结构升级可依据其升级路径区分为本位升级和本网升级。本位升级是指，通过网络重构来实现后发企业价值网络升级，即在重构要素的驱动下，后发企业构建具有更大自主性的价值网络，并在价值网络中实现结构升级；本网升级则是后发企业在原有价值网络中实现结构跃迁，在原有价值网络中实现从低价值环节向高价值环节的跨越。

1. 基于网络重构的后发企业本位升级路径

（1）基于价值网络知识重构的后发企业本位升级路径

研究结果显示，网络能力和网络中心性是其实现知识重构的直接因素，且资源获取结果在网络能力和中心性作用于知识重构过程中发挥中介作用，信息共享在网络能力影响知识重构的过程中发挥调节作用。据此提出基于价值网络知识重构的后发企业本位升级路径。

嵌入价值网络的后发企业一方面需要通过自身网络能力的提升和网络中心性的改善，加强与价值网络中其他企业的协调、沟通和合作，积极接触信息，控制知识在价值链中的流动，直接实现价值网络的知识重构，并据此构建自主性更高的并行价值网络实现本位升级；另一方面，考虑新工业革命带来的资源配置方式的改变，将信息共享和资源获取结果纳入知识重构的实现因素，即在网络能力和中心性提升的前提下，构建信息共享水平更高的价值网络，或以技术、资金、管理经验和人才等资源获取结果为导向，间接实现知识重构，据此构建创新性更强的并行价值网络实现本位升级。通过以上路径，将价值网络中知识内化进而实现输出，以知识重构为核心驱动后发企业本位升级。

（2）基于价值网络关系重构的后发企业本位升级路径

研究结果显示，网络能力、网络密度和网络中心性是后发企业实现关系重构的直接因素；资源获取能力在网络密度对关系重构的影响过程中发挥中介作用；资源获取结果在网络能力和网络中心性对关系重构的影响过程中发挥中介作用。据此提出基于价值网络关系重构的后发企业本位升级路径。

嵌入价值网络的后发企业基于关系重构的本位升级的实现可以遵循如下路径，一方面，后发企业通过不断积累网络能力、弱化所在价值网络中联系频繁程度或有针对性地提高自身网络中心性，直接实现价值网络的关系重构；另一方面，在企业发展过程中，聚焦资源获取在能力和结果上的改善。通过超越网络中其他企业的资源获取能力和对资源获取效果的实现，将后发企业网络能力和网络结构优势转化为对既有关系的改变。在解锁既有关系的基础上，构建新关系，基于新关系的重叠交叉实现价值网络的构建，在价值网络中成功完成本位升级。通过以上路径，变革价值网络的既有关系，以关系重构为链路调整完成后发企业本位升级。

（3）基于价值网络结构重构的后发企业本位升级路径

研究结果显示，网络能力和网络密度是后发企业实现结构重构的直接因素；资源获取能力在网络能力、网络密度和网络中心性对结构重构的影响过程中发挥中介作用；信息共享在网络密度影响结构重构的过程中发挥调节作用。据此提出基于价值网络结构重构的后发企业本位升级路径。

嵌入价值网络的后发企业基于结构重构的本位升级实现可遵循如下路径，一方面，通过不断提升后发企业网络能力，提高价值网络的密度，通过自身能力提升，聚集部分既有价值网络中企业，通过"小团体"迁徙直接实现价值网络结构重构；另一方面，加大企业对资源获取能力提升的培养，后发企业网络能力的提升，网络密度和网络中心性等结构优势的改善，均需要通过资源获取能力外化于价值网络结构调整。此外，新工业革命为信息共享提供的便利性，与价值网络结构特征相结合，为后发企业"复制"既有价值网络，形成全新价值网络提供可行方式。通过以上路径，改变价值网络既有结构，以局部和整体复制实现后发企业本位升级。

2. 基于结构跃迁的后发企业本网升级路径

（1）技术创新驱动结构跃迁的后发企业本网升级路径

技术创新是后发企业实现价值网络结构跃迁的内部核心驱动力，也是价值网络知识维演化的原因。基于本书的研究结果，后发企业基于技术创新的本网升级路径可依据价值网络发展阶段予以匹配。在价值网络的形成期，形成逆向创新思维，考虑以低成本创新为切入点，以性价比优势为核心，尝试通过模仿创新助力后发企业更深层地融入全球化格局，通过"新兴市场产品创造""其他发展中国家市场扩散"和"发达国家市场回溯"三个环环相扣的技术创新驱动环节，逐步实现在价值网络中的本网升级。在价值网络成长期，通过合作创新方式为后发企业本网升级提供持续推动力，此时后发企业在价值网络中积累了一定网络能力，与价值网络中合作伙伴依据自身知识特征，各取所长共同开展联合创新活动是后续实现本网升级的基础。在价值网络成熟期，基于价值网络中共享知识，后发企业基于自身能力的提升，通过获取—吸收—再创新三个阶段，综合实施内源式自主创新、利用外源技术合作创新和依托价值网络集成创新，全方位推进后发企业的本网升级，实现在价值网络中向高价值增值环节的攀升。

（2）关系变革带动结构跃迁的后发企业本网升级路径

关系变革是后发企业实现价值网络结构跃迁的链路架构支撑，也是价值网络组织维演化的原因。基于本书的研究结果，后发企业基于组织关系变革的本网升级路径同样需要匹配价值网络的发展阶段。在价值网络的形成期，网络组织规模较小，度值偏低，集聚系数偏大，平均最短路径较短，组织结构依赖核心企业。网络中存在一定数量的同质的后发企业，为快速深入嵌入价值网络，需要有目标地增加组织间关系，考虑每一条连边的有效性，优化局部网络结构。在价值网络的成长期，网络规模迅速扩大，度值大幅度增加，集聚系数逐渐下降，平均路径增加。后发企业在扩大业务范围的同时须调整组织关系，通过形成频繁紧密的连接关系，整合优化自身的资源获取结构，扩大全局网络的合作范围。在成熟阶段，网络连通度较高，度值保持稳定，集聚系数和平均路径变化平缓。通过组织间关系调整，识别调整无效冗余的连边，优化网络全局结构。通过局部关系调整—扩大合作范围—优化全局结构三个逐层递进的组织关系变革环节，改变连接链路，支撑后发企业的本网升级。

（3）邻近性变化引领结构跃迁的后发企业本网升级路径

邻近性变化是后发企业实现价值网络结构跃迁的空间结构表现，也是价值网络空间维演化的原因。基于本书的研究结果，后发企业基于空间地理变化的本网升级路径同样需要匹配价值网络的发展阶段。在价值网络的形成期，地理邻近是后发企业嵌入价值网络并寻求在价值网络中位置变化的初始空间结构特征。地理邻近以较低的合作交易成本和信息搜寻成本成为后发企业实现在价值网络中区域结构调整的主要空间。在价值网络的成长期，地理邻近通过增强知识交互和构建信任体系为后发企业在价值网络中实现位置调整持续提供支持。与此同时，技术邻近作用的发挥将后发企业空间结构进行拓展。在价值网络的成熟期，地理邻近和技术邻近作用逐渐弱化，后发企业在价值网络中的结构跃迁表现为在网络整体范围内的关系构建和结构调整。通过嵌入地方集群—区域技术合作—全网络化发展，不断扩大空间溢出效应，推动后发企业的本网升级。

附录 A 访谈提纲

后发企业价值网络重构、结构跃迁与升级路径研究
半结构化访谈提纲

1. 您认为后发企业成长过程中遇到的主要困境是什么？

2. 您认为后发企业想要实现突破可以从哪些方面提升？

3. 您认为价值网络中哪些要素是可以帮助后发企业实现提升，甚至是实现价值网络重构的？

4. 您认为后发企业想要实现价值网络结构上的跃迁，有哪些是非常重要的影响因素？

5. 您认为您所在企业能够实现在价值网络中位置改变的原因是什么？

6. 如果可以回到您所在企业的成长初期或快速发展期，您会有哪些不同的做法或者建议？

7. 您认为您所在企业是否实现了价值网络升级，升级路径有哪些借鉴意义？

附录 B　调查问卷

后发企业价值网络重构、结构跃迁与升级路径研究
调查问卷

尊敬的女士/先生:

您好! 我们是后发企业价值网络重构研究课题组,正在进行后发企业价值网络重构与升级相关研究,问卷主要涉及企业的网络能力、关系强度、网络结构、信息共享、资源获取、网络重构等内容,期望研究结果可以为后发企业国际化成长提供策略帮助。我们承诺本次问卷调查仅供学术研究专用,不涉及任何商业用途,对您填写的内容页严格保密。您的回答对研究结果将产生关键影响。衷心感谢您的支持和参与,并祝您身体健康、工作顺利!

研究单位:
后发企业价值网络重构研究课题组

问卷说明:

请您根据实际情况填写问卷,答案无对错之分,在您认为合适的数字上打"√",如果遇到任何问题,请您随时与我们联系。

一、基本情况

1. 企业名称(可填简称或英文缩写): _____

2. 您在贵企业的工作时间:

A. 1 年以下　　　　　　　　B. 1~3 年

C. 3~5 年　　　　　　　　D. 5~7 年

E. 7 年以上

3. 您所在企业性质：

A. 国有
B. 民营

C. 外资
D. 集体

E. 其他

4. 您的工作职务：

A. 普通员工
B. 基层管理人员

C. 中层管理人员
D. 高层管理人员

5. 您所在企业的规模：

A. 50 人以下
B. 51～200 人

C. 201～500 人
D. 501～1 000 人

E. 1 000 人以上

6. 您所在企业所属行业：

A. 农林牧渔业
B. 采矿业

C. 制造业
D. 电力、煤气及水的供应业

E. 建筑业
F. 交通运输仓储业

G. 信息技术业
H. 批发和零售贸易

I. 金融、保险业
J. 房地产业

K. 社会服务业
L. 传播与文化产业

M. 综合类

二、问卷主体

中国制造经历了从成本领先优势获益过程，积累了一定知识和能力，开始面临全球化背景下领先企业全方位的激烈竞争。价值网络是现阶段价值链的结构表现，后发企业如何把握当前发展机遇，有的放矢地参与全球互动，改变其在价值链中的位置，实现价值网络重构，对企业发展意义重大。请您依据所在企业实际情况，选择下述内容对应的数字，在相应选项上画"√"。

1 非常不同意；2 不同意；3 不确定；4 同意；5 非常同意

（一）网络能力

关于您的企业所在的价值链（价值网络）中，以下陈述多大程度上符合您的企业？

	非常不同意→非常同意				
1. 我们会与合作伙伴一起分析希望共同达成的目标	1	2	3	4	5
2. 我们会依据个人拥有的关系将企业资源向其倾向（例如配备人员、财务支持）	1	2	3	4	5
3. 我们了解合作伙伴的目标、潜力和战略	1	2	3	4	5
4. 我们会事先判断可以和哪些合作伙伴进一步深化关系	1	2	3	4	5
5. 我们会指定专门的人员负责协调与合作伙伴的关系	1	2	3	4	5
6. 我们会定期与合作伙伴讨论如何互相支持以达成共同目标	1	2	3	4	5
7. 我们有能力与合作伙伴建立良好的个人关系	1	2	3	4	5
8. 我们可以设身处地为我们的合作伙伴着想	1	2	3	4	5
9. 我们可以灵活地与合作伙伴开展合作	1	2	3	4	5
10. 我们总是与合作伙伴建设性地解决问题	1	2	3	4	5
11. 我们了解合作伙伴的市场	1	2	3	4	5
12. 我们了解合作伙伴的产品/程序/服务	1	2	3	4	5
13. 我们了解合作伙伴的优势和劣势	1	2	3	4	5
14. 我们了解竞争对手的潜力和战略	1	2	3	4	5
15. 在我们的企业中，会为每个项目定期组织会议	1	2	3	4	5
16. 在我们的企业中，员工之间会进行非正式联系	1	2	3	4	5
17. 在我们的企业中，沟通通常涉及项目和主题领域	1	2	3	4	5
18. 在我们的企业中，管理者和员工会进行大量沟通反馈	1	2	3	4	5
19. 在我们的企业中，信息自然而然进行传递交换	1	2	3	4	5

（二）关系强度

关于您的企业所在的价值链（价值网络）中，以下陈述多大程度上符合您的企业？

	非常不同意→非常同意				
20. 我们相信网络中的成员企业都在努力实现共同目标	1	2	3	4	5
21. 我们有兴趣继续与该网络的其他成员企业建立关系，即便项目结束后我们有其他选择，我们仍会留在这个网络中	1	2	3	4	5
22. 网络中成员企业之间摩擦很小	1	2	3	4	5
23. 我们与其他成员企业的关系是亲密的	1	2	3	4	5
24. 我们所在网络的成员企业之间有良好的工作关系	1	2	3	4	5

（三）网络结构

关于您的企业所在的价值链（价值网络）中，以下陈述多大程度上符合您的企业？

	非常不同意→非常同意				
25. 我们与其他成员企业之间有着密切的联系	1	2	3	4	5
26. 我们与其他成员企业之间的互动非常少	1	2	3	4	5
27. 我们与其他成员企业之间的关系非常密切	1	2	3	4	5
28. 我们与其他成员企业之间会频繁沟通	1	2	3	4	5
29. 我们与成员企业之间经常讨论出现的问题	1	2	3	4	5
30. 我们与成员企业之间有着非常紧密的联系	1	2	3	4	5
31. 我们企业是价值网络中的一个重要组成部分	1	2	3	4	5
32. 我们企业与其他成员企业保持着很少的关系	1	2	3	4	5
33. 我们企业积极参与价值网络中的活动	1	2	3	4	5
34. 我们企业与其他成员企业有广泛联系	1	2	3	4	5
35. 我们企业是价值网络的中心	1	2	3	4	5

（四）信息共享

关于您的企业所在的价值链（价值网络）中，以下陈述多大程度上符合您的企业？

	非常不同意→非常同意				
36. 合作企业愿意告知我们目前存在机会和风险	1	2	3	4	5
37. 合作企业愿意告知我们其当前的策略和未来可能的调整	1	2	3	4	5
38. 合作企业愿意告知我们一些有关其市场份额和竞争能力的信息	1	2	3	4	5
39. 合作企业愿意告知我们有关其技术改革的信息以及当前项目一些细节	1	2	3	4	5

（五）网络重构

关于您的企业所在的价值链（价值网络）中，以下陈述多大程度上符合您的企业？

	非常不同意→非常同意				
40. 我们具有新的创新理念	1	2	3	4	5
41. 我们的技术创新思想、知识来自不同领域	1	2	3	4	5

续表

	非常不同意→非常同意				
42. 我们的新产品融入了多种技术和功能	1	2	3	4	5
43. 我们可以从多个角度理解市场机会	1	2	3	4	5
44. 我们可以和合作伙伴一起作出调整来应对环境变化	1	2	3	4	5
45. 我们有能力解决潜在问题	1	2	3	4	5
46. 有突发情况时我们可以打破原来的合作计划并提出新的处理方法	1	2	3	4	5
47. 我们形成了退出和解除合作关系的方式或程序	1	2	3	4	5
48. 我们能预测主流趋势，以期发现合作伙伴的未来需求	1	2	3	4	5
49. 我们与经常保持联系的合作伙伴之间有相似的社会背景	1	2	3	4	5
50. 经常与我们联系的合作伙伴与我们中断合作关系后很难找到替代者建立类似的关系	1	2	3	4	5
51. 与我们经常合作的伙伴分属于不同的圈子并且相互之间基本没有联系	1	2	3	4	5
52. 我们与某一合作伙伴中断关系后能找到替代者并建立类似的合作关系，替代者与原有合作伙伴之间基本没有联系	1	2	3	4	5

（六）资源获取

关于您的企业所在的价值链（价值网络）中，以下陈述多大程度上符合您的企业？

	非常不同意→非常同意				
53. 我们可以通过网络中其他成员学习一些先进技术	1	2	3	4	5
54. 我们可以通过网络中其他成员得到一些资金资源	1	2	3	4	5
55. 我们可以通过网络中其他成员学习一些管理经验	1	2	3	4	5
56. 我们可以在网络中找到企业需要的人才	1	2	3	4	5
57. 我们可以在网络中获得一些关键信息	1	2	3	4	5
58. 我们获取资源的质量比网络中的竞争对手高	1	2	3	4	5
59. 我们获取资源的成本比网络中的竞争对手低	1	2	3	4	5
60. 我们获取资源的速度比网络中的竞争对手快	1	2	3	4	5
61. 我们能够在环境变化中获取一些关键性资源	1	2	3	4	5

参 考 文 献

［1］包凤耐，彭正银．网络能力视角下企业关系资本对知识转移的影响研究［J］．南开管理评论，2015，18（3）：95－101．

［2］毕小萍．网络中心性、知识创新能力与 KIBS 创新绩效的关系研究［D］．长沙：中南大学，2012．

［3］蔡淑琴，梁静．供应链协同与信息共享的关联研究［J］．管理学报，2007（2）：157－162，179．

［4］曹红军，赵剑波，王以华．动态能力的维度：基于中国企业的实证研究［J］．科学学研究，2009，27（1）：36－44．

［5］常志平，蒋馥．供应链中信息共享的层级及其影响因素分析［J］．工业工程与管理，2003（2）：22－24．

［6］陈国权，李赞斌．学习型组织中的"学习主体"类型与案例研究［J］．管理科学学报，2002（4）：51－60，67．

［7］陈伟宏，王娟，张鹏，等．全球价值链下技术溢出对产业升级路径研究——基于服务化投入异质性视角［J］．科研管理，2011，42（9）：79－86．

［8］陈向明．从一个到全体——质的研究结果的推论问题［J］．教育研究与实验，2000（2）：1－8，72．

［9］陈向明．扎根理论的思路和方法［J］．教育研究与实验，1999（4）：58－63，73．

［10］程聪，谢洪明，杨英楠，等．外部知识流入促进产品创新绩效：企业创意的观点［J］．管理工程学报，2013，27（4）：103－109，118．

［11］池毛毛，赵晶，李延晖，等．企业平台双元性的实现构型研究：一项模糊集的定性比较分析［J］．南开管理评论，2017，20（3）：65－76．

［12］池仁勇．区域中小企业创新网络的结点联结及其效率评价研究［J］．管理世界，2007（1）：105－112，121．

［13］党兴华，成泷，魏龙．技术创新网络分裂断层对子群极化的影响研究——基于网络嵌入性视角［J］．科学学研究，2016，34（5）：781－792．

［14］丁飞，陈红，杨冀豫，等．基于复杂网络的供应链网络演化模型研究［J］．计算机与数字工程，2018，46（2）：5．

［15］杜运周，贾良定．组态视角与定性比较分析（QCA）：管理学研究的一条新道路［J］．管理世界，2017（6）：155－167．

［16］冯立杰，闵清华，王金凤，等．颠覆性创新视阈下后发企业商业模式创新路径研究——以拼多多为例［J］．管理现代化，2021，41（6）：52－56．

［17］郜宇梅．企业社会关系网络、资源获取能力与创新绩效关系研究——以五台山旅游产业集群为例［J］．生产力研究，2017（2）：5．

［18］郝斌，任浩．企业间领导力：一种理解联盟企业行为与战略的新视角［J］．中国工业经济，2011（3）：109－118．

［19］郝凤霞，张璘．低端锁定对全球价值链中本土产业升级的影响［J］．科研管理，2016，37（S1）：131－141．

［20］黄锦华．中国汽车产业升级策略研究［D］．武汉：武汉大学，2010．

［21］简兆权，李敏，叶赛．企业间关系承诺与信息共享对服务创新绩效的影响——网络能力的作用［J］．软科学，2018，32（7）：70－73，88．

［22］李维安．信息与组织革命的产儿——网络组织［J］．南开管理评论，2000（3）：1．

［23］李新春．企业战略网络的生成发展与市场转型［J］．经济研究，1998（4）：9．

［24］李玉梅，刘雪娇，杨立卓．外商投资企业撤资：动因与影响机理——基于东部沿海10个城市问卷调查的实证分析［J］．管理世界，2016（4）：37－51．

［25］李振华，赵寒，吴文清．在孵企业关系社会资本对创新绩效影响——以资源获取为中介变量［J］．科学学与科学技术管理，2017（6）：144－156．

［26］李志刚，汤书昆，梁晓艳．产业集群网络结构与企业创新绩效关系研究［J］．科学学研究，2007，4（29）：777－782．

［27］林闽钢．社会学视野中的组织间网络及其治理结构［J］．社会学研究，2002（2）：40－50．

［28］林润辉.网络组织与企业高成长［M］.天津:南开大学出版社,2004.

［29］刘晨,罗力,霍宝锋,等.3PL整合:关系因素与运营结果［J］.管理科学,2014,27（6）:1-11.

［30］刘林青,谭力文.产业国际竞争力的二维评价——基于全球价值链背景下的思考［J］.中国工业经济,2006（12）:37-44.

［31］刘洋,魏江,江诗松.后发企业如何进行创新追赶?——研发网络边界拓展的视角［J］.管理世界,2013（3）:96-110,118.

［32］吕越,盛斌.探究"中国制造"的全球价值链"低端锁定"之谜［J］.清华金融评论,2018,（10）:103-104.

［33］吕越,尉亚宁.全球价值链下的企业贸易网络和出口国内附加值［J］.世界经济,2020,43（12）:50-75.

［34］罗家德.关系管理刍议——关系管理研究的回顾与展望［J］.关系管理研究,2015（1）:1-41.

［35］马鸿佳,董保宝,葛宝山.高科技企业网络能力、信息获取与企业绩效关系实证研究［J］.科学学研究,2020,28（1）:127-132.

［36］梅丽霞,蔡铂,聂鸣.全球价值链与地方产业集群的升级［J］.科技进步与对策,2005（4）:11-13.

［37］孟巧爽.技术获取型海外并购整合与创新网络重构的协同演化研究［D］.杭州:浙江大学,2020.

［38］宁玲玲.企业纵向社会资本、资源获取能力与竞争优势关系的研究［D］.乌鲁木齐:新疆财经大学,2018.

［39］潘秋晨.全球价值链嵌入对中国装备制造业转型升级的影响研究［J］.世界经济研究,2019（9）:78-96,135-136.

［40］潘松挺,蔡宁.企业创新网络中关系强度的测量研究［J］.中国软科学,2010（5）:108-115.

［41］彭新敏,刘电光,徐泽琨,等.基于技术追赶过程的后发企业能力重构演化机制研究［J］.管理评论,2021,33（12）:128-136.

［42］彭新敏,史慧敏,朱顺林.机会窗口,双元战略与后发企业技术追赶［J］.科学学研究,2020（12）:2220-2227.

［43］彭正银,黄晓芬,隋杰.跨组织联结网络、信息治理能力与创新绩效［J］.南开管理评论,2019,22（4）:12.

［44］乔坤，吕途．强关系与弱关系的内涵重构——基于4家企业TMT社会关系网络的案例研究［J］．管理学报，2014，11（7）：972.

［45］邱斌，尹威，杨帅．全球生产网络背景下的企业创新与经济增长——"FDI、企业国际化与中国产业发展学术研讨会"综述［J］．管理世界，2017（12）：136－139，147.

［46］邱皓政，林碧芳．结构方程模型的原理与应用［M］．北京：中国轻工业出版社，2009.

［47］任胜钢，吴娟，王龙伟．网络嵌入结构对企业创新行为影响的实证研究［J］．管理工程学报，2011，25（4）：75－80.

［48］沙振权，周飞．企业网络能力对集群间企业合作绩效的影响研究［J］．管理评论，2013，25（6）：95－103.

［49］孙国强．网络组织的形成动因、条件与方式［J］．商业研究，2001（10）：74－75.

［50］孙国强，网络组织理论与治理研究［M］．北京：经济科学出版社，2016.

［51］孙晓娥．扎根理论在深度访谈研究中的实例探析［J］．西安交通大学学报（社会科学版），2011，31（6）：87－92.

［52］谭海波，范梓腾，杜运周．技术管理能力、注意力分配与地方政府网站建设——一项基于TOE框架的组态分析［J］．管理世界，2019，35（09）：81－94.

［53］田真真，王新华，孙江永．创新网络结构、知识转移与企业合作创新绩效［J］．软科学，2020，34（11）：77－83.

［54］王斌．知识网络中知识存量离散性演化机理研究［J］．科学学与科学技术管理，2020，35（11）：57－68.

［55］王海花，谢富纪．企业外部知识网络能力的结构测量——基于结构洞理论的研究［J］．中国工业经济，2012（7）：137－146.

［56］王琴．基于价值网络重构的企业商业模式创新［J］．中国工业经济，2011（1）：79－88.

［57］王树祥，张明玉，郭琦．价值网络演变与企业网络结构升级［J］．中国工业经济，2014（3）：93－106.

［58］王永贵，刘菲．网络中心性对企业绩效的影响研究——创新关联、

政治关联和技术不确定性的调节效应 [J]. 经济与管理研究，2019，40（5）：113-127.

［59］王永健，谢卫红. 任务环境与制度环境对企业创新的交互影响研究 [J]. 科学学与科学技术管理，2016，37（4）：89-97.

［60］王展祥，魏琳. 信息共享有利于制造业企业的协同创新吗——基于中国企业营商环境调查数据的实证分析 [J]. 当代财经，2019.（10）：95-106.

［61］温忠麟，侯杰泰，马什赫伯特. 结构方程模型检验：拟合指数与卡方准则 [J]. 心理学报，2004，36（2）：186-194.

［62］温忠麟，张雷，侯杰泰，等. 中介效应检验程序及其应用 [J]. 心理学报，2004，36（5）：614-620.

［63］温忠麟，张雷，侯杰泰. 有中介的调节变量和有调节的中介变量 [J]. 心理学报，2006，38（3）：448-452.

［64］吴明隆. 结构方程模型：AMOS 的操作与应用（第 2 版）[M]. 重庆：重庆大学出版社，2010.

［65］吴晓波，余璐，雷李楠. 超越追赶：范式转变期的创新战略 [J]. 管理工程学报，2020，34（1）：1-8.

［66］吴晓云，张欣妍. 企业能力、技术创新和价值网络合作创新与企业绩效 [J]. 管理科学，2015，28（6）：12-26.

［67］谢永平，毛雁征，张浩淼. 组织间信任、网络结构和知识存量对网络创新绩效的影响分析——以知识共享为中介 [J]. 科技进步与对策，2011，28（24）：172-176.

［68］徐莎，孟迪云. 结构嵌入性、信息共享与商业模式创新关系研究 [J]. 商场现代化，2021（21）：7-9.

［69］徐兴，李仁旺，吴新丽，等. 基于网络质量控制的复杂供应链网络稳健性研究 [J]. 中国机械工程，2012，23（8）：6.

［70］徐意. 关系嵌入性、知识整合与科技型企业创新绩效研究 [D]. 西安：陕西科技大学，2018.

［71］叶笛，林峰. 产业集群升级背景下的网络资源协同式链接研究 [J]. 中央财经大学学报，2014（11）：101-107.

［72］叶江峰，任浩，郝斌. 外部知识异质度对创新绩效曲线效应的内在机理——知识重构与吸收能力的视角 [J]. 科研管理，2016，37（8）：8-17.

［73］应新安．组织间合作特征对社会组织公益绩效的影响［D］．杭州：浙江大学，2021．

［74］于飞．市场环境影响下后发企业颠覆式创新路径及演进机理研究［D］．郑州：郑州大学，2020．

［75］曾德明，文金艳．协作研发网络中心度、知识距离对企业二元式创新的影响［J］．管理学报，2015，12（10）：1479．

［76］张宝建，胡海青，张道宏．企业创新网络的生成与进化——基于社会网络理论的视角［J］．中国工业经济，2011（4）：10．

［77］张宝建，孙国强，裴梦丹，等．网络能力、网络结构与创业绩效——基于中国孵化产业的实证研究［J］．南开管理评论，2015，18（2）：39－50．

［78］张方华．知识型企业的社会资本与技术创新绩效研究［D］．杭州：浙江大学，2005．

［79］张罡，王宗水，赵红．互联网＋环境下营销模式创新：价值网络重构视角［J］．管理评论，2019，31（3）：94－101．

［80］张红娟，谭劲松．联盟网络与企业创新绩效：跨层次分析［J］．管理世界，2014（3）：163－169．

［81］张辉．全球价值链动力机制与产业发展策略［J］．中国工业经济，2006（1）：40－48．

［82］张珂，王金凤，冯立杰．面向颠覆式创新的后发企业价值网络演进模型——以海尔集团为例［J］．企业经济，2020（2）：68－75．

［83］张宁俊，张露，王国瑞．关系强度对团队创造力的作用机理研究［J］．管理科学，2019（1）：13．

［84］张群洪，刘震宇，严静．信息技术采用对关系治理的影响：投入专用性的调节效应研究［J］．南开管理评论，2010，13（1）：125－133，145．

［85］张枢盛，陈劲，杨佳琪．基于模块化与价值网络的颠覆性创新跃迁路径——吉利汽车案例研究［J］．科技进步与对策，2021，38（4）：1－10．

［86］张艳萍，凌丹，刘慧岭．数字经济是否促进中国制造业全球价值链升级？［J］．科学学研究，2021，40（1）：57－68．

［87］赵明剑，司春林．基于突破性技术创新的技术跨越机会窗口研究［J］．科学学与科学技术管理，2004，25（5）：54－59．

［88］郑烨，杨若愚，张顺翔．公共服务供给、资源获取与中小企业创新绩

效的关系研究［J］. 研究与发展管理, 2018, 30（4）: 105 - 117.

［89］周中胜, 罗正英, 段姝. 网络嵌入、信息共享与中小企业信贷融资［J］. 中国软科学, 2015（5）: 119 - 128.

［90］朱彬钰. 集群企业资源获取、吸收能力与技术创新绩效——珠三角传统产业集群中的企业研究［J］. 科技进步与对策, 2009, 26（10）: 84 - 90.

［91］朱菊芳. 体育产业集群网络对企业绩效影响的机制研究［J］. 南京体育学院学报（社会科学版）, 2019, 2（5）: 71 - 79.

［92］朱秀梅, 陈琛, 蔡莉. 网络能力、资源获取与新企业绩效关系实证研究［J］. 管理科学学报, 2010, 13（4）: 44 - 56.

［93］宗文. 全球价值网络与中国企业成长［J］. 中国工业经济, 2011（12）: 46 - 56.

［94］Adner R. Match Your Innovation Strategy to Your Innovation Ecosystem［J］. Harvard Business Review, 2006, 84（4）: 98 - 107.

［95］Ahuja G. Collaboration Networks Structural Holes and Innovation: A longitudinal Study［J］. Administrative Science Quarterly, 2000, 45（3）: 425 - 455.

［96］Alcácer J, Delgado M. Spatial Organization of Firms and Location Choices Through the Value Chain［J］. Management Science, 2016, 62（1）: 3213 - 3234.

［97］Alvarez S A, Porac J. Imagination, Indeterminacy, and Managerial Choice at the Limit of Knowledge［J］. The Academy of Management Review, 2020, 45（4）: 735 - 744.

［98］Anand B N, Khanna T. Do Firms Learn to Creat Value? The Case of Alliances［J］. Strategic Management Journal, 2000（21）: 295 - 315.

［99］Antia K D, Frazier G L. The Severity of Contract Enforcement in Interfirm Channel Relationships［J］. Journal of Marketing, 2001, 65（4）: 67 - 81.

［100］Antinyan A, Horváth G, Jia M. Curbing the Consumption of Positional Goods: Behavioral Interventions Versus Taxation［J］. Journal of Economic Behavior & Organization, 2020（179）: 1 - 21.

［101］Arndt S W, Kierzkowski H. Fragmentation: New Production Patterns in the World Economy［M］. New York: Oxford University Press, 2001.

［102］Azmeh S, Nadvi K. Asian Firms and The Restructuring of Global Value Chains［J］. International Business Review, 2014, 23（4）: 708 - 717.

［103］ Badir Y F, O'Connor G C. The Formation of Tie Strength in A Strategic Alliance's First New Product Development Project: The Influence of Project and Partners' Characteristics ［J］. Journal of Product Innovation Management, 2015, 32 (1):154 – 169.

［104］ Barabási A L, Albert R. Emergence of Scaling in Random Networks ［J］. Science, 1999, 286 (5439): 509 – 512.

［105］ Barney J B. Firm Resource and Sustained Competitive Advantage ［J］. Journal of Management, 1991, 17 (1): 99 – 120.

［106］ Barney J B. Strategic Factor Markets: Expectations, Luck, and Business Strategy ［J］. Management Science, 1986, 32 (10): 1231 – 1241.

［107］ Baron R M, Kenny D A. The Moderator – Mediator Variable Distinction in Social Psychological Research: Conceptual, Strategic, and Statistical Considerations ［J］. Chapman and Hall, 1986, 51 (6): 1173 – 1182.

［108］ Barrat A, Barthélemy M, Vespignani A. Modeling the Evolution of Weighted Networks ［J］. Physical Review E, 2004, 70 (6): 66 – 149.

［109］ Battistella G, Termsarasab P, Ramdhani R A, et al. Isolated Focal Dystonia as a Disorder of Large – Scale Functional Networks ［J］. Cerebral Cortex, 2015, 27 (2): 1 – 13.

［110］ Baum J C, Li S X, Usher J M. Making the Next Move: How Experiential and Vicarious Learning Shape the Locations of Chains' Acquisitions ［J］. Administrative Science Quarterly, 2000, 45 (4): 766 – 801.

［111］ Brown J J, Reingen P H. Social Ties and Word – Of – Mouth Referral Behavior ［J］. Journal of Consumer Research, 1987, 14 (3): 350 – 362.

［112］ Burt R S. Network Duality of Social Capital ［M］. Cheltenham: Elgar, 2009.

［113］ Burt R S. Structural Holes: The Social Structure of Competition ［M］. Cambridge: Harvard University Press, 1992.

［114］ Callahan C V, Pasternack B A. Corporate Strategy in the Digital Age ［J］. Strategy and Business, 1999 (15): 1 – 5.

［115］ Campbell C M, Baker C. Attitudes and Language ［J］. Modern Language Journal, 1992, 77 (3): 372.

[116] Carnes C M, Chirico F, Hitt M A, et al. Resource Orchestration for Innovation: Structuring and Bundling Resources in Growth – and Maturity – Stage Firms [J]. Long Range Planning, 2017, 50 (4): 472 – 486.

[117] Wang C L, Ahmed PK. Leveraging Knowledge in the Innovation and Learning Process at GKN [J]. International Journal of Technology Management, 2004, 27 (6 – 7): 674 – 688.

[118] Cenamor J, Parida V, Wincent J. How Entrepreneurial SMEs Compete Through Digital Platforms: The Roles of Digital Platform Capability, Network Capability, and Ambidexterity [J]. Journal of Business Research, 2019, 100 (JUL.): 196 – 206.

[119] Charmaz K. Grounded Theory: Objectivist and Constructivist Methods [M]. London: Sage Publications, 2000.

[120] Choi J, Hyun A S, Cha M S. The Effects of Network Characteristics on Performance of Innovation Clusters [J]. Expert Systems with Applications, 2013, 40 (11): 4511 – 4518.

[121] Choi T Y, Hong Y. Unveiling the Structure of Supply Networks: Case Studies in Honda, Acura, and Daimlerchrysler [J]. Journal of Operations Management, 2002, 20 (5): 469 – 493.

[122] Constant D, Kiesler S S. The Kindness of Strangers: The Usefulness of Electronic Weak Ties for Technical Advice [J]. Organization Science, 1996, 7 (2): 119 – 135.

[123] Degbey W Y, Pelto E. Customer Knowledge Sharing in Cross-Border Mergers and Acquisitions: The Role of Customer Motivation and Promise Management [J]. Journal of International Management, 2021, 27 (4): 100 – 858.

[124] Dierickx I, Cool K. Asset Stock Accumulation and Sustainability of Competitive Advantage [J]. Management Science, 1989, 35 (12): 1514 – 1514.

[125] Dyer H, Nobeoka D K. Special Issue: Strategic Networks ‖ Creating and Managing a High – Performance Knowledge – Sharing Network: The Toyota Case [J]. Strategic Management Journal, 2000, 21 (3): 345 – 367.

[126] Ebrahim N A, Ahmed S, Taha Z. Critical Factors for New Product Developments in SMEs Virtual Team [J]. African Journal of Business Management, 2010,

4 (11): 2247 -2257.

[127] Eisenhardt K M. Building Theories from Case Study Research [J]. Academy of Management Review, 1989, 14 (4): 532 -550.

[128] Elfring T, Hulsink W. Networks in Entrepreneurship: The Case of High-technology Firms [J]. Small Business Economics, 2003, 21 (4): 409 -422.

[129] Federica, Brunetta, Paolo, et al. Central Positions and Performance in the Scientific Community: Evidences from Clinical Research Projects [J]. Journal of Business Research, 2015, 68 (5): 1074 -1081.

[130] Fisher G J, Qualls W J. A Framework of Interfirm Open Innovation: Relationship and Knowledge Based Perspectives [J]. Journal of Business & Industrial Marketing, 2018, 33 (2): 240 -250.

[131] Fiss P C. Building Better Causal Theories: A Fuzzy Set Approach to Typologies in Organization Research [J]. Academy of Management Journal, 2011, 54 (2): 393 -420.

[132] Flynn B B, Huo B F, Zhao X D. The Impact of Supply Chain Integration on Performance: A Contingency and Configuration Approach [J]. Journal of Operations Management, 2016, 28 (1): 58 -71.

[133] Forés B, Camisón C. Does Incremental and Radical Innovation Performance Depend on Different Types of Knowledge Accumulation Capabilities and Organizational Size? [J]. Journal of Business Research, 2016, 69 (2): 831 -848.

[134] Gefen A. How do Microclimate Factors Affect the Risk for Superficial Pressure Ulcers: A Mathematical Modeling Study [J]. Journal of Tissue Viability, 2011, 20 (3): 81 -88.

[135] Gefen D, Straub D, Boudreau M C. Structural Equation Modeling and Regression: Guidelines for Research Practice [J]. Communications of the Association for Information Systems, 2000, 4 (7): 1 -77.

[136] Gereffi G. International Trade and Industrial Upgrading in the Apparel Commodity Chain [J]. Journal of International Economics, 1999 (48): 37 -70.

[137] Goo J, Kishore R, Rao H R, et al. The Role of Service Level Agreements in Relational Management of Information Technology Outsourcing: An Empirical Study [J]. Mis Quarterly, 2009, 33 (1): 119 -145.

[138] Granovetter M. The Strength of Weak Ties [J]. American Journal of Sociology, 1973, 78 (6): 1360 – 1380.

[139] Grant R M. A Resource Based Theory of Competitive Advantage [J]. California Management Review, 1991 (3): 114 – 135.

[140] Grudinschi D, Hallikas J, Kaljunen L, et al. Creating Value in Networks: A Value Network Mapping Method for Assessing the Current and Potential Value Networks in Cross – Sector Collaboration [J]. The Innovation Journal, 2015, 20 (2): 2.

[141] Gulati R. Alliances and Networks [J]. Strategic Management Journal, 1998, 19 (4): 293 – 317.

[142] Gulati R, Gargiulo M. Where Do Interorganizational Networks Come From? [J]. American Journal of Sociology, 1999, 104 (5): 1398 – 1438.

[143] Gulati R. Network Location and Learning: the Influence of Network Resources and Firm Capabilities on Alliance Formation [J]. Strategic Management Journal, 1999, 20 (5): 397 – 420.

[144] Gulati R, Nohria N, Zaheer A. Strategic Networks [J]. Strategic Management Journal, 2000, 21 (3): 203 – 215.

[145] Gulati R. Social Structure and Alliance Formation Patterns: A Longitudinal Analysis [J]. Administrative Science Quarterly, 1995, 40 (4): 619 – 652.

[146] Gulati R, Sytch M. Dependence Asymmetry and Joint Dependence in Interorganizational Relationships: Effects of Embeddedness on a Manufacturer's Performance in Procurement Relationships [J]. Administrative Science Quarterly, 2007, 52 (1): 32 – 69.

[147] Haber S, Reicchel A. Identifying Performance Measures of Small Ventures—The Case of the Tourism Industry [J]. Journal of Small Business Management, 2005, 43 (3): 257 – 286.

[148] Hagedoorn J. Understanding the Cross-Level Embeddedness of Inter-firm Partnership Formation [J]. Mathematical Social Sciences, 2006, 31 (3): 670 – 680.

[149] Hair J F, Anderson R E, Tatham R L, et al. Multivariate Data Analysis, (5th Ed) [M]. Upper Saddle River: Prentice Hall, 1998.

[150] Hakansson H. Industrial Technological Development: A Network Ap-

proach [M]. London: Croom Helm, 1987.

[151] Hakansson H, Snehota I. No Business Is an Island: The Network Concept of Business Strategy [J]. Scandinavian Journal of Management, 1989, 5 (3): 187 - 200.

[152] Hallikas J, Varis J, Sissonen H, et al. The Evolution of the Network Structure in the ICT Sector [J]. International Journal of Production Economics, 2008, 115 (2): 296 - 304.

[153] Helfert G, Vith K. Relationship Marketing Teams: Improving the Utilization of Customer Relationship Potentials Through a High Team Design Quality [J]. Industrial Marketing Management, 1999, 28 (5): 553 - 564.

[154] Hu L, Bentler P M. Cutoff Criteria for Fit Indices in Covariance Structure Analysis: Conventional Criteria Versus New Alternatives [J]. Structure Equation Modeling, 1999, 6 (1): 1 - 55.

[155] Humphrey J, Schmitz H. Governance and Upgrading: Linking Industrial Cluster and Global Value Chain Research [R]. IDS Working Paper 120, Brighton: Institute of Development Studies, 2000.

[156] Humphrey J, Schmitz H. How Does Insertion in Global Value Chains Affect Upgrading In Industrial Clusters? [J]. Regional Studies, 2002, 36 (9): 1017 - 1027.

[157] Hu X, Leydesdorff L, Rousseau R. Heterogeneity in an Undirected Network: Definition and Measurement [J]. Journal of Informetrics, 2017, 11 (2): 669 - 682.

[158] Jacobides M, Knudsen T, Augier M. Benefiting from Innovation: Value Creation, Value Appropriation and the Role of Industry Architectures [J]. Research Policy, 2006, 35 (8): 1200 - 1221.

[159] James L R, Brett J M. Mediators, moderators, and tests for mediation [J]. Journal of Applied Psychology, 1984, 69 (2): 307 - 321.

[160] Jarillo J C. On Strategic Networks [J]. Strategic Management Journal, 1988, 9 (1): 31 - 41.

[161] Jayawarna D, Jones O, Macpherson A. New Business Creation and Regional Development: Enhancing Resource Acquisition in Areas of Social Deprivation [J]. Entrepreneurship & Regional Development, 2011, 23 (9 - 10): 735 - 761.

[162] Jiang X, Liu H, Fey C, et al. Entrepreneurial Orientation, Network Resource Acquisition, and Firm Performance: A Network Approach [J]. Journal of Business Research, 2018 (87): 46 –57.

[163] Karami M, Tang J. Entrepreneurial Orientation and SME International Performance: The Mediating Role of Networking Capability and Experiential Learning [J]. International Small Business Journal, 2019, 37 (2): 105 –124.

[164] Karim S, Mitchell W. Path-Dependent and Path-Breaking Change: Reconfiguring Business Resources Following Acquisitions in the U. S. Medical Sector [J]. Strategic Management Journal, 2000, 21 (10 –11): 1061 –1081.

[165] Kernen O, Komulainen H, Lehtimki T, et al. Restructuring Existing Value Networks to Diffuse Sustainable Innovations in Food Packaging [J]. Industrial Marketing Management, 2021, 93 (Feb.): 509 –519.

[166] Khanna T, Gulati R, Nohria N. The Dynamics of Learning Alliances: Competition, Cooperation, and Relative Scope [J]. Strategic Management Journal, 1998, 19 (3): 193 –210.

[167] Knoke D. Understanding Social Networks: Theories, Concepts, and Findings [J]. Contemporary Sociology, 2013, 42 (2): 249 –251.

[168] Kogut B. The Network as Knowledge: Generative Rules and the Emergence of Structure [J]. Strategic Management Journal, 2000, 21 (3): 405 –425.

[169] Kogut B, Zander U. Knowledge of the Firm, Combinative Capabilities, and the Replication of Technology [J]. Organization Science, 1992 (3): 383 –397.

[170] Kogut B, Zander U. What Firms Do? Coordination, Identity, and Learning [J]. Organization Science, 1996, 7 (5): 502 –518.

[171] Lane P J, Salk J E, Lyles M A. Absorptive Capacity, Learning, and Performance in International Joint Ventures [J]. Strategic Management Journal, 2001, 22 (12): 1139 –1161.

[172] Lavie D. Alliance Portfolios and Firm Performance: A Study of Value Creation and Appropriation in the U. S. Software Industry [J]. Strategic Management Journal, 2007 (28): 1182 –1212.

[173] Lee J R, Chen J S. Dynamic Synergy Creation with Multiple Business Activities: Toward a Competence-Based Business Model for OEM Suppliers [J]. Ad-

vances in Applied Business Strategy, 2000 (1): 125 – 167.

[174] Lee K, Lim C. Technological Regimes, Catching-up and Leapfrogging: Findings from the Korean Industries [J]. Research Policy, 2001, 30 (3): 459 – 483.

[175] Lin F J, Lin Y H. The Effect of Network Relationship on the Performance of SMEs [J]. Journal of Business Research, 2016, 69 (5): 1780 – 1784.

[176] Lin Y, Wu L Y. Exploring the Role of Dynamic Capabilities in Firm Performance Under the Resource-Based View Framework [J]. Journal of Business Research, 2014, 67 (3): 407 – 413.

[177] Marx A, Dusa A. Crisp-Set Qualitative Comparative Analysis (csQCA), Contradictions and Consistency Benchmarks for Model Specification [J]. Methodological Innovations Online, 2011, 6 (2): 97 – 142.

[178] Mathews A, John A, Cho D S. Combinative Capabilities and Organizational Learning in Latecomer Firms: The Case of the Korean Semiconductor Industry [J]. Journal of World Business, 1999, 34: 139 – 156.

[179] Mathews J A. Competitive Advantages of the Latecomer Firm: A Resource-Based Account of Industrial Catch-up Strategies [J]. Asia Pacific Journal of Management, 2002, 19 (4): 467 – 488.

[180] Mcevily B, Marcus A. Embedded Ties and the Acquisition of Competitive Capabilities [J]. Strategic Management Journal, 2005, 26 (11): 1033 – 1055.

[181] Mei L, Zhang T, Chen J. Exploring the Effects of Inter-Firm Linkages on SMEs' Open Innovation from an Ecosystem Perspective: An Empirical Study of Chinese Manufacturing SMEs [J]. Technological Forecasting and Social Change, 2019 (144): 118 – 128.

[182] Min S, Roath A S, Genchev S E, et al. Supply Chain Collaboration: What is Happening? [J]. The International Journal of Logistics Management, 2005, 2 (16): 237 – 256.

[183] Mohr J, Nevin J. Communication Strategies in Marketing Channels: A Theoretical Perspective [J]. Journal of Marketing, 1990 (54): 36 – 51.

[184] Mohr J, Spekman M R. Characteristics of Partnership Success: Partnership Attributes, Communication Behavior, and Conflict Resolution Techniques [J].

Strategic Management Journal, 1994, 15 (2): 135 – 152.

[185] Moller K, Halinen M K. Business Relationships and Networks: Managerial Challenge of Network Era [J]. Industrial Marketing Management, 1999, 28 (5): 413 – 427.

[186] Mu J, Thomas E, Peng G, et al. Strategic Orientation and New Product Development Performance: The Role of Networking Capability and Networking Ability [J]. Industrial Marketing Management, 2016 (64): 187 – 201.

[187] Normann R, Ramirez R. From Value Chain to Value Constellation: Designing Interactive Strategy [J]. Harvard Business Review, 1993, 71 (4): 65 – 77.

[188] Öberg C. The Role of Business Networks for Innovation [J]. Journal of Innovation & Knowledge, 2019, 4 (2): 124 – 128.

[189] Oke A, Idiagbon-Oke M, Walumbwa F. The Relationship Between Brokers' Influence, Strength of Ties and NPD Project Outcomes in Innovation-Driven Horizontal Networks [J]. Journal of Operations Management, 2008, 26 (5): 571 – 589.

[190] Owen-Smith J, Powell W W. Knowledge Networks as Channels and Conduits: The Effects of Spillovers in the Boston Biotechnology Community [J]. Operations Research, 2004, 15 (1): 5 – 21.

[191] Ozgen E, Baron R A. Social Sources of Information in Opportunity Recognition: Effects of Mentors, Industry Networks, and Professional Forums [J]. Journal of Business Venturing, 2007, 22 (2): 174 – 192.

[192] Penrose E. The Theory of the Growth of The Firm [J]. Long Range Planning, 1996, 29 (4): 508 – 509.

[193] Perry S E. Social Yet Creative: The Role of Social Relation Ships in Facilitating Individual Creativity [J]. Academy of Management Journal, 2006, 49 (1): 85 – 101.

[194] Ponte S, Gibbon P. Quality Standards, Conventions and the Governance of Global Value Chain [J]. Economy and Society, 2005, 34 (1): 1 – 31.

[195] Porter M E. Competitive Advantage: Creating and Sustaining Superior Performance [M]. New York: The Free Press, 1985.

[196] Powell W W, Koput K W, Smith-Doerr L. Interorganizational Collaboration and the Locus of Innovation: Networks of Learning in Biotechnology [J]. Ad-

ministrative Science Quarterly, 1996, 41 (1): 116 – 145.

[197] Powell W W. Neither Market Nor Hierarchy: Network Forms of Organization [J]. Research in Organizational Behavior, 1990 (12): 295 – 336.

[198] Prajogo D, Olhager J. Supply Chain Integration and Performance: The Effects of Long-Term Relationships, Information Technology and Sharing, and Logistics Integration [J]. International Journal of Production Economics, 2012, 135 (1): 514 – 522.

[199] Premaratne S P. Entrepreneurial Networks and Small Business Development [J]. Eindhoven: Technische Universiteit Eindhoven, 2002, 3 (19): 338 – 361.

[200] Premaratne S P. Networks, Resources, and Small Business Growth: The Experience in Sri Lanka [J]. Journal of Small Business Management, 2001, 39 (4): 363 – 371.

[201] Qiao S, Wang Q K, Guo Z, Guo J Y. Collaborative Innovation Activities and BIM Application on Innovation Capability in Construction Supply Chain: Mediating Role of Explicit and Tacit Knowledge Sharing [J]. Journal of Construction Engineering and Management, 2021, 147 (12): 1 – 12.

[202] Ragin C. Redesigning Social Inquiry: Fuzzy Sets and Beyond [M]. Chicago: University of Chicago Press, 2008.

[203] Reagans R, Mcevily B. Network Structure and Knowledge Transfer: The Effects of Cohesion and Range [J]. Administrative Science Quarterly, 2003, 48 (2): 240 – 267.

[204] Richardson F C, Suinn R M. The Mathematics Anxiety Rating Scale: Psychometric Data [J]. Journal of Counseling Psychology, 1972, 19 (6): 551 – 554.

[205] Ritter T, Gemunden H G. Network Competence: Its Impact on Innovation Success and its Antecedents [J]. Journal of Business Research, 2003, 56 (9): 745 – 755.

[206] Ritter T. The Networking Company: Antecedents for Coping with Relationships and Networks Effectively [J]. Industrial Marketing, 1999, 28 (5): 467 – 479.

[207] Ritter T, Wilkinson I F, Johnston W J. Measuring Network Competence: Some International Evidence [J]. The Journal of Business Industrial Marketing, 2002, 17 (2/3): 119 – 138.

［208］ Roath A S, Miller S R, Cavusgil S T. A Conceptual Framework of Relational Governance in Foreign Distributor Relationships ［J］. International Business Review, 2002, 11 （1）: 1 – 16.

［209］ Rowley T, Behrens D, Krackhardt D. Redundant Governance Structures: An Analysis of Structural and Relational Embeddedness in the Steel and Semiconductor Industries ［J］. Strategic Management Journal, 2000, 21 （3）: 369 – 386.

［210］ Rumelt R B. Towards a Strategic Theory of the Firm ［J］. Competitive Strategic Management, 1984: 556 – 570.

［211］ Salman N, Saives A. Indirect Networks: An Intangible Resource for Biotechnology Innovation ［J］. R&D Management, 2005, 35 （2）: 203 – 215.

［212］ Sener A, Barut M, Oztekin A, et al. The Role of Information Usage in A Retail Supply Chain: A Causal Data Mining and Analytical Modeling Approach ［J］. Journal of Business Research, 2019, 99 （6）: 87 – 104.

［213］ Simon D G, Hitt M A, Ireland R D. Managing Firm Resources In Dynamic Environments to Create Value: Looking Inside the Black Box ［J］. Academy of Management Review, 2007, 32 （1）: 273 – 292.

［214］ Singh R P. Entrepreneurial Opportunity Recognition Through Social Networks ［M］. London: PSychology Press, 2000.

［215］ Sirmon D G, Hitt M A, Irland R D, et al. Resource Orchestration to Create Competitive Advantage: Breadth, Depth, and Life Cycle Effects ［J］. Journal of Management, 2011, 73 （5）: 1390 – 1412.

［216］ Sok P, O'Cass A. Achieving Superior Innovation-Based Performance Outcomes in SMEs Through Innovation Resource-Capability Complementarity ［J］. Industrial Marketing Management, 2011, 40 （8）: 1285 – 1293.

［217］ Spender J C, Grant R M. Knowledge and the Firm: Overview ［J］. Strategic Management Journal, 1996, 17 （S2）: 3 – 9.

［218］ Spender J C. Making Knowledge the Basis of a Dynamic Theory of the Firm ［J］. Strategic Management Journal, 1996, 17 （S2）: 45 – 62.

［219］ Stoyan S, Richard W, Veselina S. Simple Word of Mouth or Complex Resource Orchestration for Overcoming Liabilities of Outsidership ［J］. Journal of Management, 2018, 44 （8）: 3151 – 3175.

[220] Strauss A, Corbin J. Basics of Qualitative Research: Grounded Theory, Procedures and Techniques [M]. London: Sage Publications, 1990.

[221] Tang X, Rai A. How Should Process Capabilities be Combined to Leverage Supplier Relationships Competitively? [J]. European Journal of Operational Research, 2014, 239 (1): 119 – 129.

[222] Teece D J, Pisano G, Shuen A. Dynamic Capabilities and Strategic Management [J]. Strategic Management Journal, 1997, 18 (7): 509 – 533.

[223] Todo N, Usami S. Fitting Unstructured Finite Mixture Models in Longitudinal Design: A Recommendation for Model Selection and Estimation of the Number of Classes [J]. Structural Equation Modeling—A Multidisciplinary Journal, 2016, 23 (5): 695 – 712.

[224] Tomomi K, Kanji U. The Implications of Automobile Parts Supply Network Structures: A Complex Network Approach [J]. Cirp Annals-Manufacturing Technology, 2014, 63 (1): 393 – 396.

[225] Tortoriello M. The Social Underpinnings of Absorptive Capacity: The Moderating Effects of Structural Holes on Innovation Generation Based on External Knowledge [J]. Strategic Management Journal, 2015, 36 (4): 586 – 597.

[226] Tsai W. Knowledge Transfer in Intra-Organizational Networks: Effects of Network Position and Absorptive Capacity on Business Unit Innovation and Performance [J]. Academy of Management Journal, 2001, 44 (5): 996 – 1004.

[227] Uzzi B. The Sources and Consequences of Embeddedness for the Economic Performance of Organizations: The Network Effect [J]. American Sociological Review, 1996, 61 (4): 674 – 698.

[228] Vaskantiras G, You S. Value Assessment of Distribution Network Reconfiguration: A Danish Case Study [J]. Energy Procedia, 2016 (100): 336 – 341.

[229] Vazquez X H, Sartal A, Lozano L M. Watch the Working Capital of Tier—Two Suppliers: A Financial Perspective of Supply Chain Collaboration in the Automotive Industry [J]. Supply Chain Management: An International Journal, 2016, 21 (3): 321 – 333.

[230] Velu C. Business Model Innovation and Third-Party Alliance on the Survival of New Firms [J]. Technovation, 2014, 35 (1): 1 – 11.

［231］ Walter A, Auer M, Ritter T. The Impact of Network Capabilities and Entrepreneurial Orientation on University Spin-off Performance ［J］. Journal of Business Venturing, 2006, 21 (4): 541 – 567.

［232］ Wang C, Rodan S, Fruin M, et al. Knowledge Networks, Collaboration Networks, and Exploratory Innovation ［J］. Academy of Management Journal, 2014, 57 (2): 484 – 514.

［233］ Watts D J, Strogatz S H. Collective Dynamics of "Small-World" Networks ［J］. Nature, 1998, 393 (6684): 440 – 442.

［234］ Wei S, Zhang Z, Ke G Y, et al. The More Cooperation, the Better? Optimizing Enterprise Cooperative Strategy in Collaborative Innovation Networks ［J］. Physica A: Statistical Mechanics and its Applications, 2019 (534): 120810.

［235］ Wellman B. Social Structures: A Network Approach ［M］. Cambridge: Cambridge University Press, 1982.

［236］ Wernerfelt B. A Resource-Based View of the Firm ［J］. Strategic Management Journal, 1984, 5 (2): 171 – 180.

［237］ Westphal L E, Kim L, Dahlman C. Reflections on the Republic of Korea's Acquisition of Technological Capability ［J］. International Technology Transfer: Concepts, Measures, and Comparisons, 1985: 167 – 221.

［238］ Wu W. Dimensions of Social Capital and Firm Competitiveness Improvement: the Mediating Role of Information Sharing ［J］. Journal of Management Studies, 2008, 45 (1): 122 – 146.

［239］ Xu J, Liu H, Fey C, et al. Entrepreneurial Orientation, Network Resource Acquisition, and Firm Performance: A Network Approach ［J］. Journal of Business Research, 2018 (87): 46 – 57.

［240］ Yang Z, Zhang H, Xie E. Relative Buyer-Supplier Relational Strength and Supplier's Information Sharing with the Buyer ［J］. Journal of Business Research, 2017 (78): 303 – 313.

［241］ Ying Q, Hassan H, Ahmad H. The Role of a Manager's Intangible Capabilities in Resource Acquisition and Sustainable Competitive Performance ［J］. Sustainability, 2019, 11 (2): 527.

［242］ Yin R K. Case Study Research: Design and Methods (3nd Edition) ［M］.

London：Sage Publications，2003.

［243］Yu W，Jacobs M A，Salisbury W D，et al. The Effects of Supply Chain Integration on Customer Satisfaction and Financial Performance：An Organizational Learning Perspective ［J］. International Journal of Production Economics，2013，146（1）：346－358.

［244］Zott C，Amit R. The Business Model：A Theoretically Anchored Robust Construct for Strategic Analysis ［J］. Strategic Organization，2013，11（4）：403－411.